ものと人間の文化史 175

島

田辺 悟

法政大学出版局

島々をめぐる「KURA（クラ）」の航海（市岡康子氏撮影・提供．46 頁以下参照）

イースター島の巨人石像モアイ（小出光氏撮影・提供．235 頁以下参照）

マーシャル群島のマジュロ環礁・ロングロング島にて（1974 年，筆者撮影）

鳥人石があるイースター島のオロンゴ岬．この島の若者は毎年オロンゴ岬沖合の島・モツヌイ（写真左上）に渡り，海鳥の卵採りを競いあった．初の卵を手にした若者が所属する部族の長は1年間「鳥人」として崇拝され，島をおさめたという（小出光氏撮影・提供．235 頁以下参照）

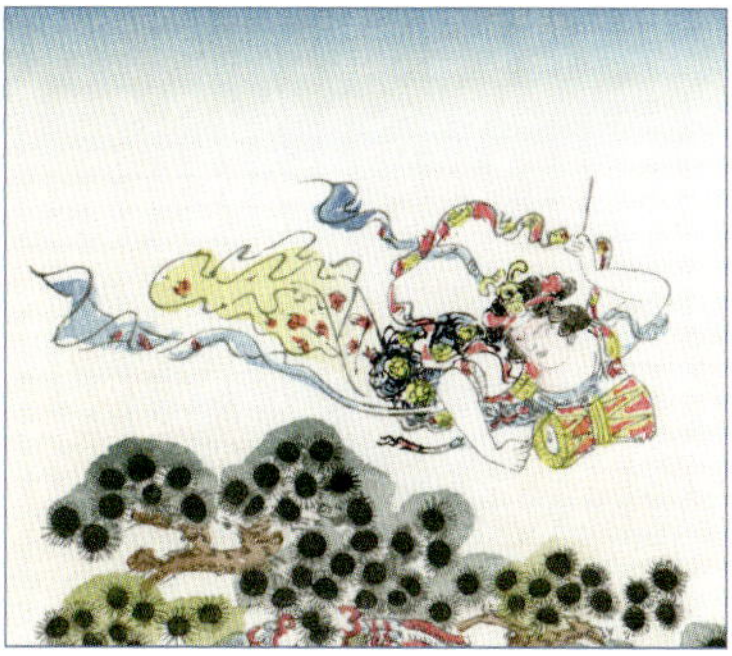

竹生島への天女降臨（170 頁参照）

舳倉島の海女．島の暮らしも変わりつつある．海女さんもウェットスーツ着用となり裸潜水漁とはいえなくなった（1994 年，筆者撮影．221 頁以下参照）

タンポ（浮樽）で呼吸をととのえる海女の小久保こさい氏（三重県神島にて，1980 年．221 頁以下参照）

ヤップ島に運ばれた石貨（1974 年，筆者撮影．236 頁以下参照）

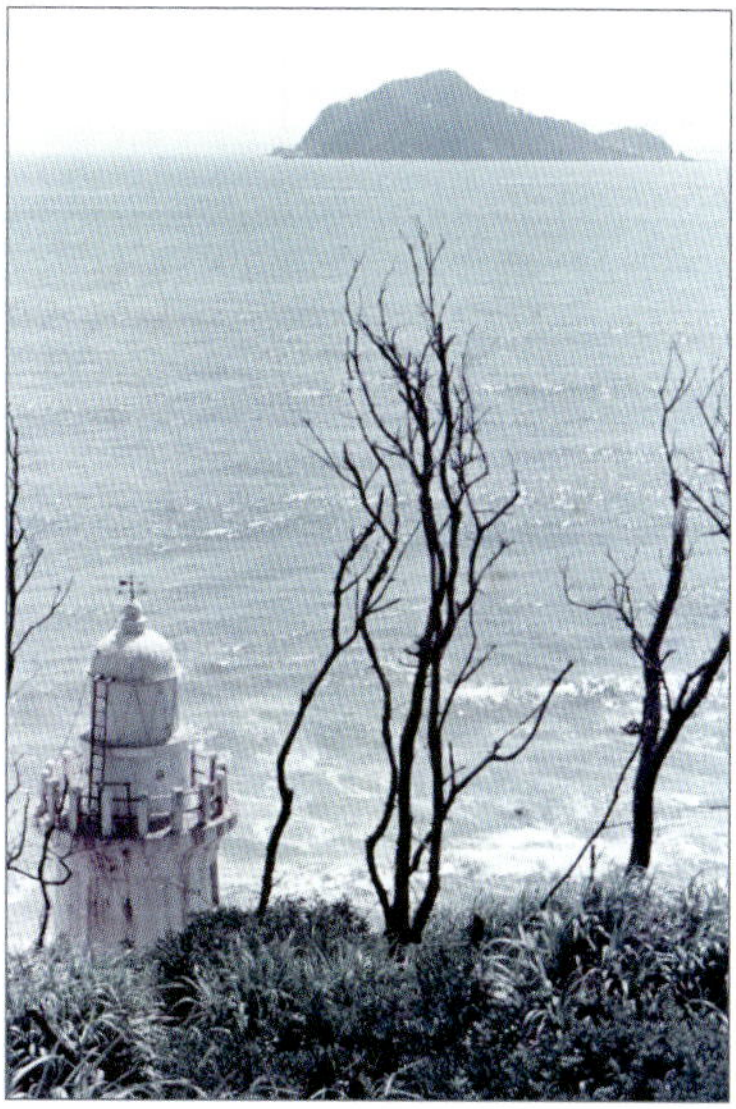

伊良湖岬より神島（161 頁以下参照）を望む

海士の山城保氏がエビカケヤでエビを捕獲した瞬間（奄美大島の古仁屋と加計呂麻島に近いサンゴ礁地帯の水深 9 メートルにて．1972 年，筆者撮影．221 頁以下参照）

「新島」と合体した小笠原諸島・西之島（2015 年 2 月 23 日，海上保安庁撮影．53 頁以下参照）

桜島（2009 年，田中十洋氏撮影．Wikimedia Commons より．245 頁図版参照）

目次

凡例 6
プロローグ 7

第一部 島と人間の文化史 13

I 島の世界へ誘《いざな》う 14

1 「シマ」のイメージと表現 14
2 あらためて「島」とは 18
3 島へ渡る――伊豆の島々を例に 20
4 渡海、交通、航海、移動 27
5 渡島《ととう》――島渡りと島送り 33
6 島への情熱 38
7 島の自然的成因と種類 52

8　島の誕生と沈没　62
9　島と文芸　77

II　島の名前をめぐって　85
1　『古事記』の中の島々　85
2　『日本書紀』の中の島々　94
3　島名の由来（伝説、他）　95
4　二つの名前をもつ島　99
5　名前だけの島　104
6　不思議な島・グリーンランド　106
7　同名の島ランキング　109
8　有人・無人の島々の振興　111

III　島の民俗（族）と文化　113
1　島文化の特質　113
2　事例を掘り起す　114
3　島に残存する習俗・伝統の古層　117

1 月小屋・産小屋 117　2 若者組・若者宿（娘宿） 130
3 パラオ島のアバイ（集会所）① 137　4 パラオ島のアバイ② 142
5 島の「泣き女《なめ》」と葬送 147　6 頭上運搬 148　7 高倉建築 152
4 カミ（神）が来去する島々 157

IV 島の生活とその周辺 173
1 島と水 173
2 島と温泉 175
3 島と生業《なりわい》（産業） 177
4 島の社会 181
5 島のシマ・個人（企業）の島 187
6 島の生活と嗜好品 188

V 島々の伝統（旧廃）漁法 203
1 佐渡島のサンマ手摑み漁 203
2 馬毛島の射漁《しゃりょう》 205
3 アンダマン諸島の弓矢漁（射漁） 207

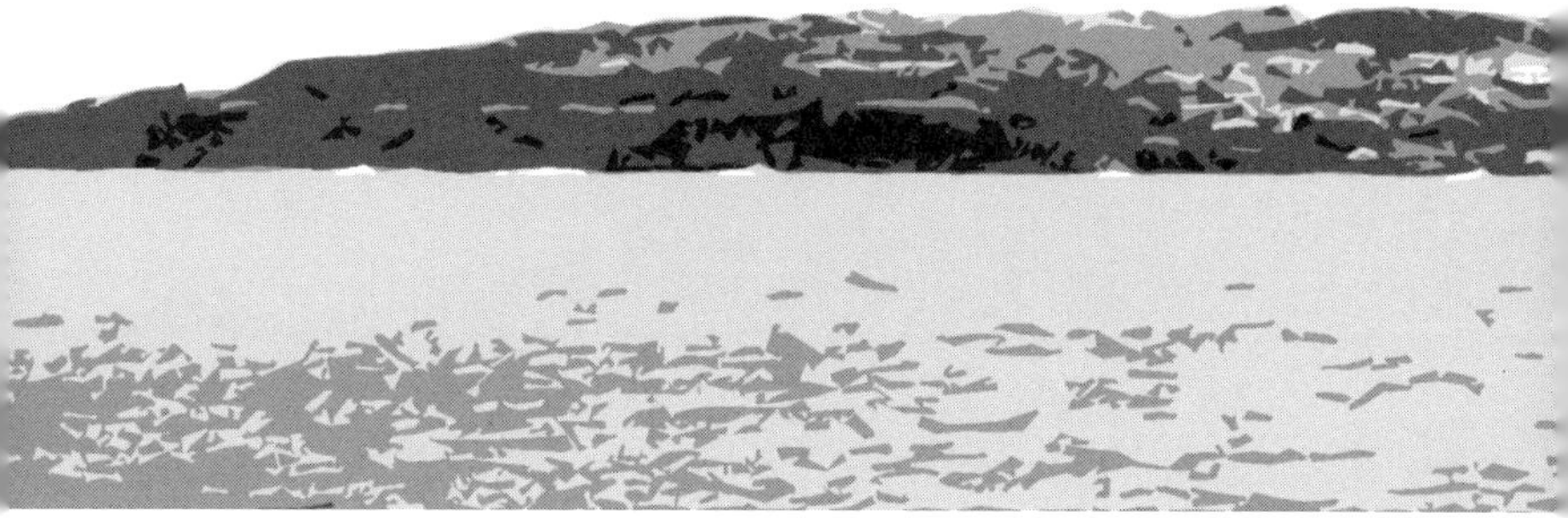

4　海蛇《イラブー》の手摑み漁（久高島、他）　209
5　済州島の裸潜水漁など　212
6　蘭嶼《ランユー》の裸潜水漁など　215
7　ヤップ離島の凧《たこ》揚《あ》げ漁など　218

VI　島々の巨石文化　223

1　グァム島のラッテ・ストーン　226
2　ポナペ島のナンマタール　227
3　トンガタプ島のハアモンガア　230
4　マルケサス諸島の鳥人像、他　232
5　イースター島のモアイ像、鳥人石　235
6　ヤップ島の石貨　236

第二部　島に関するマニュアル　243

I　島のマニュアル・データ　244

1　島の数　244
2　世界のおもな島と大きさ（位置、面積）　249
3　日本のおもな島と大きさ　253
4　長い島名、短かい島名　255
5　その他の「島名考」　257
6　高い島、低い島　259
7　湖中の「浮き島」とリトル・ガラパゴス　262

II　島で暮らす動物たち　265

1　世界自然遺産と動物　265
2　島と動物　271
付　探してみたい島々と行ってみたい島々　278

エピローグ――島旅考　283
引用・参考文献　295
あとがき――島に寄せて　303

凡例

一、小さな丸木舟には「舟」、比較的大きな丸木船には「船」の表記を使った。また引用文では「独木舟（船）」もある。

一、壱岐島、対馬島、佐渡島、グァム島、パラオ諸島などの知名度の高い島々に関しては、「島」をはじめ「諸」「群」「列」などを省略した箇所もある。

一、引用文の仮名づかい、送り仮名、数字表記については出典をそのまま用いた。また、字形の大きく異なるものを除き、旧字体は新字体に改めた。

一、引用文中の〔 〕内は、引用者（田辺）による注記あるいは補足である。また、傍点やルビを加えた場合には、その都度明記した。

一、文中、先学をはじめ、人名の敬称を省略させていただいた部分がある。文献の引用、聞き取り内容など、非礼のお許しを乞うしだいである。

プロローグ

「島《しま》」という言葉の中には、いくつかの実体（内容）を含んだ意味がある。まず第一に、水界で隔てられた小さな陸地や岩礁等をさすときに用いられる。そして、周囲を水で囲まれているという島の一般的な意味の中には、さらに孤立（独立）しているという内容や条件も多分に含まれている。

第二の意味は、ある小さな地域社会（ムラ・村落など）が、他地域と隔絶されている場所にあるときは、周囲が水でない山界などにおいても同じ意味合いをもつ。

俗に、「陸の孤島」とか、「山村もまた島だ」という表現は、周囲とかけ離れた狭い土地の意でそれにあたる。群馬県の利根郡みなかみ町下津に「小川島」という集落がある。山間の地に、こうした地名があるのは、その実例といえよう。また、長野県松本市安曇《あずみ》の「島々」は上高地の玄関口にあたるのでよく知られている。

柳田國男は「美濃の東南部の山村をあるいていた際に、〈島内安全〉という文字を彫刻した路傍の立石を見たことがある。島はあの辺では民居の集合、今の言葉でいう部落《(ママ)》又は大字のことであるらしい」と『島の人生』中に記しているし、「島と殆ど同じやうな孤立状態に、置かれて居た山村も多かった。

五箇山はただ肥後深山の平家谷だけではない。雪に閉ざされた白山の西麓にも、又越中の奥にもあれば同じ名は無くとも地形の同じ土地はまだ数十を列挙し得るのである。」との一文を『明治大正史』に残している。

そして第三は、日本の庭園に配された池（泉水）、築山《つきやま》など、庭の中の池や島も同じような意味を含んでいる。特に平庭は、海岸や島嶼を移すのにつとめたものが多いため、自然石を配置することで独特の表現をおこなってきた。その代表的な平庭の石（島）は、京都龍安寺《りょうあんじ》の石庭ということになろう。

また、島は庭園全体をさす意味もあり、古く中国の歴史書『史記』に記された作庭の様式が伝えられたとされる。

『日本書紀』の推古天皇三四年（六二六年）頃に、大臣（蘇我馬子）が亡くなったが、その性《ひととなり》について、大臣は「飛鳥河《あすかがわ》の傍に邸宅を建て、庭の中に嶋をつくらせたので、時の人々は〈嶋大臣〉とよんだ」とあり、その地である「大和国高市郡飛鳥村島荘を〈島宮〉とよんだ〔大意・頭注を含む〕」とみえる。

その他に、街中《まちなか》で、特に限定された場所を指すばあいもある。以前は遊郭、色街やその界隈を指して「しま」とよぶことがあった。

今日、京都駅に近い「島原」は、わが国で最も古い廓《くるわ》であったとされるが、この名のおこりは意味が別にある。廓の場所が時代により変わり、その様子が、さながら「島原の乱」をおもわせたからだということらしい。さらに、特定の仲間に通用する言葉（隠語）として、「しま」には「縄張り」（勢力範囲）の意味もある。

本書であつかう「島」の内容は、冒頭に掲げた意味に限られるが、あらためて島の意味や内容についてみると、共通点としてあげられるのは、孤立的な存在であるということであろう。共通点は特性（色）でもある。

古い時代の自然地理学的な立場や無人島は別として、有人島の場合、孤立性や共同体的要素の他に交通手段とのかかわりもある。

また、島には長所でもあり短所にもなってきた特性として、閉鎖性、保守性、後進性、排他性などの社会的性格を垣間見ることができる。

こうして島を表だって見ると、どれもマイナス面ばかり目立つように思われるが、実は、良いことがないように見える島社会には、現代人が忘れてしまったり、忘れかけている、古い時代からの文化要素が温存され、伝えられてきた遺産の宝庫であるという大きなプラス面もあり、上述の島の特性を裏面からみれば、そこには忘却の彼方に追いやられてしまった伝統文化の残存確認も可能なのだといえよう。

島における文化的要素、暮らしの内容、側面を具体的かつ詳細にみれば、表面的には「遅れの文化」とも、暮らしの後進性、遅延性ともみえる生活文化（慣習）の中に、現代人が忘れかけている古き良き時代の文化の残存を探ることができるのである。ようするに、島社会の特色は、新旧の各種の文化要素の多重性（多層性）にあるといえる。

また、島をじっくり見つめ、考えることにより、真の心の豊かさや、精神的な満足感を求め、それを人生における心の糧としてプラス思考の充実した暮らしに結びつける心を育むこともできよう。島に伝えられ、温存されてきた文化的要素（素材）を探りだし、島を検証することで、日本文化の古層や重層性（伝統）を実証することができると考えている。『島』を主題に設定した発端であり、理由である。また、島は、未来への大きな夢と希望と心の糧を醸成させる素《もと》が詰ったボンベのようなものだと思いたい。それは「パンドラの箱」の中に残された「希望」に比肩《ひけん》するものであるといえる。

以下、読者諸賢とともに、ボンベ（島・箱）の中味を探ろうと思う。

ただし、島に関して、心にとめておきたいことは、地理学の対象としてあつかわれてきた島の他に、廃棄物の埋立地による「夢の島」や新空港建設のための新しい人工島（空港島）も各地に増えていることである。また古くは、永万元年（一一六五年）、平清盛により切り開かれた水道により島が誕生した瀬戸内海の倉橋島のような例もあることだ（一〇一頁参照）。

逆に、東京港の沿岸地域のように、平和島、城南島、勝島、昭和島、京浜島など人工島は多いが島だと思っている人はいない。埋立地だと思っている。当然、このような島は対象外である。しかし、名前だけは島だ。それゆえ、無視もできない（一〇四頁参照）。

島に関しては、筆者にもいろいろな想い出が多い。書きたいことも沢山ある。しかし本書は、先学をはじめ、島に興味や関心をよせてきた方々が書き残してきたように、「あの島はアアダ、この島はコウダ」というような紹介（ガイド）的内容にとどめたくない。

その理由は、島を大所高所から見きわめることを根底に据え、わが国初の「島」に関する綜合的な入門書を目論んでいるためである。

本書はまず、「島」に共通する文化要素の内容、側面を最大公約数的にとらえ、クローズアップさせることが一つの目的である。

そして次に、島で永きにわたり、代々暮らしてきた方々の文化史的背景をとらえることにある。

その文化史的側面と内容を以下において探りつつ、失われつつある現代社会における「人間精神の復権」と復興を志向したい。

第一部——島と人間の文化史

I　島の世界へ誘《いざな》う

1　「シマ」のイメージと表現

「シマ」という言葉を聴いたとき、心の中にうかべるのはどんなこと（心象）であろうか。

一般には、島の姿、形象（像）、あるいはこれまで体験したり、味わった島での想い出や心象、映像などでみた印象といったことだと思う。まずはそうした島のイメージや表現についてみていくことにしたい。

およそ八〇年ほど前の昭和八年（一九三三年）、『嶋』（背見出しと奥付は『島』）というタイトルの月刊雑誌が発刊された。今日ならば読者層もかなり期待できそうに思えるけれど、当時の世相を考えると、よくぞ雑誌名を決めたものだと驚かざるを得ないし、喝采もしたくなる思いだ。

この編輯《へんしゅう》は、柳田國男と比嘉春潮によるもので、発刊の趣旨等はさておき、第一巻第一号と、第二号以下（六号まで）に描かれた表紙の書体（筆者）が異なっている（次頁写真参照）。このことに関して興味深く思うのは筆者だけではあるまい。

表紙絵そのものは日本画家の山口蓬春により、「雲仙嶽より見たる天草洋」を描いたものという解説がある。したがって、文字表記（題字）・題簽《だいせん》は蓬春以外の別人によるものであるといえよう。

蓬春は松岡映丘（柳田國男の末弟）の新興大和絵運動に加わっているので、映丘とのかかわりも深かったために依頼したものか。

さらに、この雑誌で注目したいのは、表紙の題字（題簽）は「嶋」であるのに対し、背見出し（背文字）と奥付が「島」になっている点で、このことからも、いろいろな書き方があることが知れる。

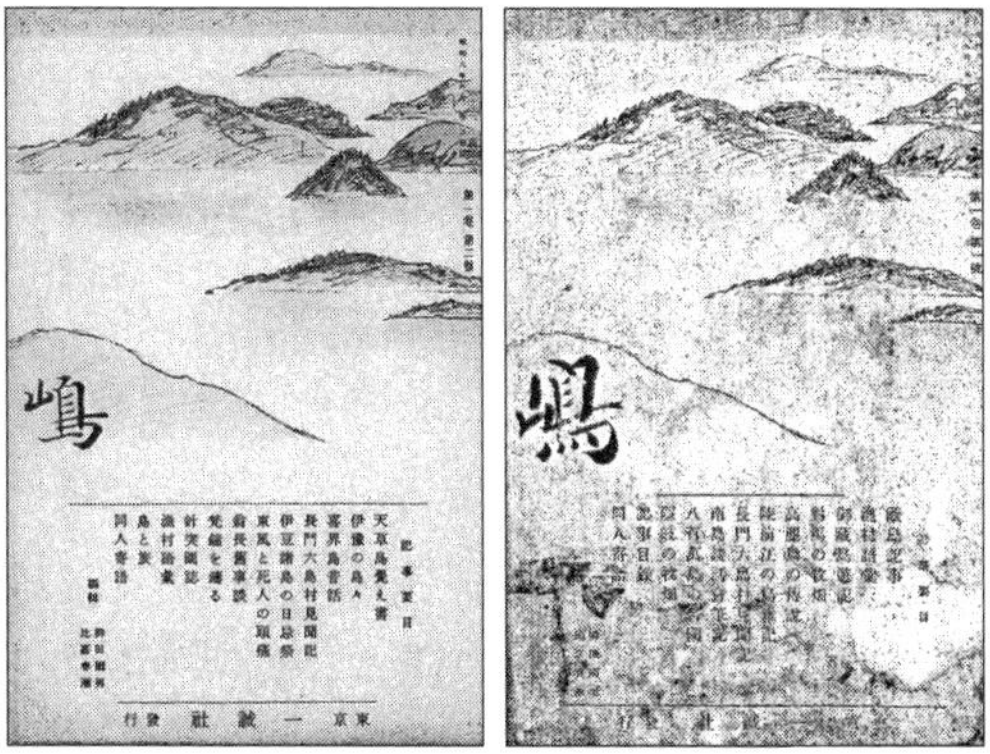

『嶋』第一巻第一号（右）と第一巻第二号（左）の表紙

なお、表紙の件に関しては、第一巻第二号の編輯後記に、「創刊號は表紙其他印刷上の不備がありました」として、「表紙は同人山口晝伯の御揮毫《きごう》で、題簽は前號は橘逸勢の筆でしたが、本號は御覽の通り變りました。舊鈔日本書紀皇極紀中の壹岐島の條の所から寫したものです。」とみえる。

なぜ、「壹岐島」の條を題簽にしたのか。筆者が思うに、同人の中に、後に大実業家として知られる松永安左衛門、同じく翌昭和九年に一誠社より『壹岐島民俗誌』を出版した山口麻太郎など、壹岐島出身の有力な同人がいたためだと思われるし、山口蓬春の表紙絵も同じ長崎県のスケッチだったためであろう。

「島」についての意味や内容については、「プロローグ」でふれた。したがって、次に、上述した文字表記（字体）についてみていこう。

『大漢語林』によると、「島」の本字は「㠀」で、「嶋」は

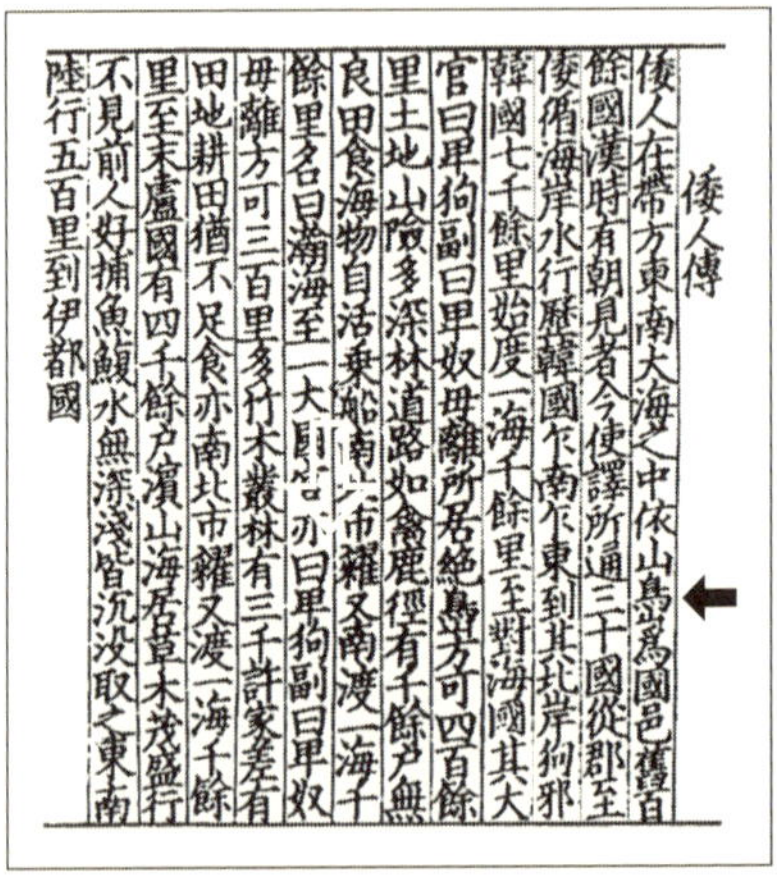

倭人傳

倭人在帶方東南大海之中依山㠀爲國邑舊百餘國漢時有朝見者今使譯所通三十國從郡至倭循海岸水行歷韓國乍南乍東到其北岸狗邪韓國七千餘里始度一海千餘里至對海國其大官曰卑狗副曰卑奴母離所居絶㠀方可四百餘里土地山險多深林道路如禽鹿徑有千餘戸無良田食海物自活乗船南北市糴又南渡一海千餘里名曰瀚海至一大國官亦曰卑狗副曰卑奴母離方可三百里多竹木叢林有三千許家差有田地耕田猶不足食亦南北市糴又渡一海千餘里至末盧國有四千餘戸濱山海居草木茂盛行不見前人好捕魚鰒水無深淺皆沈没取之東南陸行五百里到伊都國

篆書（字・文）の字形

右：『魏志倭人傳』中の表記

「㠀」と同字であるとみえる。そして、「㠀」の俗字に「嶌」があるとも。

こうしてみると、上掲雑誌の表紙は本字の「嶋」が使われたことになる。

ちなみに『魏志倭人傳』には「㠀」（矢印の箇所、他）が、『古事記』や『日本書紀』の中では「嶋」が使われている。

字形の成り立ちのもと（原義）は、古代中国あるいはエジプトでつくられた象形文字のように、「モノ・もの」の形をもとにして、あるいはその組み合わせにより造られた字形からできているものがある。

「シマ」の場合、有形物の形は「鳥＋山」の字体。その理由は、渡り鳥がより所として休む海中の山、すなわち「シマ」を意味しているとされている。その字形を最もよく表現しているのが中国の文字書体のひとつである篆書《てんしょ》（字・文）だ。この、漢字書体の一つである篆書は、秦の時代（紀元前二二一～前二〇六年）の頃につくられたといわれ、大篆と小篆がある。漢代にはいると、篆書は六種の書体の一つに数えられている。

この東洋人的発想は、われわれ日本人にとって、とても理解しやすいし、納得しやすく思うのだが、どんなものだろう。

というのも、他方、西洋人（ヨーロッパの特に英語圏）ではアイランド（island）の原義はウォータリーランド（watery land）で、ラテン語のアクア（aqua）＋ランド（land）がもとになっているとされる。

そして、この発想のしかたに、中国大陸周辺の先人である東洋人の自然界に対する詩的ともいえる心情（情緒）と、地中海沿岸周辺の先人である西洋人の自然界に関する物理的ともいえる直截的感覚（感情）のちがいをみることができるのは興味深い。

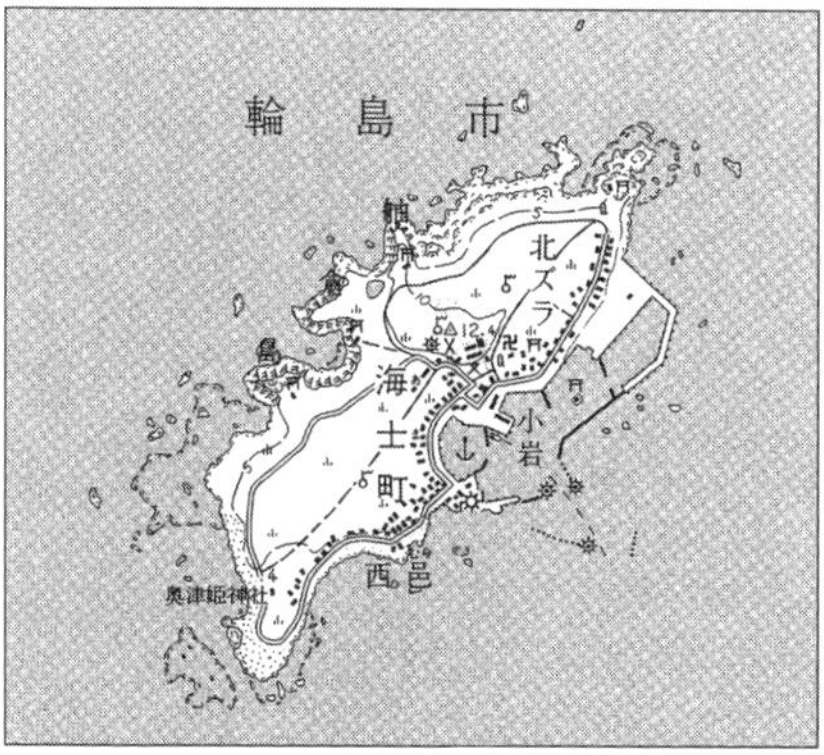

輪島沖の舳倉島（国土地理院「舳倉島」）

そしてもう一つ、石川県輪島市沖約五〇キロにある舳倉《へぐら》島が最近ではバードウォッチングの島として有名になったのは、「嶌」の表記が代弁しているためである。海抜は約一二メートルの島だが、大陸と日本との間を渡る三〇〇種類もの渡り鳥が中継地としているという。

舳倉島だけでなく、わが「島国」と大陸とを隔てる日本海に点在する島々は、島根県の隠岐諸島はもとより、山口県の見島など、いずれも、渡り鳥の中継地として知られ、今日では、バードウォッチングの島として、観光地化されていることを加味すれば、現代においても「嶌」という表記は、「嶋」や「島」以上にイメージ的には豊かだ（二八四頁「エピローグ」参照）。

2　あらためて「島」とは

大村肇は『島の地理――島嶼地理学序説』の中で、「島嶼とは何か」を問い、次のように定義（概念）づけている。

まず、島嶼とは島という言葉と何ら異なる意味はない、としたうえで、

「強いて言えば比較的大きい島を島として、小さいものを嶼という辞書による程度の字義上の相違があるぐらいのもので、ここではもちろん両者の区別もなく、語音上ただ島嶼と書きあらわした方がよい場合にはそうしたに過ぎない。〔中略〕

そこで〈島嶼〉すなわち〈島〉とは何かという問題であるが、われわれは一般に海洋や湖沼、河川などの中にある水によって限られた陸地を指してそう呼んでいるに過ぎないのであって、さてあらためて島の概念とまではいかなくても、その有する普遍的な意味は何かと問われても、日常無造作に使いならされている言葉だけに一見明白のようであって、これに対して理論的に明確な解答をあたえることは非常に困難であることに気づく。」と前おきし、それに加え、

「陸地の周囲が水で囲まれているかいないかという条件が第一に挙げられる。それは抽象的に取りあげられた、水で囲まれているという条件を除いた場合の陸地には島という判断の根拠が見出されず、逆に島はかかる条件を共通的にもっているからである。従って自然的な形で把握される通念

としての島の姿は〈周辺が水で囲まれているところの陸地〉ということになるであろう。」

としている。そして、あれこれ考えた結果、山階芳正の「島嶼性に関する考察」という論考を引用し、同論文の中で、

> 「島は周囲が水圏によって完全に囲まれている条件の以外に面積が小さいということ、言い換えれば島の絶対面積にかかわりなく、これよりも広大なる陸塊すなわち本土（Mainland）に対して相対的に狭小なる面積の陸地であること、であって、〈島とは水圏をもって周囲が完全に囲まれ、且つ相対的に面積の狭小なる陸塊〉と定義されている。この定義に従えば、島よりもさらに面積の広大な陸地（Mainland）を前提として相対的に認められる陸地を島とするものであって、相対的に面積の狭小なる島と相対的に面積の広大なる陸地との対比によって成りたつところの概念であるということができる。」

大村肇（1967年7月16日）

と定義している。ようするに「島」は島でない陸地との相対的概念によって把握されると結んでいる。

こうして、あらためて「島」について考えてみると、日本人は、これまで古くから自分たちが住んでいる国土は島であり、島国であるという観念があまりない。しかし外国人からみれば、

小さな島国の国民であるにすぎない。今日、グローバル化が進展しつつある国際社会で自国の災害復旧もできない日本列島である。もう少し、謙虚に、「脚下を照顧」すべきではないのか。

柳田國男は、「民俗学」とは「自省の学問だ」といった。「文化史学」も、また然りである。

3　島へ渡る――伊豆の島々を例に

たいした造船（舟）技術も道具もなかった先史時代に、遠くの島まで渡った人々がいたとなれば、そうした人々は、特別な冒険心や勇気の持ち主で、さらに、特殊な操船（舟）技術や、気象・海象に対する知識、予知能力をそなえた「海洋民」がいたように思いがちである。しかし、わが国にかぎっての渡島についていえば、海洋民など、「幻想的海民集団」であったとしかいいようがない。

＊近年、「海民」「海村」という言葉がよく使われるようになった。その理由は、これまで漁民といえば漁師すなわち漁業者の一般的な名称であった。しかし、海で働く人々の中には漁業者もいれば、製塩、船乗り、造船等にたずさわる人、船住まいをする人などさまざまである。それゆえ、こうした海とかかわりをもって暮らしの主要な部分をたててきた人々を「海民」として位置づけたのである。また、「漁村」という言葉が使われてきたが、海付きの村やそこに暮らす人々はすべて漁業に従事してきたわけではない。それゆえ、「山村」に対応させて「海村」の言葉が使われるようになった。したがって「里海」のような流行語《はやりことば》とは異なる。

なぜならば、わが国の場合、遠望できる範囲での島渡りがほとんどであるからだ。次にかかげる伊豆諸島は、たんなる渡島であって航海とはいいがたい。

したがって、以下の事例は有視界渡島であり、航海とは別である。ただし、渡島に使用する舟（船）は、それ相応の大きさが必要になることはたしかだ。重量のある荷物も積まなくてはならないし、その他の水や食料もだ。ただし、筏《いかだ》などに乗せて曳くという方法（事例）もあるが。

『島の考古学』（橋口尚武著）によると、「伊豆諸島に人々が渡島したことの考古学的証明として、その最も古い事例は、先土器（旧石器）時代に神津島から本土に運ばれた黒曜石である」という事実だとする。およそ二万年も前のことになるので、門外漢の筆者には、とても信じられない話だ。しかし、同書によると、

「地質年代で言えば、洪積世最後のヴュルム氷河期（最盛期は二万年前）のことで、しかし本土で一定の流布範囲をもっている。ヴュルム氷河期の海岸線が、今より一四〇メートル下がっているとして、海上保安庁水路部の五万分の一の海底図に等深線を引いてみると、（第四図《ママ》）の細線となる。」

として、さらに、

「伊豆半島の東海岸から東南の方角をみれば、そこにはとても大きな島が出現し、今日の大島・利島・新島・式根島・神津島はもとより南にある銭州《ぜにす》までを一つの島として遠望することができる古伊豆島となるのである。この古伊豆島からわずか三〇キロメートル前後の距離にあり、その海峡

を乗り切れたからこそ先土器（旧石器）時代の本土で、神津島産黒曜石の利用があったのである。」

としている。

上述のように、今日、伊豆半島東岸より遠望できる伊豆大島をはじめとする島々は、見えてはいても、行くだけの価値（メリット）があるかどうかも知れないのに、どうして行く気になったのかと思うのが普通の判断であろう。しかし、二万年ほど前には、現在とは異なった伊豆諸島の姿（存在）があったとすれば、そこには、別の判断材料もまたあったのだろうか。

とにかく、この話は実証的なので信憑性が高い。さらに同書によると、

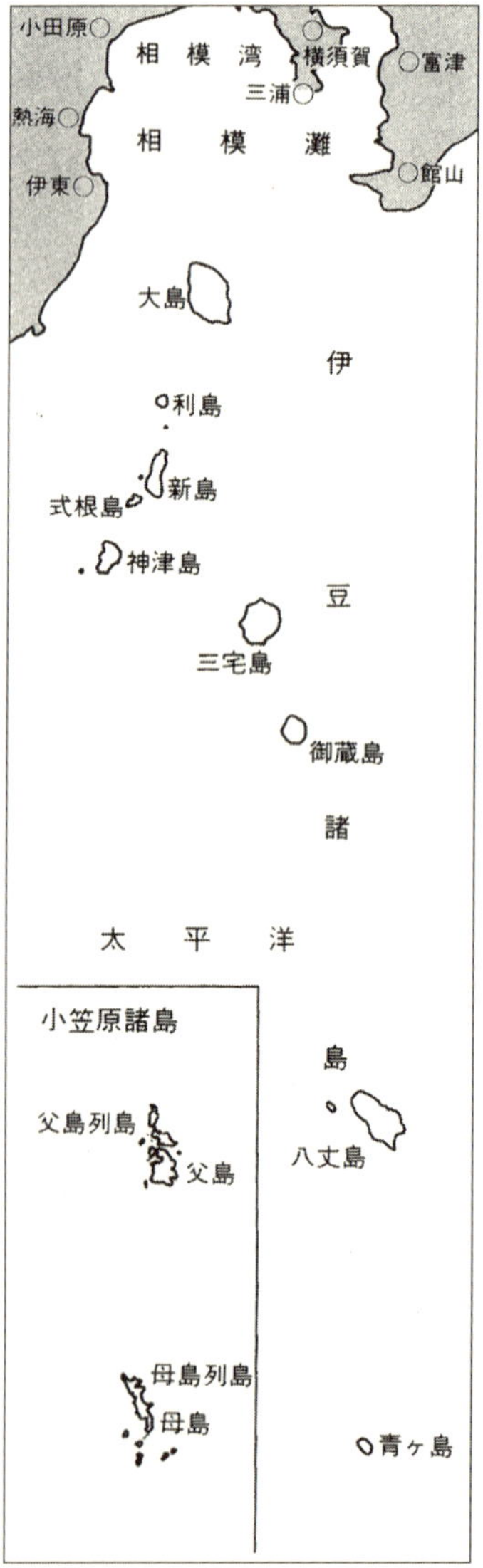

伊豆諸島の位置（出典は左に同じ）

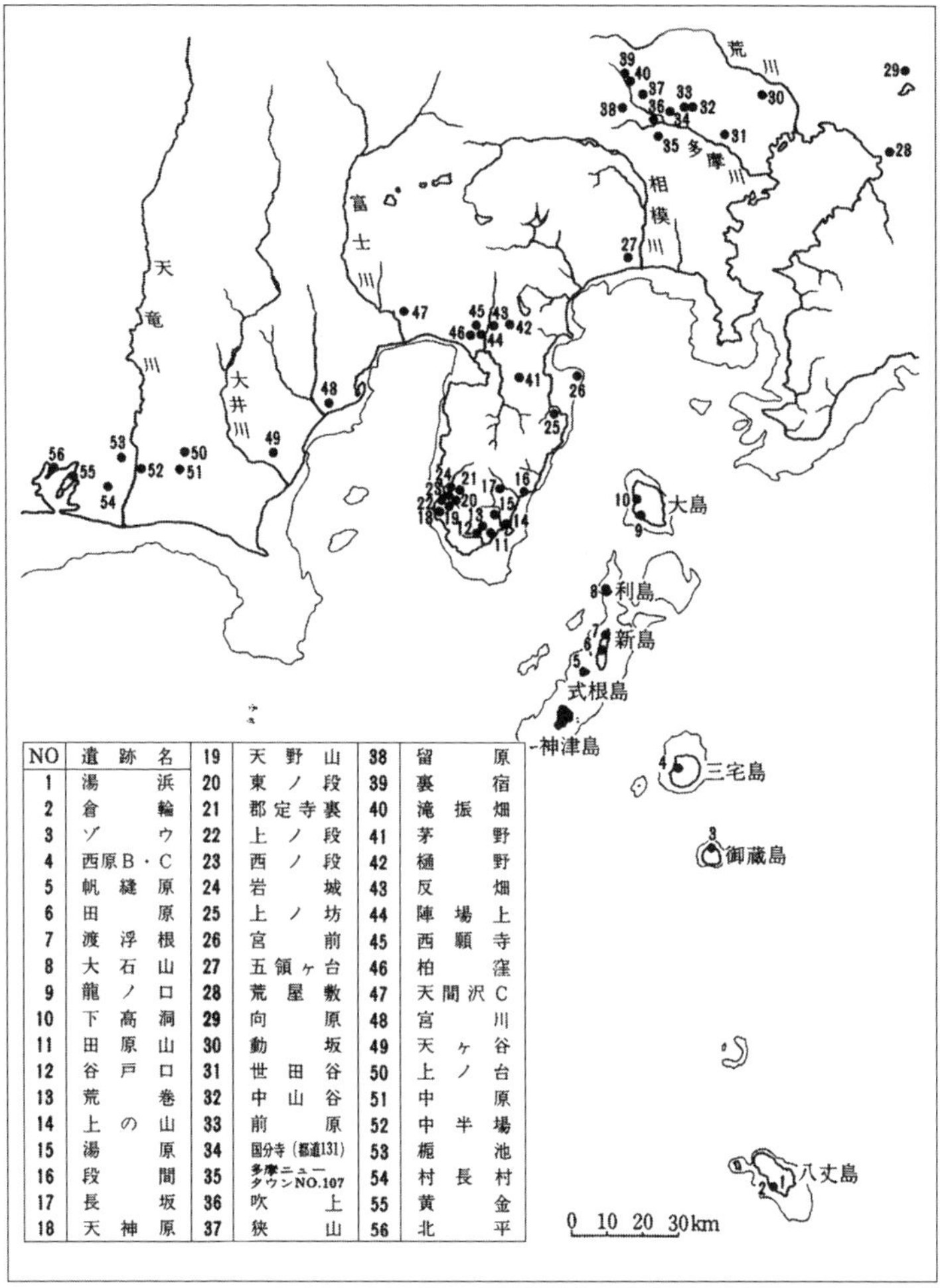

NO	遺跡名	NO	遺跡名	NO	遺跡名
1	湯浜	20	東ノ段	39	裏宿
2	倉輪	21	郡定寺裏	40	滝振畑
3	ゾウ	22	上ノ段	41	茅野
4	西原B・C	23	西ノ段	42	樋野
5	帆縫原	24	岩城	43	反畑
6	田原	25	上ノ坊	44	陣場上
7	渡浮根	26	宮前	45	西願寺
8	大石山	27	五領ヶ台	46	柏窪
9	龍ノ口	28	荒屋敷	47	天間沢C
10	下高洞	29	向原	48	宮川
11	田原山	30	動坂	49	天ヶ谷
12	谷戸口	31	世田谷	50	上ノ台
13	荒巻	32	中山谷	51	中原
14	上の山	33	前原	52	中半場
15	湯原	34	国分寺（都道131）	53	梔池
16	段間	35	多摩ニュータウンNO.107	54	村長村
17	長坂	36	吹上	55	黄金
18	天神原	37	狭山	56	北平
		19	天野山	38	留原

黒曜石の分布図・縄文中期．橋口尚武著『島の考古学』東京大学出版会，1988 年からの引用だが，原図は加藤恭朗で，それに橋口が加筆している．加藤は縄文中期（およそ 5000 年前）のことを考える際，現在の地球環境ではなく，当時の海進や海退のことを考慮してこの図を作成している．当時は海面が約 140 メートル低かったとされる想像図である．その後，地球の温暖化で海面は上昇した．しかし，黒曜石の採取場所は忘れられなかったのであろう．

「現時点（一九六二年現在）で判明している遺跡数をみると、東京都五遺跡、神奈川県二遺跡、静岡県七遺跡となっている。

〔中略〕

もっとも古いのは神奈川県相模原市の橋本遺跡で、二二、七〇〇年ＢＰ*となっている。」

とみえる。

＊　前掲書によれば「ＢＰはBefore Presentの略で、年代を測定する場合を不動のものにしておくために一九五〇年を〇年として測定値をだす。」とみえる。

なぜこのように、遠くの島に危険をおかして渡り、黒曜石を採取、運搬したのかといえば、「黒曜石が刃物の刃料としては最も優秀な火山ガラスであり、利器としての生命を鉄器にゆずるまで、つまり弥生時代中期まで使われた」ためで、交換価値の高いモノであったためであった。また、同書によれば、

「先土器（旧石器）時代、縄文時代早期・前期・中期・後期・晩期のそれぞれの時期の本土での神津島産黒曜石出土遺物分布図を作成した。これによると遺跡数の最も多いのは縄文時代中期で、その流布範囲も二〇〇キロメートル以上になり、東は千葉県印旛郡向原遺跡、西は静岡県北平《きただいら》遺跡に及ぶ。一九七八年現在、本土だけで四大遺跡を示すことができた。伊豆諸島の場合は、出土する黒曜石は一点*を除いて他はすべてが神津島産であるので、いちいち図示していない。（第四図《（ママ）》）」

とみえる。

＊　その「一点」については、「新島の縄文時代後・晩期の渡浮根遺跡では、たった一片であるが、伊東市の柏峠西を原産とする黒曜石片を確認している」と同書に記されている。

以上のような神津島における黒曜石採取の拠点となったのは、伊豆半島東岸の、現在の河津町にある

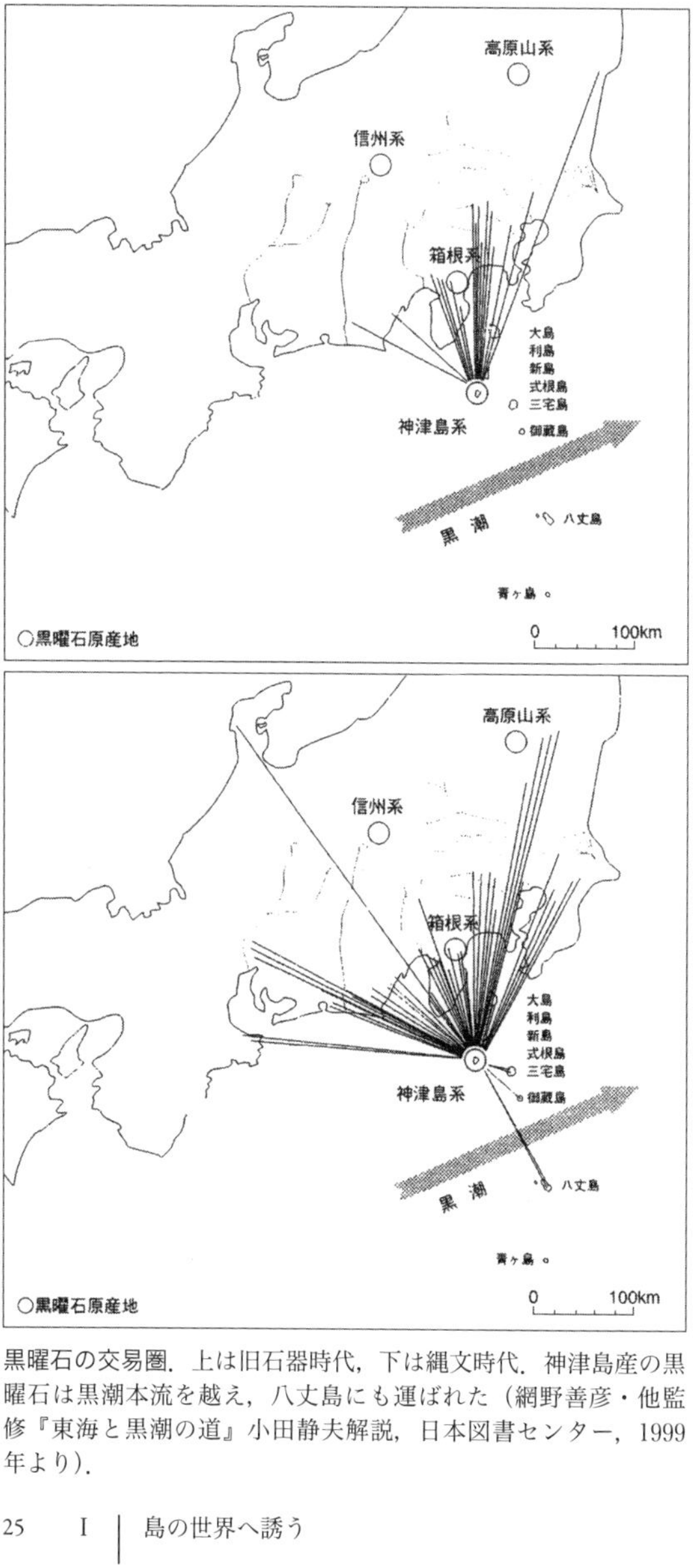

黒曜石の交易圏．上は旧石器時代，下は縄文時代．神津島産の黒曜石は黒潮本流を越え，八丈島にも運ばれた（網野善彦・他監修『東海と黒潮の道』小田静夫解説，日本図書センター，1999年より）．

段間《だんま》遺跡であると著者は記す。その理由は、「段間遺跡からは今では総重量で五〇〇キログラムを超える黒曜石片が出土し、一個で一九キログラムに及ぶ黒曜石塊もある」ことをもって上述の根拠、理由としている。

ただ、「海洋民なしには、伊豆諸島の歴史を説き明かすことはできないと考える。」としていることに疑問が残る。その理由は前述した通りである。今後、わが国で「海洋民」を語るにはそれなりの厳密な概念規定をする必要があるだろう。

著者はさらに、縄文時代早期の土器を本土から三宅島に運んだ古代人の実証的な事実として、今から八〇〇〇年前、伊豆半島から南へ約九〇キロメートルの海上にある三宅島で、この時期の土器が発見されたことは、当時、独木船を使って渡ってきた人間《ヒト》がいるとしている。

その後の活発な渡島活動については省略するが、こうした「島渡り」の件に関しては、坪井正五郎らによって、すでに明治時代から注目されているとしたうえで、縄文時代の前期から中期にかけては、すでに、

「世界最大の悠久の潮流（黒潮）をつっ切って、縄文人が八丈島の倉輪遺跡に達していたこと、そこがもっとも離島である日本列島の、そのまた離島の〈鳥も通わぬ八丈島〉の遺跡であるだけに、発掘結果の総合的な見解が待たれるのである。特に人骨の発見……つまり人の営みの究極の現象は確認された五軒の住居址（定住）だけでなく、骨製釣針《（ママ）》、ウミガメの骨や魚骨、イノシシ（歯・四肢骨・頭蓋骨）の発見などすべての現象の総体の結果であって、島の考古学の観点からも、誠に興味深い問題を提起していると考えられる。〔傍点は引用者による〕」

としている。こうして考古学研究の成果をもとに「渡島」の意味を考察すると、第一に掲げた、能動的、積極的な自分の意志による渡島の立場が浮かびあがってくる。

そして、最初に述べた二万年も前の信じられなかった話も、先史時代の史的な事実として納得できる。

4　渡海、交通、航海、移動

島について語るには、島に至る「地方《じかた》」から、島渡りのための交通手段についてふれないわけにはいかない。あわせて、島によっては、島内における交通も重要な問題である。

これまで人間《ヒト》は、航空機が発達するまで長い年月、島渡りをする手段としては船と操船技術（航海術）にたよるしかなかった。近くの島渡りに筏が使われたり、独木舟が用いられたことは当然としても、外洋に出るとなれば、それなりの船も、操船にかかわる知識・技術も必要になる。

先述したように、島影を見ての有視界渡島は、それほど困難をきわめるものではなかろう。

わが国のように、伊豆諸島や、あるいは薩南諸島からつづく南西諸島、台湾から、バシー海峡をへて、バタン諸島、バブヤン諸島（海峡）を経由してルソン島（フィリピン）に至る「海上の道」は、逆方向からの人間《ヒト》や稲の移動について柳田國男が指摘した通りだ。

あわせて、北九州から壱岐島、対馬島を経由して、朝鮮半島や大陸に至る「海の道」は、当時としては困難をともなったとしても、驚くにはあたいしない。北海道の宗谷岬からも、樺太《サハリン》は望見できる。こ

外洋を航海したと推測される丸木舟（栗山川流域七升出土．千葉県香取郡市文化センター提供．網野善彦・他監修『東海と黒潮の道』橋口尚武解説，日本図書センター，1999年より）

うした、海上の通路にあたる島々は、「海上の道における駅」でもあった。

「今からおよそ八〇〇〇年ぐらい前の縄文時代の早期の頃に、伊豆半島から南へ約九〇キロメートルはなれた三宅島に、おそらく独木船を使ったであろう」（橋口・前掲書）とする遺跡があり、その後、御蔵島にも縄文時代早期の遺跡が見つかったほか、八丈島でも縄文時代前期の倉輪遺跡の発見により、この時代、すでに世界でも潮流の速いことで知られる「黒潮」を乗りきって、渡海する手段があったことになる。もちろん、渡海は天候が比較的安定している今日でいう春四月から、秋九月頃の凪《なぎ》のつづく季節を選んだのであろうが、いつ台風が来るかもしれない。

上述したように、北伊豆五島とよばれる大島、利島、新島、式根島、神津島は、伊豆半島の河津町（現在）にある段間遺跡から晴れた日に目視できるから、縄文時代の土器が出土すると聞いても、それほど驚くことではない。しかし、三宅島以南の島となれば別だといえよう。というのは、黒潮の流れを横断する渡海は、広大な太平洋の島々を発見した遠洋航海者（海洋民）とは別の意味で特筆にあたいし、称賛されることだからである。

島渡りに必要な舟（船）が、どのような形態（大きさ）のものであったのかは興味が持てる。

小笠原諸島でカヌーの舟材に用いられてきたハスノハギリの若木．ミクロネシアでは一般にパンの木が用いられてきた．

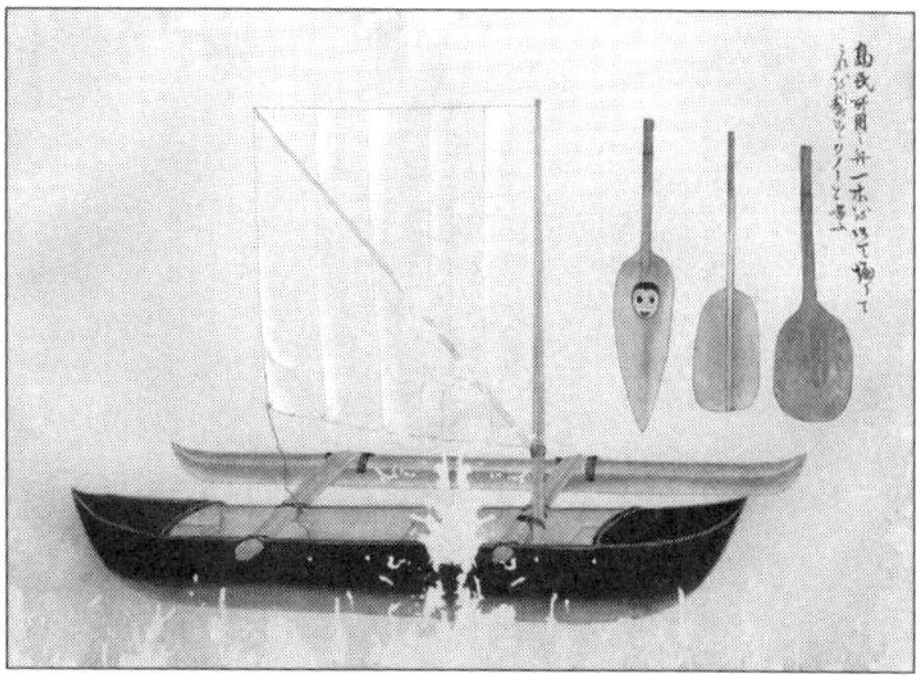

小笠原諸島で使用されていた「クヌー船の図」（東京都公文書館蔵「小笠原嶋図絵」より）．小笠原にはハワイ諸島から伝えられた記録「淦取物（あかとりもの）」の図がある．「島民所有之舟一木を以て掘りてこれを製すクノーと唱ふ」とみえる．舟材にはハスノハギリを使用してきた．

行ってみたいと思う島が珊瑚礁の彼方や水平線上に望見できる島であれば、渡海する勇気はそれほどいらないだろう。

しかし、見えない島を探しての渡海となれば、その勇気は計り知れない。乗組員（家族を含めた）の命がかかっているのだから。さらに勇気だけではなく、操舟（船）技術（渡海術）と知識、あわせて、自信が持てなければ、出航できないだろう。

太平洋諸島の場合、渡海に使用した船に関して、かなり実証的な資料等が伝えられている。

航海に用いた船には二種類あり、第一は、船が転覆しないように、細長いカヌーの船体に腕木を取りつけた方式で、アウトリガー・カヌーの名でよばれる。中には、船体の左右両側にアウトリガーをつけて安定させるカヌーもある。櫂を使うが、帆走が普通だ。今日の私たちは、船に乗るといえば、水に濡れないと思うが、太平洋の島々で暮らす人々は、船に乗れば濡れるのは当然と思っている。海が荒れた時は、船を沈めておく（水船にする）方が安全なことさえある。したがって、渡海中に使用する「アカ汲み」は必需品となり、重要な作業となる。

大きなアウトリガー・カヌーは、全長二〇メートル以上のものもあった。特に戦闘用のカヌーは大きい。船材はパンの木が多く、独木船もあれば、板張りの船もある。ヤシロープを用いて縛り、パンの木のゴムを用いて充填《じゅうてん》材料とし、板の間につめて、水漏れを防ぐ。

第二は、カヌーを二艘、横に並べて横木で縛りつけた、複式カヌー、またはダブルカヌーの形式をとるものである。一般的にカタマランの名でよばれる。両船体間をあけ、デッキを張り、小屋を設けて、長途の航海をおこなう。中には、三艘の船を横に並べることもあった。全長約三〇メートルもある大型カタマランもあった。

航海に関する知識もさることながら、今日の人々では考えられないほどの五感、六感を働かせる感覚の鋭さがあったとされる。

たとえば、風上《かざかみ》に島があると、「陸の臭い」を嗅ぎわけるとか、海水の色、島から反射するうねりを感知したり、流木に気をつけたり、波間に浮く、木の葉一枚もみすごさないほどである。

また、海鳥もたよりになった。軍艦鳥、カツオドリ、アジサシ、ウミネコはもとより、チドリの仲間やダイシャクシギなど捕獲すれば食用にもなった。遠洋航海で新しい島を探すときには「ハトなど陸鳥を準備し、いよいよ島に到着できないとなれば、ハトを飛ばし、行く方向を決めた」とか、「いよいよ、これが最期という時には、船に積んでいるブタを泳がせた」とも聞いたことがある。ブタは鼻がきくので、陸地の臭いがすれば、その方向に泳いで行くが、ブタが船に帰ってくれば、絶望的だとも。しかし、こうした話の真偽のほどは保障のかぎりではない。だが、洋上での雲の状態、存在にかかわる伝承には信用できる根拠がある。水平線よりも、はるかに遠い位置にある雲がV字型であったり、その変型である時は、その下に島があるといわれるほか、笠雲ができるのは、下に島があるからだとされてきた。眉型の雲も同じである。こうした航海にかかわる一般的な知識のほかに、酋長だけが秘密に伝承してきたとされる特殊な航海技術・知識があることも知られている。

たとえば、ミクロネシアのマーシャル群島に伝えられてきた「スティック・チャート」(木の枝式海図)がそれである。この海図は、潮の流れの方向や距離、うねりなどを木や竹の棒を組み合わせて示し、島の位置を宝貝であらわしたものである。目的の島にたどりつくことができる秘密を語り継ぐのは酋長の家系であるゆえに、尊敬もされ、島民の頂点に立つこともできたとされる。

このように、航海術は気象・海象、生物の状態その他を綜合しての知識であり、天文に関することも必要となる。

八丈島で使用のアウトリガー・カヌー(1973年撮影).
小笠原諸島からの影響で伝播したと思われる.

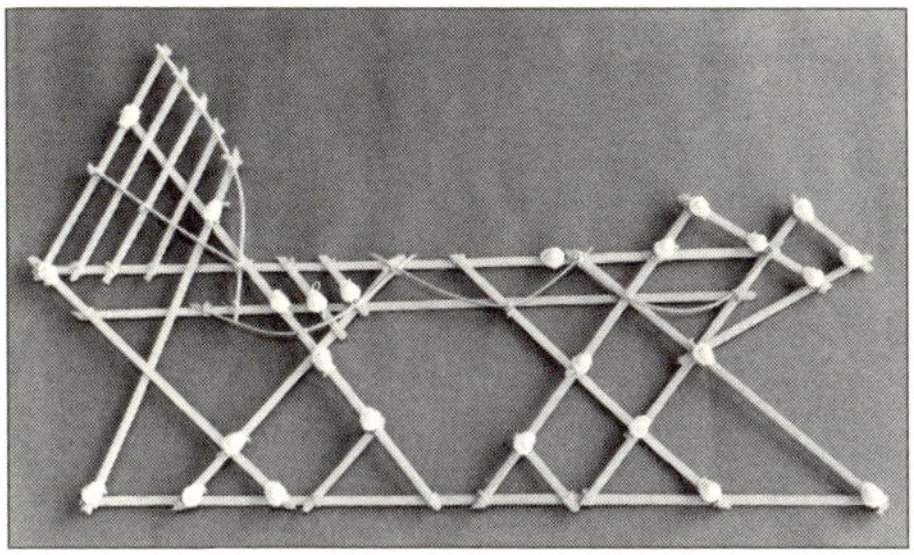

マジュロ島のスティック・チャート(海図)

左：『南太平洋の民族学』の著者・石川栄吉．中：『KURA（クラ）』の著者・市岡康子

航海に関する民俗（族）知識に関して、わが国における、この方面の伝承は実に希薄である。それゆえに、わが国民は「海洋民」とはいえないといわれる根拠がそこにある。

とはいえ、縄文文化の時代から、伊豆諸島へ渡海した先住民が使った大きな丸木船が、伊豆半島の河津町（現在）あたりから発掘されるのが待たれると思うのは筆者ばかりではあるまい。

島々への移動、あるいは定住についても知りたいことは多い。この方面では石川栄吉による『南太平洋の民族学』をはじめ、高山純による考古学的研究の他、後藤明、片山一道らによる本書で引用・参考文献に示した著作も多く、諸説もまた多い。いずれも、人類の遺伝子はもとより、口頭伝承（言語、神話など）や遺跡・遺物をたよりに研究を進めた成果である。

石川は前掲書の中で、「〈ネシア〉の世界に人が住み始めた正確な時期は定かでない。しかし、中部ジャワ出土のピテカントロプス・エレクタス（直立猿人）の化石が物語るように、インドネシアに人類が住みついた時期は、およそ三〇万年前の洪積世中期にまでさかのぼることは確実である」としている。

そしてさらに、年代的なこととは別にして、「彼らの言語は、比較言語学上、オーストロネシア語族に属しているが、この語族の分布は、インドネシアからさらに東南方におよんで、メラネシアの大部分

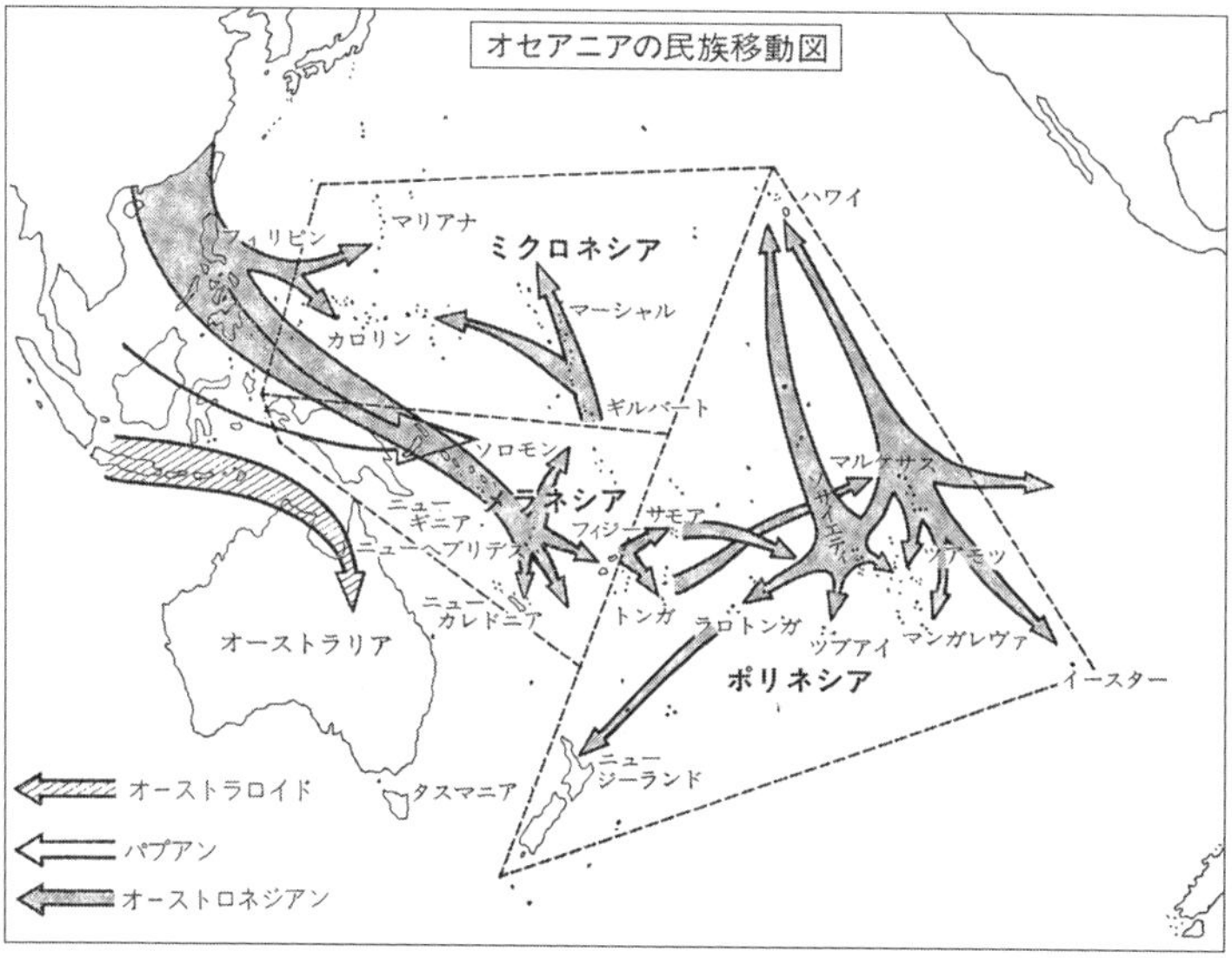

オセアニアの民族移動図（石川栄吉『南太平洋の民族学』角川書店，1978年より）

と、ポリネシア、ミクロネシアの全域を包含している。」として、「オセアニアの民族移動図」を掲げている（上図参照）。

　そして、結びとして、「メラネシア、ポリネシア、ミクロネシアの人と文化は、いずれもインドネシアを共通の源泉としている」とした。

5 渡《と》島《とう》——島渡りと島送り

　上述したように、「渡海」という言葉の中には二つの意味が内在している。語彙は一つでも意味はまったく異なる解釈がなりたつ。

　第一にあてはまる意味は、「島渡り」（島へ行く）という、主体的立場に立っての使われかたである。

　歩いて島へ渡る「徒（渡）渉《しょう》」の場合も、舟（船）で島へ渡る「渡島」でも、とにかく自分の意志で自主的、主体的目的意識をもっている行為をさして使う場合である。このときは自分の意思が強くはたらいている行為であるといえよう。その行為は個人の実践をともなう行為で、ときには集団的実践に発展する場合もありうる。

次に、第二の意味は、第一の主体的な行為に対して、客体的な行為や立場の使われかたで、主体に対応し、客観的な意味を含んでいる。

歩いてでも、舟（船）に乗せられるにしても、島へ「連れて行かれる」という客体的で受け身な、受動的立場の意味である。

多くの場合、島に送られるとか、島へ流されるなど、自分の意志に関係なく強制力をともなっての行為の結果をいう。当然、当人にとっては不本意な渡島である。

罪をおかしたり、あるいは罪をおかしたとして（たとえ冤罪《えんざい》だとしても）、その罪に相当する刑罰として強制的に島送りにされてしまうことが過去には多くあった。自分の意志でなくても、この場合も結果的には「渡島」だ。流刑、流罪、遠島（の刑）のたぐいにあたる。

第一の事例は、広大な南太平洋を縦横に航海した海洋民の能動的積極的な移動による渡海がまず思い出されよう。そして、その移動のきっかけとなった主な要因はなんであったのだろうか。この件に関しては諸説あり、疑問も多い。

第二の事例は、世界史的にもよく知られているナポレオン（Napoléon Bonaparte）のエルバ島（Isola d'Elba. 現在イタリア共和国）や、セント・ヘレナ島（Saint Helena. 現在イギリス領）に流された史的事実が思い出される。

わが国に事例を求めれば、治承元年（一一七七年）、平氏の六波羅政権を倒す計画に荷担し、失敗して

『平家物語』にみえる鬼界ヶ島《きかいがじま》（現在の鹿児島県硫黄島とされる）に藤原成経らと共に流された、京都法勝寺の僧俊寛《しゅんかん》であろう。

また、佐渡島《さどがしま》に流された順徳上皇（承久三年・一二二一年）をはじめ、日蓮上人、世阿弥など、日本の歴史に登場する人々の数も多い。

その他、島嶼のことに興味や関心をもつものにとっては、伊豆の八丈島に流されて、『八丈實記』を残した近藤富蔵もよく知られている。

次も、「渡島」の第二の意味についてである。「流《る》」という言葉の意味は、刑として辺地に流すことである。したがって「離島」だけがその地（場所）とは限らない。「島流し」も同じ意味である（七頁「プロローグ」参照）。

わが国では律（聖武天皇・神亀元年三月・七二四年）の規定中、五刑の一つに流刑が定められている。しかし、それ以前にも「島流し」の刑はあった。

『日本書紀』巻第十三、「允恭《いんぎょう》天皇」二十四年（西暦年代不詳。四四四〜六二年頃か）の夏六月の頃に、

「御膳《おもの》の羮汁《しる》、凝以作氷《こほ》れり。天皇《すめらのみこと》、異《あやし》びたまいて、其《そ》の所由《よし》を卜《うらな》はしむ。卜へる者《ひと》の曰《まう》さく、〈内《うち》の乱《みだれ》有《あ》り。蓋《けだ》し親親《はらからどち》相奸《たは》けたるか〉とまうす。時《とき》に人《ひと》有《あ》りて曰《まう》さく、〈木梨《きなしの》輕太子《かるのひつぎのみこ》、同母妹輕大娘皇女《いろもかるのおほいらつめのひめみこを》奸《たは》けたまへり〉とまうす。因《よ》りて、推《かむが》へ問《と》ふ。辭既《ことすで》に實《まこと》なり。太子《ひつぎのみこ》は、是儲《これまうけの》君《きみ》たり、加刑《つみ》すること得《え》ず。則《すなわ》ち大娘皇女《おほいらつめのひめみこ》を伊豫《いよ》に移《うつ》す」

とみえる。わが国では、これまで、この記述中の「伊豫に移す」（京より行程五百六十里）をもって、「島流し」の初見とみている。しかし、上述の通り西暦年代は不詳だ。

なお、『古事記』中には、允恭天皇の項にこの記載はみえない。ちなみに、允恭天皇は第一九代の天皇。仁徳天皇の第四皇子。輕大娘《かるのおほいらつめ》は允恭天皇の皇女《むすめ》。したがって同母兄木梨輕太子《きなしのかるのひつぎのみこ》と通じたことは近親相姦《そうかん》の罪にあたる。

流刑の内容は三等級にわかれており、「近流《こんる》」は越前、安芸など、「中流」は信濃、伊予など、そして「遠流《おんる》」は伊豆、安房、佐渡、隠岐、土佐等で、いずれも各国司に監視を命じていた。

こうした刑罰がやがて江戸時代の「遠島《えんとう》の刑」の制度に結びつき、明治初年まで続くことになった。

『離島の旅』と題する同名の本は何冊かある。かつて、その中の一冊に、副題を「流人のふるさと」として、島送りにあった人々だけをあつかった本を毎日新聞社が企画、編集して発刊したことがあった。どのページを開いても流人の悲話が多い中で、村井康彦氏が丸谷才一著『後鳥羽院』を引用しての記事が強く記憶に残った。内容は後鳥羽上皇（第八二代天皇・寿永二年・一一八三年即位）が隠岐に流される前、藤原定家に命じて『新古今和歌集』の編集をさせたが、承久《じょうきゅう》の乱（変）（承久三年・一二二一年）以後、隠岐に配流された後、『隠岐本新古今和歌集』を上梓したので、「上皇はみずから求めてこの遠流の島へ来たといえるかもしれない」というのだ。ということは、さきに述べた第二の意味に該当しない流人も例外としていることを認めなければならないことになる。

また同書によると、伊豆諸島の新島、三宅島、八丈島の三島には流人帳が残っており、その人数は合わせて四六〇〇人あまりを数えるという。「大島と神津島のものは消失したが、恐らく七島*へ五千数百

サンフランシスコのアルカトラズ島．1963年まで「監獄の島」だったという（2014年5月25日，秋田公士氏撮影・提供）

人の流人が送られたと推定される」としている。

＊　一般的に「七島」「伊豆七島」といった場合は「式根島」は「新島」に含め、単独の一島に加えない。理由は、明治二三年に新島から移住したためだ。

『流人在名帳』あるいは『流人明細帳』とよばれる流人帳には、名前、年齢、居住地、罪名、流された日付、死亡または赦免年月日が書かれており、三宅島や八丈島の記録は刊本になっている。

以上、第二の事例に関しては、紙幅がいくらあってもたりないので巻末の「引用・参考文献」にゆずることにしたい。

思うに「島」は、監獄（刑務所）の役割をになってきたところがある。脱獄（島ぬけ）しにくいためだ。

畏友の秋田公士氏によると、アメリカのサンフランシスコにあるアルカトラズ島は、陸からわずか二・四キロしか離れていないが潮流が激しく、連邦刑務所から脱獄しても本土に泳ぎつくことは不可能であったらしいという。マフィアのアル・カポネも、この島に収監されたという話だ。

6　島への情熱

柳田國男と澁澤敬三

柳田國男は『島の人生』の中で次のように記している。

「澁澤敬三君一行の瀬戸内海巡航記は本になっている。それから引き続いて更に大規模な道の島七島の旅行などは、世間が知らずにいてはすまぬほどの壮挙であって、実は私も内々やられたなと思ったのであったが、幸か不幸かあの劃期的な事業には、私が大事にしていたたった一つの要件が欠けていた。後が続かなかったのは時世だからやむを得ぬとして、あれに携わった人たちがあまりにも忙しく、陸上の羈絆《きはん》があまりにも太くて、多い時間をこのためにさくことができず、わずかに島の土を踏んだかと思うと、もう出帆というようなせわしない訪問をしていたこと、これがまだ私の創案のこれから働きうる余地である。〔傍点は引用者による〕」（初出誌『近畿民俗』昭和二四年二月）

と述べている。普段はあまり本音をはかない柳田だが、澁澤の実施した島嶼調査には少なからず先を越され、ショックを受けたことが文面からも伺える。柳田の島嶼に対する想いは大きかったのであろう。

澁澤がおこなった島嶼調査は薩南諸島の十島《としま》巡航が先で、昭和九年（一九三四年）五月、十島丸による調査団は二〇名により組織され、アチック・ミューゼアムの関係者は澁澤の他に櫻田勝徳、早川孝太郎、村上清文、高橋文太郎（以上は民俗）、宮本馨太郎（服飾）、小川徹（人文地理）、大西伍一（農政）の八名であった。しかし、調査の企画は良かったが、成果は思ったほど望めなかった点を柳田は文中で見抜いている。

次いで澁澤は、この「薩南十島巡航の調査」を実施した頃から、「地図を見る度に心惹かれていた」（後掲書の「小序」より）という朝鮮多島海の島嶼調査を昭和一一年（一九三六年）八月一七日より一九日まで、金剛丸による船中二泊三日の旅を実施した。同行した民俗関係者は澁澤敬三、高橋文太郎、櫻田勝徳、宮本馨太郎、磯貝勇、小川徹、村上清文、秋葉隆（当時の京城大学教授）であった。調査の結果は昭和一四年（一九三九年）に『朝鮮多島海旅行覚書』⒁として刊行されている。主な島は、水島、上洛月島、下洛月島、大許沙島《テーホサ》、前曾島の羽田里《ウゼンリ》である。

柳田國男（右）と澁澤敬三（左）. 1949 年，河口湖にて（渋沢史料館所蔵）

先に、柳田が「瀬戸内海巡航記」と記したのは、昭和一二年の五月一五日から二〇日にかけておこなった『瀬戸内海島嶼巡訪日記』のことで、その後に「アチック・ミューゼアム・ノート17」として昭和一五年（一九四〇年）に出版された。

前の項でもふれたとおり、昭和八年は、柳田國男が比嘉春潮と雑誌『嶋』を創刊した年であり、こうした経過から、当時の民俗研究者の多くが島嶼の生活文化に強い興味、関心をもっていたことが伺えよう。

しかし、柳田らの熱い想いもむなしく、『嶋』は翌年の昭和九年をもって廃刊になってしまう（七七頁「雑誌『嶋』の刊行」参照）。

だが、柳田はその後も島嶼の生活文化に関する研究の重要性を主張しつづけたのである。その理由は、「山村・海村・離島の生活の種々の相異点と共通点を明らかにし、それを比較するための調査資料を収集する」ことにより、わが国における文化の古層を探ろうとしたのである（『離島生活の研究』の「趣旨」。以下も同じ）。

そうした考えを実現するために、「昭和九年から三箇年にわたって、本邦山村五十箇所の調査を行い、その結果は『山村生活の研究』（民間伝承の会刊、昭和十二年）として世に送った。また、海村三十箇所の調査も昭和十二年から二箇年にわたって実施し、その結果は『海村生活の研究』（日本民俗学会刊、昭和二十四年）としてまとめた。そして、昭和二十五年から三箇年かけて『離島生活の研究』を調査後、刊行することにした（趣旨の大意）」のである。

『離島生活の研究』に「調査経過報告」を記した大藤時彦によると、「この調査は戦後の混乱期を抜けきれない時分であったため、食糧を持参して行かなければならぬなど相当の困難を経験した。最初の計画では六十ほどの離島を選定したが、実際に調査できたのは三十余島であった」とみえる。

上述したように、昭和二五年にはじまった全国の離島村落調査は昭和二七年までおこなわれたが、その後、昭和三二年に「民俗学研究所」が経営困難のため解散。それでも柳田が「我々一代の間に解決できるとは思ってゐない」と「まえがき」に記した『海上の道』を昭和三六年に出版して、南島の「島に対する篤い想い」を多くの人々の心にとどけた。だが昭和三七年八月に柳田國男の死去によって、同書は生前の刊行をはたせなかった。「島」に情熱をそそいだ柳田の無念さが痛いように伝わってくる。八八歳であった。

しかし、昭和四一年になって出版できるようになったのは「柳田孝夫人より先生の記念として多額の御寄付を日本民俗学会が頂いたためである。学会ではこれを何か有意義なことに使用せんとして理事会の決議により本書の出版にあてることになった」のである（前掲の大藤時彦による「調査報告」より）。

こうして刊行された柳田國男指導による『離島生活の研究』は、『山村生活の研究』や『海村生活の研究』の二冊と比較して、内容も充実しており、装本も立派だ。ただし、三〇余島の調査地に対して、調査報告は一九島にとどまり、少ない。

報告した島嶼を参考までに列挙すると、掲載順に、宮城県江島《（ママ）》（亀山慶一）。東京都利島（西垣晴次）、東京都御蔵島《みくら》（櫻井徳太郎）、東京都青ヶ島（酒井卯作）、新潟県粟島（北見俊夫）、石川県能登島（平山敏治郎）、愛知県佐久島（和歌森太郎）、島根県島後《どうご》、隠岐島久美《くみ》（直江廣治）、岡山県白石島（福島惣一郎）、廣島県蒲刈島《かまがり》（北見）、香川県廣島（武田明）、佐賀県加唐島《かから》（坪井洋文）、長崎県宇久島《うく》（井之口章次）、長崎県小値賀島《おじ（ぢ）か》（井之口）、長崎県樺島《かば》（竹田旦《あきら》）、鹿児島県長島（大藤時彦）、鹿児島県甑島《こしき》（小野重朗）、鹿児島県黒島（村田熈）、鹿児島県宝島（櫻田勝徳）の各島と執筆者の各氏である。

こうして、残念なことだが、島嶼に関し、あらゆる面で情熱をそそいできた柳田國男は三部作の最後の『離島生活の研究』の出版前に鬼籍に入られた。関係者はたぶん墓前にぬかずき、同書を捧げたのであろう。生前、柳田は「古い日本を知るには、深山と共に島々を調べねば」といった。後の離島研究は、竹田旦《あきら》をはじめ、各氏によって引き継がれた。

澁澤敬三（左）．1950 年 8 月，「対馬島」の曲（まがり）での海女調査（渋沢史料館所蔵）

他方、澁澤は、昭和一九年三月、日本銀行総裁に就任し、終戦後の昭和二〇年一〇月には、幣原《しではら》（喜十郎）内閣の大蔵大臣に就任するなど、その後、多忙をきわめた。

島に対する憧憬や情熱は失われなくても、交通の便が悪い島の旅や、研究調査には多くの時間が必要だ。それでも政界、財界にあわせて学界でも最前線で頑張った。八学会連合（昭和二六年より九学会となる）の会長の席にあり、「対馬島」の調査（昭和二五年）にも参加しているし、研究討論にも加わり、

「瀬戸内海の問題が起こりましたので今の問題に関連して、ちょっと気づいたことを申しあげたいと思います。実は私も昭和十二年に、日支事変の起る直前の五月一日《(ママ)》に船を借りまして、ここにおられる人文学者と御一緒に瀬戸内海の島々を約二十七ほどまわったことがあるのであります。そのとき、もうこれはほっておくと水があっても魚はいなくなるだろうという感じを受けたのであります。〔以下略〕」（九学会連合編『漁民と対馬』）

と述べ、瀬戸内海の環境問題に警鐘を鳴らしている。

その後、自分ではいよいよ時間もとれなくなり、書生の宮本常一に離島の調査を命じた。一方、命を

受けた宮本は、澁澤らの尽力で昭和二八年に成立した「離島振興法」に伴い、全国離島振興協議会を設立後、全国の島々をめぐり、振興、発展に努め澁澤の夢を継いだ。

澁澤は昭和三八年一〇月、六七歳で早逝した。したがって、島には情熱をそそいだ澁澤も柳田と同じく、『離島生活の研究』が上梓、刊行され、島に関する金字塔が打ち立てられたことを知らない。

千島探検時の笹森儀助（左）と札幌宮司時代の白野夏雲（右）
（いずれも昭和９年版『島』より）

笹森儀助ほか

前掲した雑誌『島』（昭和九年版。クロス装の大冊で、標題は背文字に「島」とあるのみ）の中で、柳田は「島の三大旅行家」と題し、田代安定、白野夏雲、笹森儀助の三人をあげている。いずれも江戸末期から明治時代に生きた人たちゆえ、今日となっては事績をたどるのもままならない。しかし、柳田がせっかく推薦した三人なので、若干の紙幅をさこう。

田代安定は鹿児島県の生まれで、『東京人類学会雑誌』に「南島紀行」などの投稿があり、薩摩と台湾との間を何回となく往来していたという。その他にも『島』によると、『東京人類学会雑誌』には明治二一年から同二七年にかけて、「沖縄県八重山列島見聞録」「薩南諸島の風俗餘事に就て」「鹿児島県下大島群島雑記」等が掲載されているという。

白野夏雲（旧氏名は今泉耕作。甲斐国都留郡白野村に文政一〇年〈一八二七年〉に生まれた。後に姓を白野と改め、名を夏雲とした）は、内務省地理寮出仕《しゅつし》、内国勧業博覧会委員を経て、明治一二年、鹿児島県に出向、勧業課時代の同一六年に東京上野で開催された第一回の水産博覧会に『麑海魚譜《げいかいぎょふ》』を出品し、名を高めた。ただし、編纂はしたが「自画」ではなく、魚類の写生は木脇啓四郎、二木直喜による鹿児島県下の有用海産動物の図譜である。

この魚譜は肉筆彩色画で、省略して「麑海《げいかい》」と一般によばれている。編纂者の白野はその緒言で、鹿児島県の市場に水揚げされた魚介類を描いたと述べているところをみると、「麑」の表記は一字で「鹿児島」を意味し、その「島」ではない「海」という意味をも含ませたのであろう。なにしろ自分の氏姓も雅号のように変えた趣味豊かな人物であったように思われるからだ。明治一七年、二ヶ月ほどかけて大島郡十島村（トカラ列島）をめぐり、『七島問答』をまとめた。

その後、北海道属に任じられ、明治二三年、札幌神社の宮司となる。同三二年逝去。

そして、笹森儀助は、「辺境を流浪するパイオニア」（『離島の四季』）で稲垣尚友が述べているように、「一銭にもならない旅を続け、一銭にもならない著作を出し続けた彼はいったい、何を秘めていたのであろう」。それは、島への情熱と、辺境に暮らす人々に対する思いやり、貧しさからの解放という義侠心ではなかったのかと思う。

前掲、柳田の「島の三大旅行家」によれば、

「笹森儀助翁が南島旅行の途次、鹿児島に立ち寄つた際には、白野翁は既に去つて年久しく、た

だ田代安定氏を訪問して、豫め島々の事情を尋ねたと云つて居る。しかし、三人の中では笹森氏の旅が最も豪快であつた。獨り旅程の遠く艱苦《かんく》の多かつたといふのみで無い。何等官府の使命を帯びず、従つて又寸分の庇護援引を受けず、是という目当ても計画も無くて、単に一国の志士として、同胞生活の特に省みられざりしものを省みようとしたことは、其当時にあつても既に異常なる風格を以て目すべきであつた。斯翁の事業は必ずしも大成せず、殊にその晩年失意の境地から回顧すると、空しく一生を風塵の間に老却した感はあるが、翻つて其文献上の功績を問うときは、優に二先輩を凌駕するものがあるやうに思ふ。〔ルビは引用者による〕

とみえる。

笹森儀助は弘化二年（一八四五年）、青森県弘前在府町に生まれた。父は弘前藩の御目付役であった。島にかかわることといえば、明治二五年、自ら請願し、探検船「磐城《いわき》」に便乗し、千島列島に向い、翌二六年、『千島探検』と題する著書を刊行して、有志に頒布。ついで同二六年には、南に眼を向け、琉球探検の旅に出た。この旅で、マラリアで廃村になった島の村々の実状と、その惨状に心をいため、翌二七年、『南島探検』を上梓し、明治政府に提出するなど、不言実行の業績が認められた結果、同年、大島の島司《とうじ》に任じられ明治三一年までつづけた。しかしこの間にも十島調査を続けている。また、その後も、諏訪瀬島を開拓した『藤井富伝《とみでん》翁伝』を公刊するなどした（前掲誌による）。明治三五年、第二代青森市長。大正四年（一九一五年）、弘前にて逝去。七一歳であった。なお、笹森に関しては、東喜望による伝記『笹森儀助の軌跡――辺界からの告発』（法政大学出版局、一九七八年）がある。

篠遠喜彦・市岡康子

「太平洋は広すぎる。島の数も多すぎる」といいながらも、その広く多い島々を臆することなく、渡り歩いてきたオセアニア考古学者がいる。ハワイのビショップ博物館（元人類学部長）の篠遠喜彦《しのとうよしひこ》（一一五頁写真参照）である。本人によると、昭和二九年（一九五四年）七月のことだったという。

横浜からカルフォルニア大学へ向う船中で一通の電報を受けとった。「ハワイ島のサウスポイントで発掘をはじめたから見にこないか」という、ビショップ博物館のエモリー（Kenneth P. Emory）からであった。結果、途中で下船したのがきっかけとなり、アメリカインディアンの土器使用以前の研究をあきらめ、以後、ハワイにとどまることになる。

当時のポリネシアは発掘調査がすすんでいなかった。そのため、日本の考古学のように土器形式や文様をもとに土器編年をつくり、それを基本に文化の編年を組んで、遺物の時代の古さを研究することなどできなかったのである。

そこで、ハワイ島の砂丘遺跡から発掘された、およそ五〇〇〇本の釣鉤をはじめとする遺物の整理をはじめ、釣鉤の六〇もの分類により、形式の編年を組むことができた。四年後のことである。その後、ハワイとタヒチとの関連も、篠遠らによる「釣鉤による編年」ができあがったことで明らかになり、オセアニアの考古学は大きく前進した。ピーター・ベルウッド（Peter Bellwood）は『太平洋』の中で、「篠遠に感謝することは、マルケサスの編年をおおよそ確立したこと」と述べている。篠遠は「自分たちは、どういう文化をもったところで育ったのかを、ふり返ってみなおすことが大切だ」といつもいう。

島にかかわる「クラ」という聞きなれない言葉が、世に知られるようになったは大正一一年（一九二二年）以降のことである。さらに、わが国で広く紹介され、知れわたったのは昭和四六年（一九七一年）頃といってよい。世に広まったわけは、次の三つにあるといえよう。

その第一は、ポーランド生まれでイギリスの人類学者、ブロニスロー・マリノフスキー（Bronislaw Malinowski. 1848-1942）により、一九二二年七月に『西太平洋の遠洋航海者』（*Argonauts of the Western Pacific*）がロンドンで出版され、同書中で、「クラ地区の風土と住民」「トロブリアンド諸島の原住民」をはじめ、

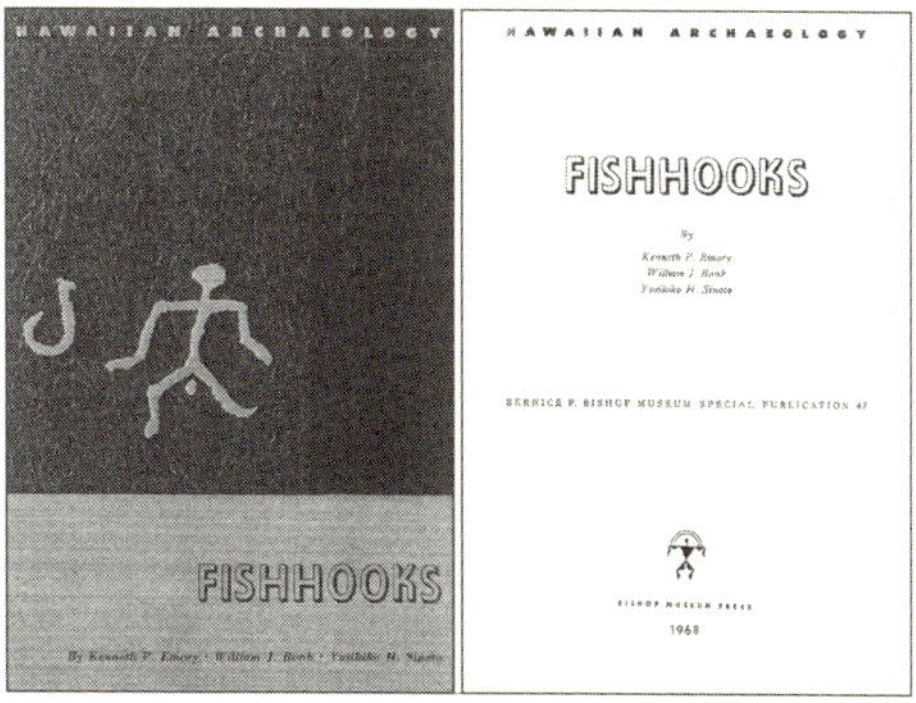

篠遠・エモリーらによる釣鉤編年研究の報告書（*Fishhooks*，ハワイ，ビショップ博物館，1968 年）

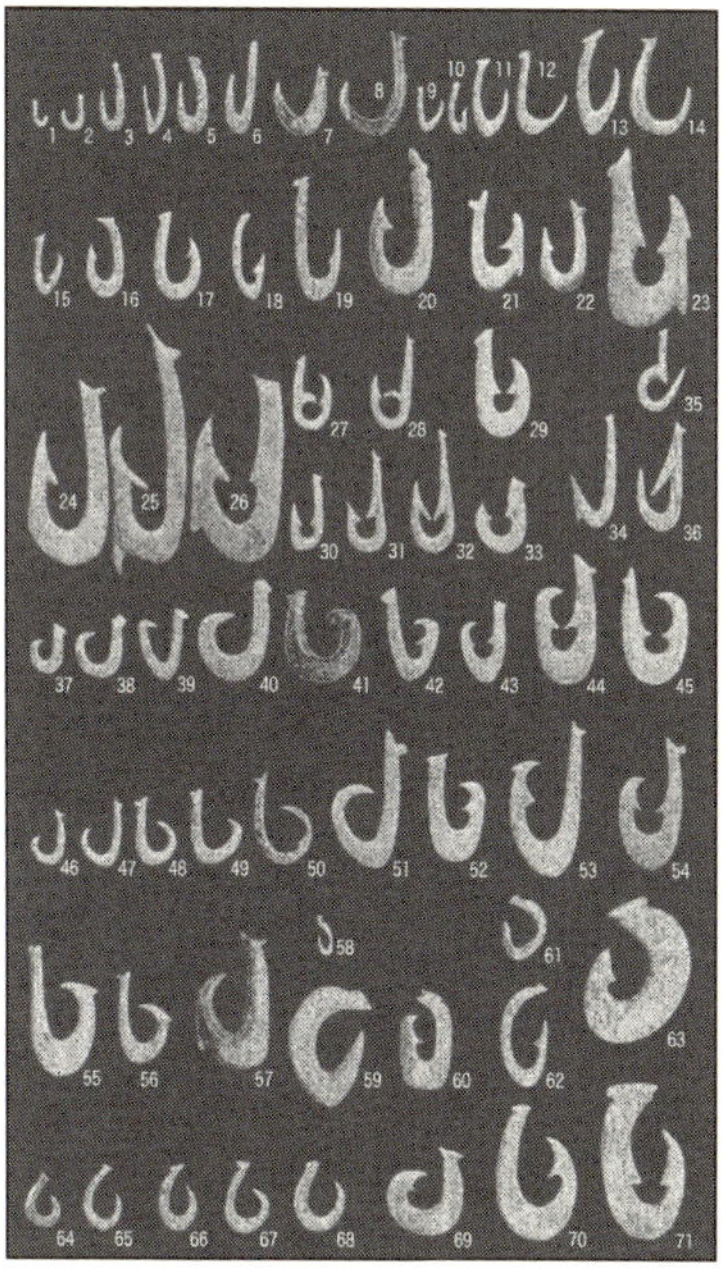

篠遠らによる釣鉤研究の編年図（*Fishhooks*，ハワイ，ビショップ博物館，1968 年）

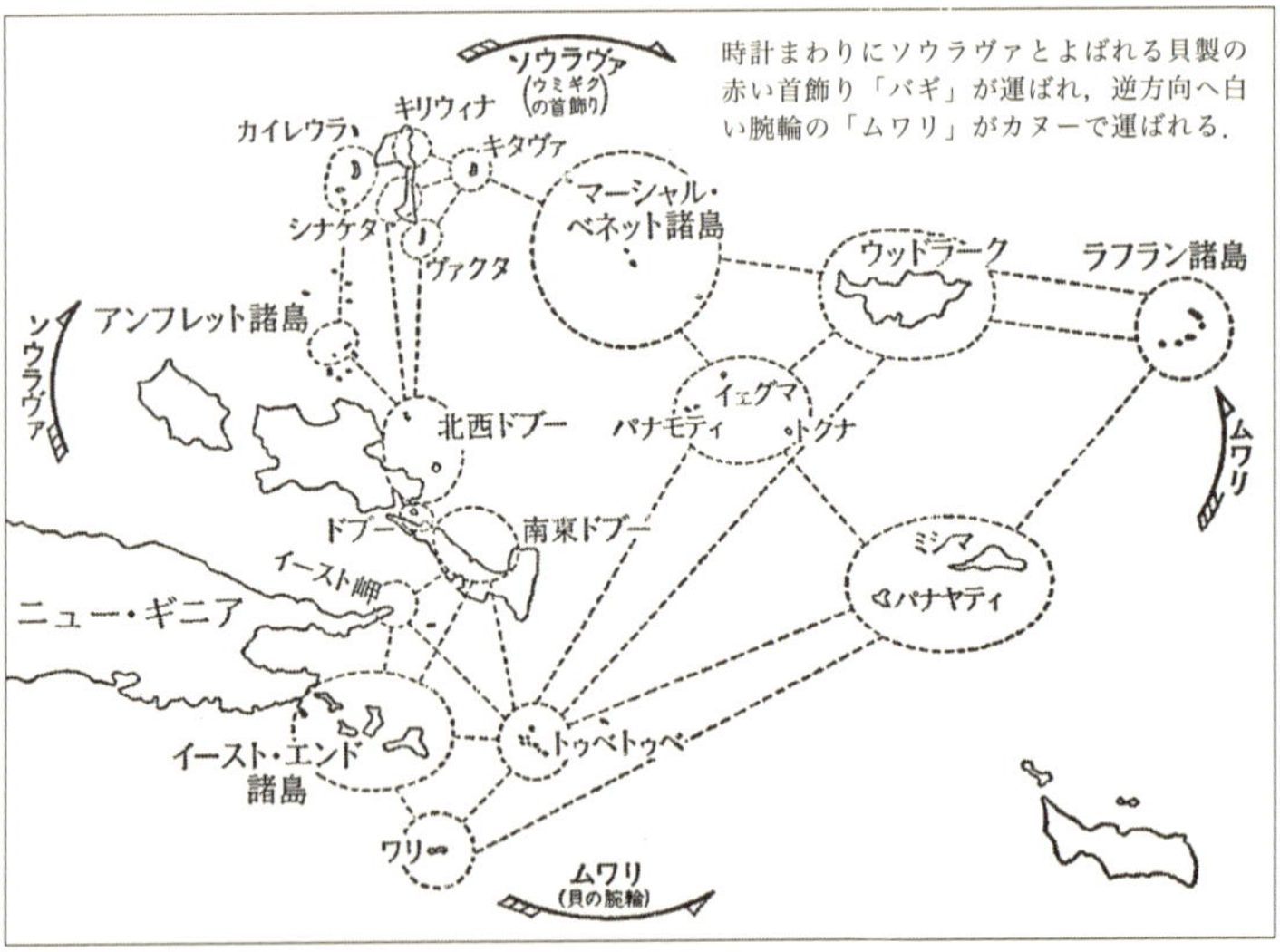

「クラの環（クラリング）」模式図（マリノフスキー／寺田和夫・増田義郎訳『西太平洋の遠洋航海者』中央公論社，1967 年より）.

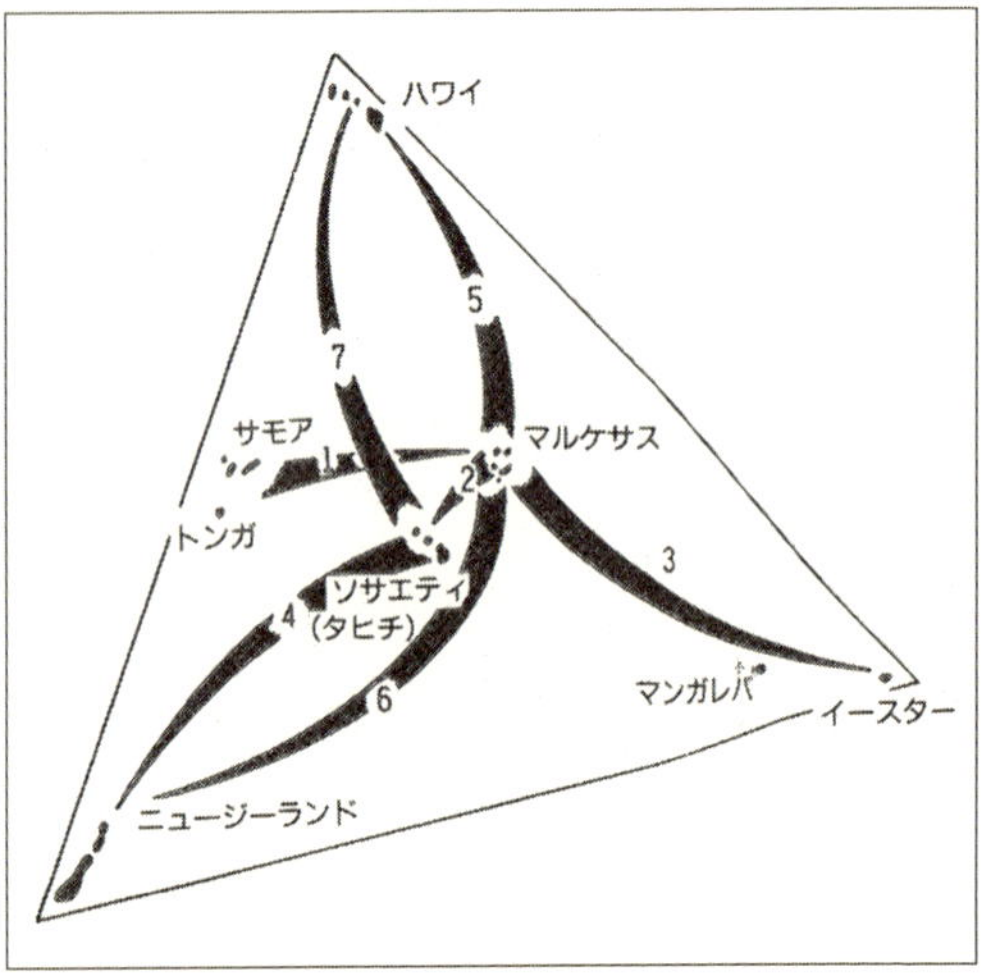

ポリネシア伝播パターン（Sinoto『太平洋』1968 年より）

「クラの本質」「呪術とクラ」「クラの意味」を詳細にわたって報告したことにはじまる。

ところで「クラ」とはどういう意味であり、どのようなことなのか。マリノフスキーは前掲書中の「クラの本質」で、

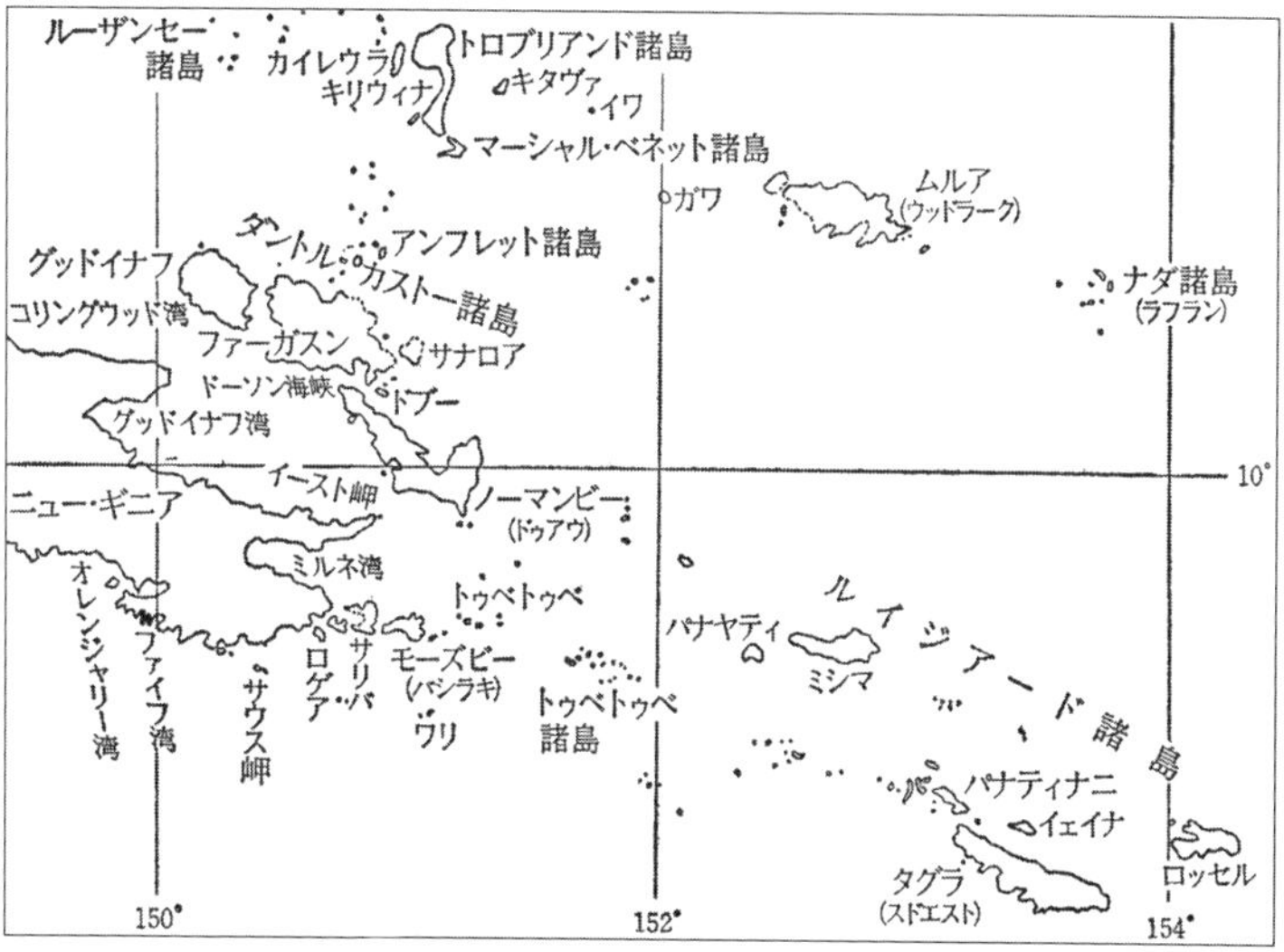

東ニューギニアとトロブリアンド諸島（マリノフスキー／寺田和夫・増田義郎訳『西太平洋の遠洋航海者』中央公論社，1967年より）

「クラとは、部族間に広範囲に行なわれる交換の一形式である。それは、閉じた環《わ》をなす島々の大きな圏内に住む、多くの共同体のあいだで行なわれる。この環は地図に見られるように、ニュー・ギニアの東端の北および東にある多数の島を結ぶ線によって表わされる。このルートにそって、二種類の、また二種類にかぎる品物が、つねに逆の方向に回りつづける。

　このうちの一つの品物は、つねに時計の針の方向に回っている。すなわち、ソウラヴァと呼ばれる赤色の貝（ウミギク）の、長い首飾り、バギである〔次頁写真参照〕。逆の方向には、もう一つの品物が動く。これは、ムワリという白い貝の腕輪である。」（寺田和夫・増田義郎訳、中央公論社、一九六七年による）

右：右側の女性二人が首から背中や胸にバギ（首飾り）をかけている（マリノフスキー／寺田和夫・増田義郎訳『西太平洋の遠洋航海者』中央公論社，1967 年より）

右下：二人の男性の両腕にムワリ（腕輪）が（同前書より）

左下：大きな巻貝を用いてムワリ（腕輪）をつくる（同前書より）

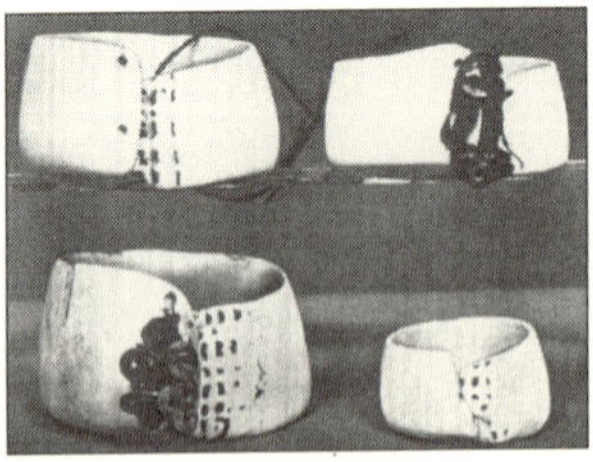

と説明している。

その第二は、一九七三年（昭和四八年）に、アメリカのシカゴで第九回国際人類学民族学会議が開催された際に、映像部門で「日本映像記録センター」の牛山純一、市岡康子（一一五頁参照）が、かつてマリノフスキーの調査した「クラ」（トロブリアンド諸島の住民とクラ航海）なる映像作品をひっさげてシカゴへおもむいたことによる。

その結果、「クラ」がその後、いかに継続されているかを映像で知った世界の研究者から絶賛をあびたことにより「クラ」が世界中に知れわたり、あわせて牛山純一らが提唱する「映像民族学」の重要性が認識されるようになった。その立役者なるプロデューサーが市岡康子であった。なお、この会議に参加することに関して、『サモアの思春期』の著者である民族学者マーガレッド・ミード（Margaret Mead）の影響があったと仄聞《そくぶん》している。

「クラ」の航海（市岡康子氏撮影・提供）

　そして第三は、「フィル《（ママ）》ドワーク大好き人間」と本人自身がいう市岡康子によるトロブリアンド諸島の、三年がかり、延べ七ヶ月を要した映像記録制作にかかわる自著『KU《ク》RA《ラ》』による普及である。

　市岡のドキュメンタリー「クラ——西太平洋の遠洋航海者」を放映した当時のテレビ番組「すばらしい世界旅行」のシリーズは、日曜夜の放映ゆえ、視聴者は一〇〇〇万人と推定されていたので日本人に「クラ」なる言葉を映像で具体的に知らせた業績は高く評価されてよい。

「制作過程を縦糸に、制作者であるわたし自身の異文化との葛藤を横糸に」、すべてが不便なトロブリアンド諸島の島々で「クラ」だけに三年がかりで向きあったという、その島への情熱と制作に対する誇りに喝采したい。

　なお、クラは「公益の一形態」ではあるが、同じ部族間の周辺島民といえども、無駄、無意味な争いごと（戦いも含めて）を避け、友好的状態を維持していくための証しとしての意味を強くもっているものだと思う。

島々の住民が、互いに貢献することではなく、一定のルールにしたがっておこなう「モノ」の交換により友好関係を深め、絆を強め信頼しあえる島々の平和な暮らしは、いつ他島から侵略され、自分たちの島を乗っ取られるかわからない不安を回避することに通じる。

その他にも、『アンダマン島民』を一九二二年に紹介したラドクリフ・ブラウン等、島に対する情熱を抱き、島を知るために航跡を残した先学は多い。

7 島の自然的成因と種類

島の中には人間《ヒト》が住めない島、または住んだことのない島も多数ある。その理由はいろいろあろう。本書『島』は、「ものと人間の文化史」のシリーズであるから、人間《ヒト》の住んでいる、あるいは、暮らしていたことのある島が対象である。人間不在の島の自然誌ではない。

しかし、まず最初に、無人島にしろ有人島にしろ、「文化史」であるとはいえ、島の誕生にかかわる自然的成因や、島の自然的条件についてふれないわけにはいかない。

そのため、無人島・有人島にかかわりなく、「島のおいたち」をみることからはじめたい。島への文化史にかかわる自然史的なアプローチということになる。

まず最初に、地球上に現存する六大陸は、古い時代からの地殻の変動により、分裂や移動、接合をくり返した結果に生まれたとするドイツのアルフレッド・ウェーゲナー（A. L. Wegener. 1880-1930）が提唱した大陸の移動説を容認することにはじまる。

というのは、その大陸移動時代から、すでに分離されて誕生していた島もあったとする考え方が、その提唱の中に含まれているためである。およそ三億年から一億年前の話だ。

その頃、南半球にゴンドワナ（Gondwana）大陸があったとする。後に、この大陸も分裂、移動し、今日のアフリカ大陸、オーストラリア大陸、南アメリカ大陸、南極大陸の四大陸と、アラビア、インドの二つの半島、それに、マダガスカル島、ニューギニア島などになったとも。

こうした古い島の成因以外にも、島のおいたちはいろいろある。以下、種類別に仕分け、分類すると、①火山島、②隆起島、③沈降島（沈水島）、④珊瑚島などある。また、最近はさらに詳細に仕分けして、洲島《すとう》、段丘島、地塁《ちるい》島や、地形学的、火山学的な分類もあり、火山島の中でもカルデラ島などがそれにあたる。

①火山島

島の成因が最も広く知られているのは火山島であろう。今日でも、ある日突然に海底火山が活動し、噴火によって新しい島が誕生したというニュースはたえない。また、鹿児島県の桜島のように、噴火により、もとあった島が、島でなくなったりもする（口絵写真・二四五頁参照）。

近年、わが国では、平成二五年（二〇一三年）一一月二〇日に、小笠原諸島・西之島近くの海底火山の噴火による「新島」の誕生が話題になった。しかし同年一二月二六日になると、「新島」は西之島（旧

活発な火山噴火で西之島（奥）とつながった「新島」＝26日午後、東京都小笠原村で共同通信社特別機から

小笠原諸島「新島」
隣の島と陸続きに
海保が確認

火山噴火で小笠原諸島（東京）に出現した「新島」が、隣の西之島（小笠原村）につながったことを海上保安庁の航空機が26日、確認した。溶岩が流出し面積を広げていた。島ではなくなり西之島の陸の一部となった。

海保によると、火口からの溶岩で、新島は西之島がある北側に向かって徐々に拡大。26日午前の観測で、北にせり出した幅約200㍍の陸地の両端が、西之島の南岸とつながっているのを確認した。接続した幅は25～50㍍で、その間には海水がたまって湖のようになっていた。

海保は11月20日、西之島の付近で噴火が起き、新島が出現しているのを初めて観測した。当初は東西の方向に、12月中旬以降は北に面積を広げ、24日には西之島まで約10㍍に迫っていた。火山活動が終息してから正確な測量に着手するという。

西之島「新島」が拡大し，旧島と接続したことを伝える新聞記事（『神奈川新聞』2013年12月27日）

島）につながったことが確認されたとの海上保安庁からの発表があった。記憶されている方も多いと思う。

火山島の中には、世界的に有名な島も多く、ユネスコの世界文化遺産に登録されている島もある。その一つがイタリアのシチリア島北東部にあるエオリエ諸島中のストロンボリ島だ。地中海（ティレニア海）の海底三〇〇〇メートルから盛り上がったが、海抜九二六メートルあり、二〇〇〇年間にわたって毎日のように噴火をつづけているのだという。それなのに四〇〇人もの人々が暮らし、漁業や観光に従事しているというのも驚きである。

また、火山島の中でも、何回かにわたる噴火時の爆発により、はじめにできた山頂部が再度にわたり爆発をかさねた結果、本来ならば複式火山（二重式火山）を形成するカルデラにあたる部分に水が流れ込み、上述したカルデラ島に

なったという例もある。しかし、火山島としての成因に変わりはない。

火山島の爆発で、外輪山だけが海上に残り、後から中央火口丘にあたるいくつかの島が再噴火して海上に頭部を現したという、いわゆるカルデラ島（カルデラ火山）の例は、エーゲ海の有名な観光島であるサントリニ島（Santorini）、正式にはティラ島（Thera）の例で知ることができる。また、この島は、「アトランティス伝説」の島としても知られている（六八頁「アトランティス」参照）。

②隆起島
地殻の変動は地震の多発地帯に多く、その原因はプレート・テクトニクスにかかわることが最近の科学（学問）で明らかになってきた。

隆起島は、こうした地殻変動が原因で、海底が隆起することによって誕生した島である。したがって、深海地でなく、大陸棚（海岸から水深二〇〇メートルまでの地域）すなわち、大陸付近の水底が隆起して生じた島が多いことから、後述する大陸島ともよばれる。

③沈降島（沈水島、陥没島）
地殻の変動で、陸地が沈降したり、海蝕などにより陥没し、そこに海水が流れ込み、低地部分は水中に没し、高い部分（山頂など）が島として残る。わが国における瀬戸内の多くの島々は、いまからおよそ一万数千年前からの地球温暖化により、両極の氷が溶けて海面が上昇した結果、海水の増加にともない、紀伊水道、豊後水道の両道から海水が流入しはじめ、七〇〇〇年から八〇〇〇年前にはすっかり海

となり、瀬戸内の島々が形成されたことによるとされている。したがって、沈降島（沈水島、陥没島）といっても成因がやや異なる。

④珊瑚島（珊瑚礁・珊瑚礁島）

その成因は、珊瑚虫の群体（死骸を含めた）の石灰質の骨格が海面上に頭部を出して島が誕生する。したがって、石灰岩質の島だが、火山島をとりまく珊瑚礁や、その隆起、沈降とのかかわりが深い。わが国では、小笠原諸島、沖縄諸島などに多く見られる。

チャールズ・ロバート・ダーウィン（Charles Robert Darwin. 1809-82）は『ビーグル号航海記』の中で、ボラボラ島（ポリネシア、ソシエテ諸島）の例などを掲げて、珊瑚島には、環礁《かんしょう》（礁湖島 Lagoon-Island, Atoll）、堡礁《ほしょう》（Barrier Reefs）、裾礁《きょしょう》（Fringing Reefs）の三種類の形状があるとした。

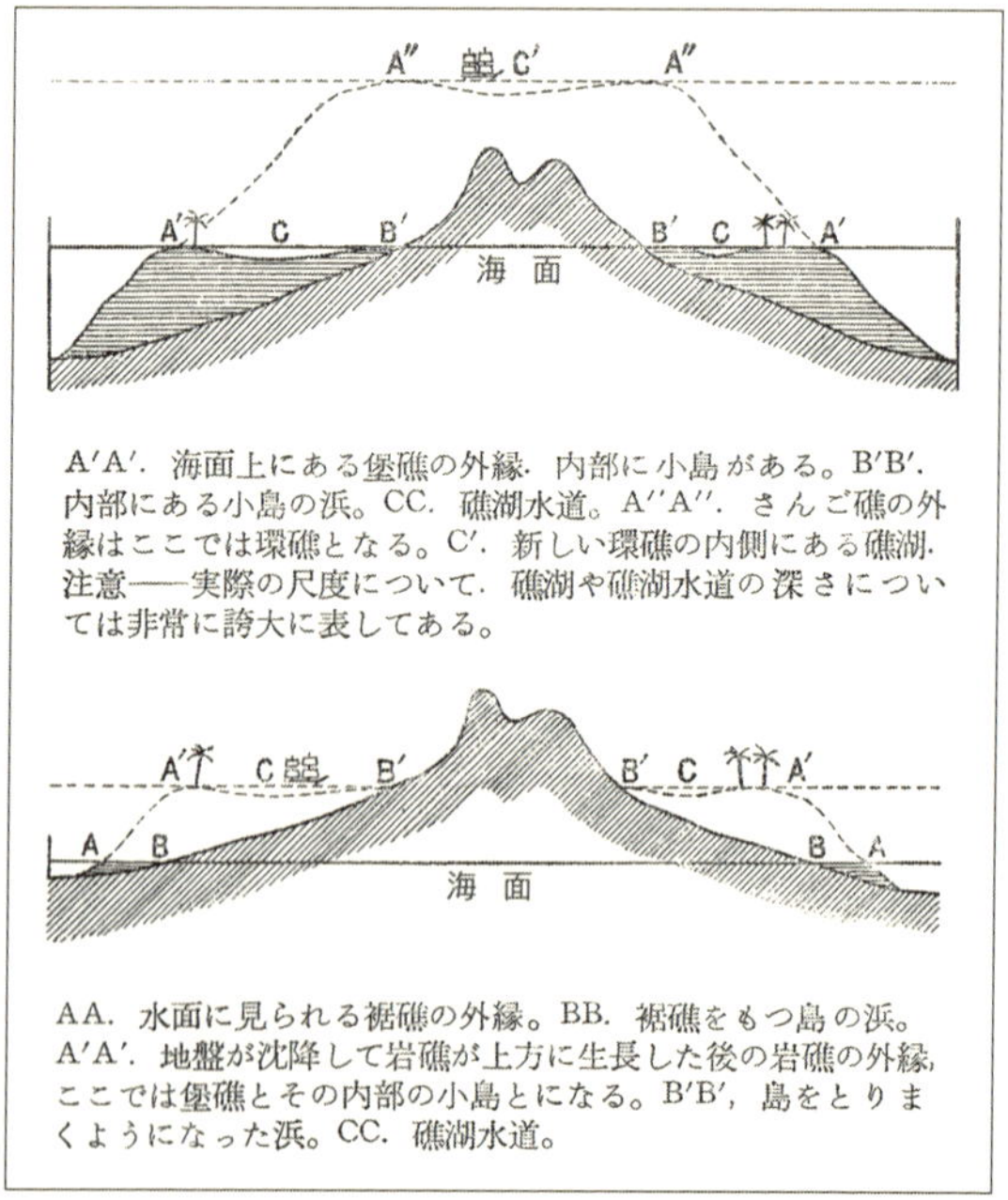

A′A′. 海面上にある堡礁の外縁. 内部に小島がある。B′B′. 内部にある小島の浜。CC. 礁湖水道。A″A″. さんご礁の外縁はここでは環礁となる。C′. 新しい環礁の内側にある礁湖. 注意——実際の尺度について. 礁湖や礁湖水道の深さについては非常に誇大に表してある。

AA. 水面に見られる裾礁の外縁。BB. 裾礁をもつ島の浜。A′A′. 地盤が沈降して岩礁が上方に生長した後の岩礁の外縁, ここでは堡礁とその内部の小島とになる。B′B′, 島をとりまくようになった浜。CC. 礁湖水道。

珊瑚礁の成因．ダーウィンは『ビーグル号航海記』の中で珊瑚島を環礁（アトール），堡礁（バリヤーリーフ），裾礁（フリンジングリーフ）の三つに分類し，成因過程を図説し，礁湖（ラグーン）を説明した（島地威雄訳，岩波文庫・下巻，1961 年より）

さらに同書でダーウィンは、「この観察からさんご虫が岩礁を構成している最大の深度は二〇尋と三〇尋の間にあると推定して間違いない。太平洋とインド洋とは広大な面積に亘って、その中のあらゆる島がことごとくさんご虫の形成したものであって、僅かに波が岩礁の砕片《さいへん》を打ち上げ、風が砂を積み上げるだけの高さに盛りあげられたものもある。〔ルビは引用者による〕」として、珊瑚島以外にも、他の成因で島ができることを指摘している。前書には、わかりやすい説明図もそえられている（前頁図参照）。

島の成因にかかわる分類には、上述した以外の仕分け方もある。島を自然的成因や生物地理学的な立場からみての分類である。

イギリスの博物学者ウォーレス（Wallace. 1823-1913）が、その著『島嶼の生物』や『マレー諸島』の中で提唱したものだ。①陸島（大陸島。Continental island）と、②洋島（大洋島。Oceanic island）の二つがそれである。「ウォーレス・ライン」も彼の提唱による。

①陸島

大陸島、分離島ともよばれる。地質学的には、大陸の一部が分離された島である。成因は断層、沈降（陥没）、波浪や潮流に、あるいは氷河の侵蝕や海蝕などの他、大陸付近の海底が隆起して生じた島をいう。地質学的に、大陸と島が同質の構成物質で地形構造も同じであることなどから、もとは一体であったが、地殻の変動などにより、大陸の一部が島となったと考えられる。日本列島をはじめ、琉球列島、台湾、フィリピン諸島、イギリスの主島である大（グレート）ブリテン島、マダガスカル島などがその例である。

②洋島

洋島は、地質学的に大陸とはかかわりなく洋上に誕生した島で、大洋島ともよばれる。地球内部のマグマが海底から噴出し、その溶岩が冷却されて生まれる。いわゆる海底火山の活動による火山島が多い。珊瑚島の多くも、もとは火山島であったものが多くみられる。よく知られたハワイ諸島はその代表例といえる。

次に、各種の成因によって誕生した島のうち、さきに掲げた「洲島《すとう》」について付言しておくと、河川によって、上流の山地から運ばれてきた土砂が堆積し、中洲《なかす》とよばれる平らな島が形成されたり、河口に三角州とよばれる砂質の低い島が生まれることがある。「洲島」とはそのような島をいう。

フランスのセーヌ川には、現在、ノートルダム寺院が建っているシテ島と、隣りのサンルイ島は、いずれも「中洲」で、中世都市のパリは洲島を中心に発達してきた。

また、ドイツのベルリンを流れるシュプレー川の中洲は、今日、「博物館の島」とよばれ、ペルガモン博物館をはじめとする文化財の宝庫だが、ベルリンの発達も洲島からはじまった。

わが国では、九州の博多にある那珂川の東「中洲」が歓楽街として発達してきた。

また逆に、もとは島であったのに、海流で運ばれた砂泥などによって陸地に繋がり、陸地の一部分になったり、なりかけている島もある。和歌山県の潮ノ岬、北海道の函館山などはその典型というか代表格で「陸繋島《りくけいとう》」とよばれる。

東京内湾では富津岬が長い砂州で第一海堡とつながり、神奈川県の江の島は、藤沢市の片瀬海岸につながっている。韓国の珍島《チンド》も同じである。干満の差が大きい時だけ徒歩で渡れる島も多い。

「島の成因」は、上述したようにさまざまである。大陸移動の古い時代にアフリカ大陸から分離してできたとされるマダガスカル島などの他に、海底火山の噴火によって形成されたガラパゴス諸島、隆起珊瑚礁によってできたパラオ諸島など、事例をあげればいくらでも紙幅はふくらむ。

ところが、地球上の数多い島嶼の中には、特殊な成因によって誕生した島があり、事例をつらねることができないものもある。

それは、「砂だけが堆積してできた砂丘島」で、前述した「洲島《すとう》」も、その成因からすれば、この中に入るのだが、規模がちがう。

同じような成因の小さな砂の島は、それほど珍しくない。そうではなく、ここで特筆に値する理由は、それなりの稀少性があるからにほかならない。

その名をフレーザー島（Fraser Island）という。オーストラリアのクイーンズランド州の南東岸のそばにある。もう少し詳細に説明すると次のようになる。

オーストラリアの首都シドニーから北東に向ってブリスベーンへ。そこから二〇〇キロほど北のハービー湾に近い東海岸沖といったらよいだろうか（次頁地図参照）。なにしろ、世界最大の砂の島で、東西は最も広いところで約二五キロメートルほどだが、南北は、驚くなかれ、約一二〇キロメートルにもおよぶ。その面積は約一七一〇平方キロメートルもあるといわれているが、普通の地図帳では記載されて

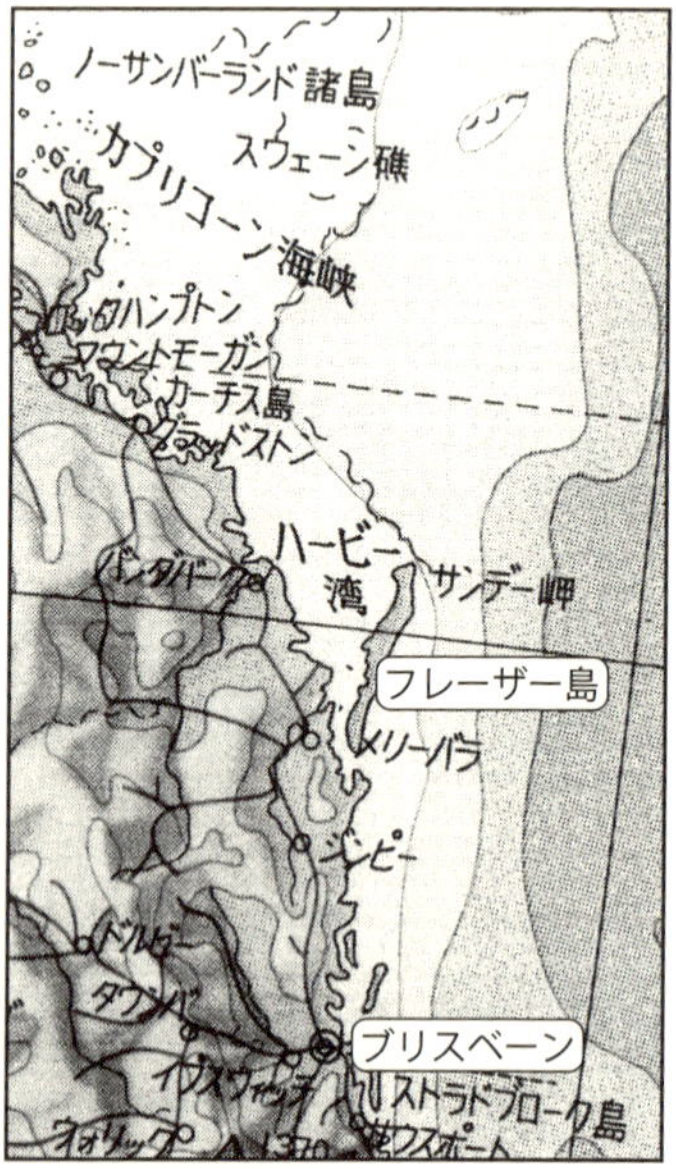

ブリスベーンに近いフレーザー島

いることも少ない。

世界最大の砂の島といっても、地球規模からみれば、島としては「砂粒」のように小さいことになる（二四九頁「世界のおもな島と大きさ」参照）。地図帳に掲載されていなくても、しかたがないのだろう。

しかし、フレーザー島は一九九二年、ユネスコの世界文化遺産（多くの生物と豊富な資源を抱える世界最大・最古の砂丘島）として登録されたほど珍しい島なのだ。

驚くことに、フレーザー島は砂だけの島なのだが、密林でおおわれ、標高は二四〇メートル、さらに島内には約五〇の小川と、四〇以上の淡水湖があるというのだから驚かざるをえない。

なぜ、そんな島が、砂だけでできたのだろうか。普通、島は岩からできていると思うのが常識だ。不思議に思うのは筆者だけではないだろう。

そこで調べてみると、およそ一四万年も前の時代に話は遡る。

オーストラリア大陸東岸の、南北に連なる大分水山脈（グレート・バイティング山脈）に豪雨が降り、山の砂を削り取って海岸に流れ出た。その大量の砂が強い海流により、一〇〇〇キロ以上も遠くから流れてきて堆積したのだという。

砂質は石英が九八パーセント、残りの二パーセントはミネラルから成っており、石英は大分水山脈のものと一致するとも。

今日の島は、コーヒーロックとよばれる、植物の腐蝕した土が地下に堆積しているため、水はけの悪い地層がつくられており、砂地でも水が地下に浸透することがない。そのため、砂地の島なのに、島内のどこでも水がたくわえられ、どこを掘っても水が湧き出るという。

雨水を巨大な地下水池に蓄えたような砂の島には、約一万九〇〇〇年前から先住民アボリジニのバジャラ族（バッチュラ族とも）の人々が一〇〇〇人も住み、「クガリ」（天国《パラダイス》というような意味）とよばれてきたという。だが、一九世紀になってから新しい移住民により、島の中央部（巨人たちの谷とよばれる）に茂る高さ約七〇メートルもあるシンカルピアという丈夫な木は伐採されてしまった。しかしその後再び、サティーネという海水に強い樹木が生育し、今日では樹高五〇メートルにもなる巨木の森があるというから、これもまた驚く。

その他、島の分類とは別に、分布や存在の状態の呼称として、①島が多数集まっている地域を「諸島」「群島」とよび、②島が列状に連続して分布する地域を「列島」、③海上に遠く離れ、島が孤立、隔絶して存在する場合は「孤島」、陸地から遠く離れて海中にある島は「離島」とよばれるのが一般的だ。

しかし、孤島とか離島とかいう言葉は、たまたま利便性のよい場所に生まれ、育ち、暮らしている人々が、自分たちを中心にして、行きたい離れ島や、遠くにある交通の不便な島に対してつけたよびかたにすぎない。あるいは、都会のように便利のよい場所から見ての、自分たちを中心とした言葉であるといえよう。世界のいたるところ、不便であるなしにかかわらず、先祖代々、暮らしている人々がいるのだ。

したがって、本書ではできるだけ「孤島」とか「離島」とかいう言葉は使わないように心掛けたい。

8　島の誕生と沈没

国外のニュースでは、平成二五年（二〇一三年）九月二五日に、パキスタン・イスラム共和国一帯にマグニチュード七・七の地震があったと報道された。

その結果、アラビア海に面したグワダル（グウォダル）港の海底が隆起し、「新たな島が生まれた」と発表。島といっても、全長一〇〇メートル、高さは約一〇メートルほどだとも。この新島を大きいと見るか、小さな岩礁にすぎないとみるかは別問題ということになろう。

そして、このあたりには、以前にも島が生まれたことがあり、再び海中に没したこともあったとつけ加えられた。地震による地殻の変動で、土地が隆起したのであろうが、その後の様子については、追加の報道がないため、詳細は不明だ。

また、この年、国内のニュースもあった。「島の自然的成因と種類」の項（五二頁）でも述べたが、平成二五年（二〇一三年）一一月、海上保安庁は、小笠原・西之島近くの海底火山の噴火により、「新島」が誕生したことを発表した。一一月下旬に入って、しだいに大きな島に育っていく様子が新聞、テレビ等で何回となく報道されたことは、読者諸氏の記憶にも新しいと思う。

こうした新島の誕生とは裏腹に、島が消えてしまったということもある。上述した、パキスタン・イ

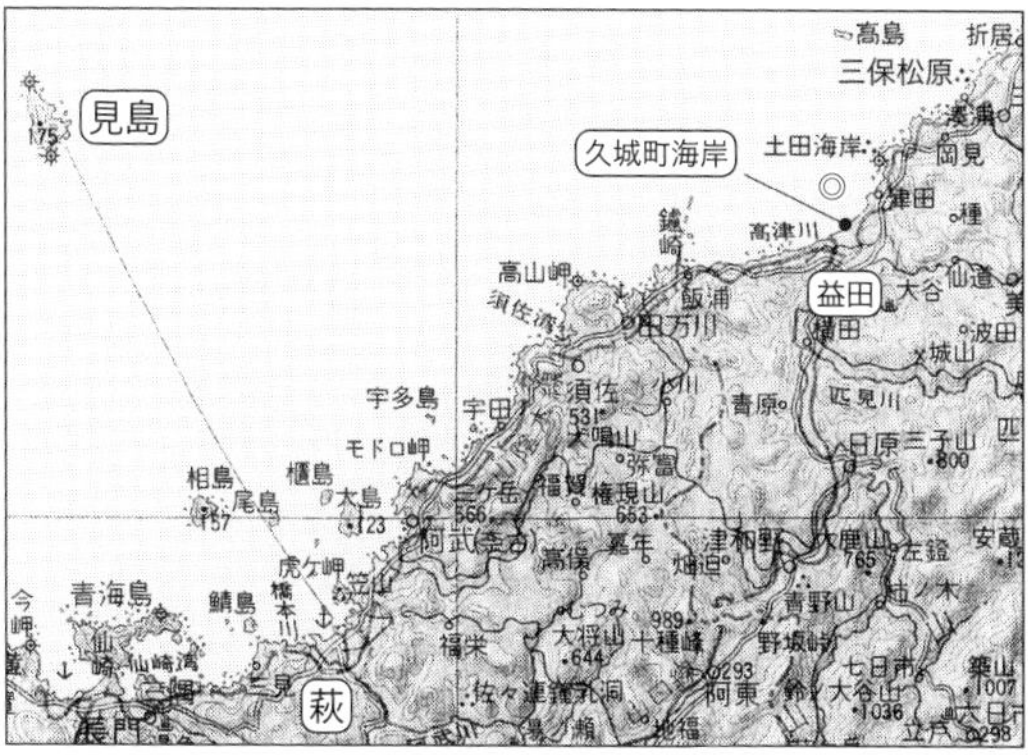

島根県益田市の久城町海岸にある「鴨島跡展望地」の碑．
地図の◎印の位置付近に大地震で没した鴨島があったとされる．

見島（左上部）　この島には「ベツヤ」があり，出産，月経，死の忌の際に使われた（瀬川清子『見島聞書』民間伝承の会，1938年），現在は山口県萩市．バードウォッチングや見島牛（国指定天然紀念物）で知られる（17頁参照）．

スラム共和国のグワダル港の事例もその一つだが、わが国にも、そうした話はいくつもある。

ただ気になるのは、「新しい島は、だんだん大きくなる」のが普通だが、沈んだ島は、「一朝一夕にして消滅した」という話が多い。地震など、地殻の大変動により、海中に没したという意味なのだろうか。

①鴨島

島根県益田市久城町の海岸に「鴨島跡展望地」と刻まれた石碑が建立されている。JR山陰本線の益田駅から近い、高津川（益田川とも）河口にあたる。

「鴨島跡」というのは、この地をおそった大地震により、「鴨島」とよばれていた島が、一夜にして海中に沈んでしまったと伝えられているためである。

さらに詳細に説明すると、今からおよそ一〇〇〇年ほど前の万寿《まんじゅ》三年（一〇二六年）、後一条天皇時代の五月二三日（亥《い》の下刻・夜中一一時頃）に大地震があり、つづいて大津波により、大きな被害をうけたと伝えられているためである。さらに後年になり、再びこの地域一帯は、明治五年（一八七二年）にも「浜田地震とよばれるマグニチュード七の断層地震にみまわれている。

実は、この鴨島沈没（伝説か）を有名にしたのは、この地に生誕し、この地で没したと伝えられる柿本《かきのもとの》人麿《ひとまろ》にかかわりがあるためだ。ご存知の通り、人麿は、多くの万葉歌人（宮廷歌人）の中でも聖人といわれ、持統天皇（六八六〜九七年）、文武天皇（六九七〜七〇七年）などに仕えたことで知られる。それゆえ、没後、聖武天皇の時代（神亀年間・七二四〜四九年）になり、鴨島に「柿本神社」や「人丸《にんがん》寺」を天皇の勅命《ちょくめい》によって建立させたとも伝えられている。

また、人麿自身も「鴨山の岩根し枕《ま》ける吾《われ》をかも知らにと妹《いも》が待ちつつあらむ」という歌を残したのは、「鴨島」のことだとも。

ところで、沈んでしまった鴨島の、その後のことだが、島があったとされる海中は、今日、「大瀬の岩礁」とよばれている漁場であり、海岸に近い。明治時代に、この海底から漢鏡（漢代の鏡ですべて円形）や双盤《そうばん》（寺院で用いる金属製の打楽器）の一部を漁師が引きあげたことがあったことから、寺社の沈んだ跡だと伝えられてきた。

そして、鴨島が沈没した歴史的事実を実証するために、昭和五二年（一九七七年）、「鴨島遺跡学術調査団」が組織され、海底の調査が実施された。しかし、学術調査とは名ばかりの小規模な潜水作業だったため、確証を得られる結果に至らなかった。したがって、今後の大規模な再調査が待たれる。

②高麗《こうらい》島

島国であるわが国には、この他にも「島が沈没した」という話は多く、各地に伝えられてきた。

柳田國男も昭和八年（一九三三年）、前掲の雑誌『嶋』の創刊号に「高麗島の伝説」と題し、一文を紹介している。

その島は、長崎県の五島列島中（下五島）、福江島の三井楽《みいらく》の浜から真北に十里余りも出た沖ということで、今でもその「場処《（ママ）》」を高麗瀬、もしくは高麗曽根と称しているという。

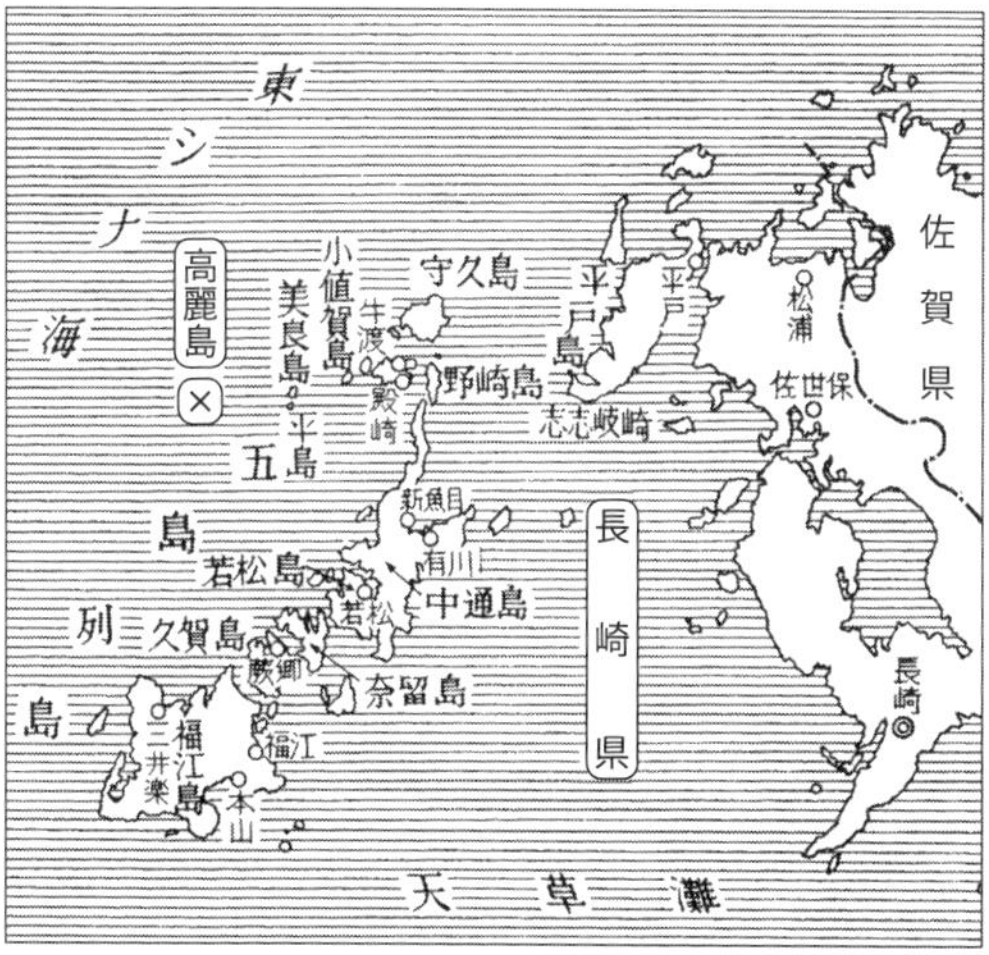

高麗島があったとされる場所（柳田國男著『島の人生』創元社，初版 1951 年に加筆）

「瀬とはいえないながらも浅い所が引瀬に七尋、いかなる大船でも警戒せずに通り過ぎるだけの深さはあるのだが、ここは、鰤《ぶり》が付き、鰒《あわび》がよく育つので海人《あま》は来て潜《かつ》ぎ、釣する舟もしばしばよく訪れる」ので、このあたりでは、知らない船子はいないという。

それに、高麗島があったといわれるあたりの海底からは、高麗焼とよばれる陶器がよく発見され、今日でも久賀《くが》島の旧家や、近くの島に、焼物を秘蔵している家があるという。それは、高麗島がまれにみる優れた陶器を製して生計をたてていた裕福な島であったためだとも。

ところで、柳田によれば、その高麗島が沈んでし

まったのは、

「昔、高麗島には霊験の至ってあらたかな、一体の石の地蔵菩薩がおわしました。信心深い人々の夢枕に立って、わが顔が赤くなったらば大難の前兆と心得て、早速に遁れて命を全うせよという御告があった。

邪慳の輩《ともがら》のみはかえってこれを嘲り、戯れに絵の具で地蔵の御顔を塗って、驚きあわてて遁げていく者のおろかさを見て笑いの種にしようとしたのであったが、前兆はなおまさしく、島は一朝に海の底に落ち沈んで、残った者の限りはことごとく死んでしまつたというのである。」

とある。またつづけて、

「下五島の本山村《もとやま》には、いまでもこの島から逃げて来たという高来《こうらい》という苗字の家が三戸ある。」

〔中略〕

「久賀島の蕨《わらび》という村には、やはり高麗島から立退いてきた旧家で、現在なおその証拠の陶器を蔵しているものがある。見せてもらいに来る人が余りに多く、中には、ごまかしてすり替えてゆきそうな者もあったので、何といっても出して見せなくなったから、ないも同然だという。それよりも、更に奇特なことは、この蕨という村には、その問題の石の地蔵がどうして渡って来られたのか、ちゃんと渡って来て、今でも以前の信心者の子孫にかしずき祭られておいでるという話で、これだけは、誰にでも容易に拝むことができる。外では見られぬくらい御首の長い地蔵様であるという。」
とも記している。

また、柳田は同誌中に、「最近に櫻田勝徳君が薩摩の下甑《しもこしき》島の旅行で聞いたところでは、この西方の沖合に、かって又一つのアトランチス《（ママ）》があって、その名を万里《ばんり》が《（ママ）》島といったそうである。久しい以前に海の底に沈んでしまったが、この島でもやはり、陶器を製していたということで、現に下甑の瀬々の浦の某家に、その万里が島の茶碗というものが秘蔵されている。内側に細かな字が書いてある外に、その糸底には万里寉《かく》の三字があるというから、その道の人に尋ねたら産地がわかり、同時に伝説の時代も知れると思っている。」と述べている。

筆者も、櫻田勝徳氏から、瀬々の浦の話を直接伺ったことがある。ただし、残念ながら櫻田氏が、この茶碗を実見したのかについては伺っていない。

この他にも、石地蔵の顔あるいは目が赤く塗られた話に関連して、島が沈没したとか、狛犬《こまいぬ》が海中に沈んだ話なども伝えられている。また、徳島県の小松島港の沖合にある暗礁、お亀磯の地名の由来等も一連の伝説に結びつく。

さらに、東北地方の仙台近くの多賀には、「昔櫻木千軒、赤松千軒」とよばれた二つの栄えた街があったが、地震による陥没で海中に姿を消したという伝説もあるとしている。

その他、与那国島の人工海底遺跡については二四二頁を参照されたい。

③アトランティス（伝説・物語）

次に、「高麗島」の項で柳田が書いた「アトランチス《（ママ）》」の伝説についてふれておきたい。『広辞苑』によれば「アトランティス・Atlantis・プラトンの作品に現れる伝説の楽土のこと。ジブラルタル海峡の外側にあったが、神罰により一日一夜のうちに海底に没したという。」とみえる。そこで、まず、プラトンと、その作品について詳《つまび》らかにしよう。

古代ギリシアには、三人の高名な哲学者がいた。ソクラテス（紀元前四七〇～前三九九年）、プラトン（前四二七～前三四七年）、アリストテレス（前三八四～前三二二年）で、ソクラテスを祖とし、いずれも弟子の関係にあたる。

プラトンには『国家』をはじめ、約三〇編の著作があり、晩年に書かれたとされる『ティマイオス』、『クリティアス』の中に「アトランティスの物語」が記されている。

以下は、竹内均による「伝説のアトランティス・失われた文明のなぞをとくかぎがエーゲ海にあった」を参考に要約したものである（「　」内は原文のまま）。竹内は一九七七年以降、現地取材で実証的記述を積みあげてきた。

今からおよそ九〇〇〇年も前のことだとされる。「ヘラクレスの柱」の外側に、豊かな王国があった。アトランティスだ。この王国は、海神ポセイドンによって作られたものだが、その経緯《いきさつ》は、

「半径五〇スタジオン（約九キロメートル、一スタジオンは約一八〇メートル）の島の真ん中に小高

スニオン岬（ギリシア）のポセイドン（ネプチューン）神殿（ポストカードより）

い山があり、両親を亡くした一人の娘が住んでいた。ポセイドンはこの娘と結婚し、五組の双子《ふたご》の男の子を生んだ。そこでポセイドンは、アトランティス島全体を一〇の地域に分け、子供たちをそれぞれの土地の王とした。最年長の双子のうちの、先に生まれた子が全体の王となり、母の住まいとそのまわりのいちばん広くて最もよく肥えた地域を支配した。この子の名が〈アトラス〉であったのにちなんで、この国はアトランティスとよばれた」。

アトランティスは栄え、大きな富をもっていた。アイギュプトス（エジプト）をはじめ、地中海全域の国々から豊富な物資が海上輸送されてきた。

「一〇人の王たちは、自分たちの領内では絶対の権力をもっていた。しかしたがいのまじわりや支配関係については、五年または六年ごとに一〇人の王がポセイドンの神殿に集まり、そこで決めた約束にしたがっていた。ポセイドンの神殿に養われていた雄ウシの一匹をとらえてそののどを切り、流れ落ちる血潮《ちしお》で取り決めの結果が神殿の柱に書き込まれた。〔中略〕一〇人の王たちすべてがすぐれていたため、彼らの国は富み栄えた。しかしやがて堕落がはじまった。これをこらしめるために、神々の中の神であるゼウスが地震と洪水をおこし一日と一夜にしてアトランティスは海底に没した。」

この物語（神話）そのものは、紀元前五九〇年頃、エジプトを訪れたギリシア七賢人の一人であるソロン（紀元前五九〇～前五五九年ごろ）が、エジプトのサイス神官から聞いた話としてはじまっているという。したがって、上述の話はそのソロン当時のことということになる。

プラトンの弟子たちは、この物語は、プラトンが人間の堕落をいましめるために書いたものだとしていた。

というのも、「ヘラクレスの柱」は、地中海の入口にあたるジブラルタル海峡をさし、その外側にあたるアトランティスの存在は、アトランティック・オーシャン（大西洋）を想像させたが、その舞台になった海中、海底には、その後も、その痕跡を探し求めることができず、島が沈没した場所の存在も確認できないまま、神話（伝説）として伝えられてきたのであった。

そして、以後、太平洋にあったといわれる「ムー大陸」（イギリスのジェームズ・チャーチワードが主張した伝説の大陸）や、インド洋にあったとされる「レムリア大陸」（ドイツのアーネスト・ヘッケルが主張）と同じように、たんなる物語にすぎないとされ、謎のまま時代は流れたのである。

ところが、『古代への情熱』の著書で知られるドイツ生まれのハインリッヒ・シュリーマン（一八二二～九〇年）は、トロイ、ミケーネ、ティリンス等を発掘し、ミケーネ文明の存在を明らかにした後、クレタ島に注目したが、発掘場所の土地を入手することができなかったといわれ、のちに、クレタ島の土地を買入れて、クノッソスのミノスの宮殿跡を発掘したのが、イギリス人のアーサー・エバンズ（一八五一～一九四一年）であった。

エバンズは、発掘の数日後に、「おどろいたことに、ここにはギリシア風のものもローマ風のものもまったくない」といい、彼が探りあてた文明はのちに〈ミノア文明〉とよばれるようになるが、

「それはミケーネ文明に先立ち、紀元前二五〇〇年ごろから前一四〇〇年ごろまで栄えた文明である。エバンズ以後に明らかにされたミノア文明には、プラトンのアトランティス物語の内容といくつかの共通点があった。たとえばクレタ島では、クノッソスのほかに、北岸のマリアや東岸のカトザクロス、南部のフェストスなどで宮殿が発掘されている。それらの宮殿に住んでいた王の中では、クノッソスの王が最も強力だったらしい。これはアトランティス伝説中の一〇人の王と、その最高位にあった王の中の王を思わせる。これらの王が政治のほかに祭儀《さいぎ》もつかさどっていたらしいことも、アトランティス伝説そっくりである。アトランティスで尊ばれたウシが、クレタでも尊ばれた。発見されたフレスコ画に牛跳びをする青年たちがえがかれており、またリュトンとよばれる混酒器にもウ

アーサー・エバンズ
（Wikimedia Commons より）

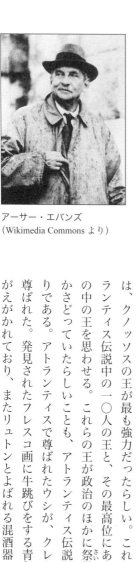

シのデザインが使われている。」

そしてエバンズ以後、

「一九三九年にクレタ島の北岸にあるアムニソス宮殿を調査したギリシアの考古学者スピリドン・マリナトスは、そこでの破壊がそれまで考えられてきた地震だけによるものではないという結論に達した。

たとえば、宮殿の西の壁の大きな石のブロックが外に向けて落ちていた。行方《ゆくえ》不明になっている壁の石もあった。これは地震とほぼ同時に宮殿を襲った津波が石のブロックのいくつかを運び去ったことを暗示していた。

アムニソスだけでなく、同じクレタ島の北岸にあるニルカニ、マリア、グルニアでも、津波によると思われる同様の被害がみられた。クレタの北東部、とくにグルニアでは火山噴火によると思われる火山灰や軽石がみられる。これまでに出てきた地震、津波および火山噴出物の共通の原因になりうる天変地異としては火山活動がある。〔中略〕しかし、クレタそのものには火山がない。また現在では、このあたりでの火山はクレタより北方に位置するはず、という地球物理的根拠もある。

ところでクレタの北方約一〇〇キロメートルにあるサントリニ（サントリン・ティラ）島では現在でも活発な火山活動がおきている。

それとクレタとを結びつける根拠となりうる一つの事実を、一九三九年のアムニソスの発掘調査

クレタ島クノッソスのミノス宮殿跡（1994年，筆者撮影）

の際にマリナトスは発見している。

すなわちアムニソス宮殿の発掘の際に、マリナトスはユリをえがいたきれいなフレスコ画を発見した。このフレスコ画にちなんで、その宮殿は〈フレスコ宮殿〉とよばれている。フレスコ画の中央には、二段になった段があり、その上の段にユリがえがかれている。マリナトスはこのフレスコ画が二つの島からなるミノア王国を象徴すると考えた。横幅の広い下の段がクレタを、上の段がサントリニをさすことはいうまでもない。」

その後、一九六七年になり、マリナトスは、サントリニ島南部のアクロティリで発掘をはじめ、火山灰の下から、面積約二万平方メートルの宮殿を発掘した。その規模はクノッソス宮殿と同じほどの大きさで、

「みごとなフレスコ画が数多く発掘された。その中にはクレタ島とサントリニ島とおぼしき二つの島をつなぐようにして走る艦隊の絵もあった。」

また、こうした発掘とは別に、

「一九五六年七月九日に、サントリニ島に被害を生じる程度の地震がおきた。その調査のためにアテネ大学の地震学教授アンゲロス・ガラノプロスがサントリニ島を訪れた。彼の調査によって、サントリニ・クレタ－アトランティス説がいっそう確かなものになった。」

それは、この時に発見した、古いセメント材の採掘場から発掘された火に焼けた石造りの家の廃墟から発見した人骨や焼けたマツ、オリーブの葉、陶器を、

「コロンビア大学のラモント地質研究所へ送り、炭素14法を使って年代決定してもらった。その結果、この木が焼けたのは紀元前一四〇〇年頃であることがわかった。これは同様な方法を使ってすでに年代決定されていたクノッソス宮殿崩壊の年代と一致していた。

こうしてアトランティス物語とそっくりのミノア文明を崩壊させた天変地異がなんであるか明らかになった。

すなわち、紀元前一四〇〇年ごろに、サントリニ島で活発な火山活動がおきた。

火山噴火には、それに先立ち小さい地震が数多くおきる。つづく火山噴火によって生じた軽石や火山灰は、この地域の夏に多いエテジアンとよばれる西風に乗って、クレタ島などへもたらされた。

サントリニ島の旧カルデラ部分（右側の海面．1994年，筆者撮影）

クレタ島北東部にこのときの火山灰や軽石が多くみられているのはこのためである。〔中略〕

軽石や火山灰の噴出によって地下の空洞も埋めるために、やがて地表がくぼんで、直径約一〇キロメートル、絶壁の高さ数百メートルのカルデラができた。カルデラの生成にともなって生じた津波によって最初は引き波、それにつづいて押し波が生じた。カルデラの直径や高さから考えて、津波の周期は数十分で、みなもとに近い場所では高さは約二〇〇メートルだろう。

この津波がクレタの北岸を襲い、そこでさまざまな被害を生じさせたのである。このような天変地異によって、クレタとサントリニの二つの島からなるミノア文明が崩壊した。ギリシア本土からのミケーネ人の侵入は、その崩壊に最後のとどめをさした。」

以上の実証的な調査結果から、サントリニ島の火山噴火により、クレタ島とを合わせたミノア文明（王国）に紀元前一四〇〇年頃に起きた天変地異がプラトンのアトランティス物語を生んだとする考え方がもっともらしいものになった。

しかし、アトランティス物語にでてくる「ヘラクレスの柱」というのは、ふつうジブラルタル海峡をさすのだが、ミノア王国は、ギリシアからみて、その場所に当たっていない。

また、冒頭で述べたように、この物語はプラトンの頃から九〇〇〇年も前のことになっており、時代も異なる。

こうした疑問、難題を解決したのはガラノプロスの推理で、「プラトン以前のギリシア人は、ギリシ

サントリニ島の旧火口にあたる大岩（岸）壁

ア本土南端のマレア岬とテナロン岬をヘラクレスの柱とよんでいた。こうなれば、ミノア王国は、その柱の外にあったことになる」。第二の難点と関係して、数字の単位を一〇分の一に数えると九〇〇〇年も九〇〇年になり、プラトンやソロンのころからさかのぼると、それはまさにミノア文明（王国）が崩壊した紀元前一四〇〇年頃になると推理したという。

以上のような大意を述べた竹内均は、最後に、「私はクレタとサントリニを合わせたミノア王国がたどった歴史的事実が、プラトンのアトランティス物語に反映しているとする考えに賛成である。」とまとめた。筆者も同様の意見であるが、読者諸賢はどうであろうか。

ただし、本表題に「沈没した」と表記したのは「アトランティスではない」と付言しなければならない。とにかく、沈んだといわれていた島が残っていたのだし、ミノア文明も消滅してしまったわけではないのである。したがって、正しくはクレタ島も、サントリニ島も噴火、地震、津波の影響で「沈みかけた島」というべきかも知れない。クレタ島は沈むのには大きすぎる島だが。

9　島と文芸

雑誌『嶋』の刊行

わが国には、かつて雑誌発刊ブームともいえる時代があった（一四頁「「シマ」のイメージと表現」参照）。昭和の初期から一〇年代にわたる頃で、その時代は全国的に郷土研究がもりあがりをみせた時期に重なる。

むろん、文芸雑誌の『白樺』のように、明治四三年（一九一〇年）に創刊され、大正一二年（一九二三年）には廃刊になった雑誌や、童話童謡雑誌『赤い鳥』のように、大正七年（一九一八年）に創刊されたが、昭和四年（一九二九年）になると、休刊になるなどの雑誌もあり、各分野で同じようなことが繰り返されてきた。

こうした一連の、雑誌発刊ブームの潮流の中で、昭和三年（一九二八年）に『旅と伝説』が創刊された。この雑誌は、刊行当初は観光地の民俗事象の紹介等を主な内容にしていた。が、のちに民俗学研究者の柳田國男らが参加したことにより、民間伝承にかかわる記事、内容が多くなり、付録として『南島談話』を刊行するなどしたため、南島に関する研究が注目されるきっかけをつくった。その後、『旅と伝説』は戦中も続き、昭和一九年（一九四四年）に第一七巻一号を出すまで頑張りつづけた。

その他、各地域による雑誌の発刊もあいつぎ、昭和六年（一九三一年）に『郷土史むつ』第一輯が、ついで昭和八年（一九三三年）には青森県郷土会が『郷土誌うとう』第一号を発刊するなどした。

こうした世相の中で、同年に発刊されたのが雑誌『嶋』である。

この月刊雑誌は全国の読者諸賢を対象としたもので、編輯は前述したように、柳田國男と比嘉春潮《ひがしゅんちょう》の両氏によったが、その内容からすると、比嘉が中心のように読みとれる。発刊にあたって、雑誌『嶋』を公にする趣意を巻頭に掲げている。

「島の生活の現実相を叙述して、弘く世上に告げ傳へるといふことは、何人にも承認せらるべき意義ある企てに相違ないが、それのみでは我々の仕事は終わつたと思はれない。島には尚さまぐ〵の明らかにすべきものが残つて居る。第一に島に生まれた人たちも、必ずしもあらゆる事實を知つては居ない。外部がどういふ風に自分の島を理解し、又は觀察して居るかを、知らうとしてまだ知らずに居る。同じ帝國に屬する二千有餘の島々が、どこ迄同じ平和を味はひ、どこまで相似たる不安を感じて居るかに至つては、曾て之を考えて見た者さへ少ないのである。彼等の遠望する海外は限られて居た。さうして屢々不備類推法を働かせて居る。所謂外部の人たちも、今はまだ多くの知識に飢ゑて居る。故に単なる異郷興味と、限られた比較とを以て満足することなく、一方には是だけ久しく離れ住む同胞の間にも、尚若干の絶ち切れない鏈鎖があり、否むべからざる強味弱味の共通點あることを悟り、行くぐ〵は自分たちも亦一個の大なる島の島人であつたことを、意識するに至つて已むべきである。我々の記録は僅かにこの人生の學問の、一部の材料をしか供與し得ないであらうが、此志は必ず繼ぐ者があると信じてゐる。それは日本が世界に類の無い大島國であるが故に。又眞實を愛するが故に。」

以上のように、巻頭言は、まことに抽象的といわざるを得ない。しかし、巻末の編輯後記にあわせて、具体的な編輯方針が以下の通り示されているのでさらに掲げると、

「一、『島』は日本をより詳かに知ろうとする人々、殊に旅行者の話相手となる以外に、又島の住人をして互に知り合いしめる仲介機関を以て自ら任じて居る。だから學者の獨占に帰するやうな六

つかしい議論は、よほど平易に書き改めなければ出さない。
一、しかし将来の研究者の為に参考となるべき事実は、努めて収録して保存する考へである。だから他の多くの普通の雑誌とは反対に、時がたつ程づゝ其価値は加はつて来ること〻思ふ。
一、さしあたり掲載しようと思つて居る記事は次の通りであるが、是は追々に範囲を拡張するであろう。
（イ）各島生活誌記述。（ロ）島の地理的生物学的研究。（ハ）交通の現状と新しい紀行。（ニ）水産農林其他の産業実状。（ホ）島の沿革と口碑。（ヘ）習俗及び諸制度。（ト）言語事実の調査。（チ）古記録類の捜索及び紹介。（リ）諸島に関する文献の索引目録。（ヌ）特色ある写真スケッチ等。（ル）旅行案内その他。」
とある。なお、同巻末の編輯後記には、「本誌刊行の計画発表と共に、此挙に賛せられ、参加せられた同人は既に二百有餘名に達しました。第一次百六十五人の芳名は、趣意書頒布と同時に報告し、其後御加入の分は目次裏に掲げて感謝の意を表しました。」とあり、読者は会員三五〇人と、他の不特定な人々が対象であったことがわかる。

今日ならば、旅行のガイドブックを兼ねた雑誌は、不特定多数の読者にささえられて、部数も増えることが期待されるにしても、前掲の内容でもみられるごとく、「旅行案内その他」は紙幅もごく限られた編輯であることが伺われる。したがって、読者層を拡大することは困難であったと思われる。

残念なことに、雑誌『嶋』は、昭和八年（一九三三年）一一月以来、発行所一誠社の都合で休刊となり、編輯者自身の手で発刊することになり、昭和九年（一九三四年）四月に「昭和九年前期」を発刊した。その編輯後記には、後期分は、来る九月に発刊すること、半年刊ではなく、できる限り速やかに月刊にもどしたいとしたが、廃刊においこまれてしまい、二年間の短命に終った。

　その後、時代は移り、雑誌『嶋』が廃刊になってから、およそ七〇年後の平成一三年（二〇〇一年）、嬉しいことに、東京の海風舎という書肆から『島へ。』と題する島嶼にかかわる雑誌が再び発刊され、平成二七年（二〇一五年）一〇月現在で八三号に達した。今後の継続を大いに期待し、エールを送りたい。

　なお、一般書店では入手しにくいが、全国離島振興協議会による『しま』という雑誌（機関誌・季刊。現在は公益財団法人日本離島センター発行）もあり、昭和二八年（一九五三年）の初刊から平成二七年九月現在で二四三号に達している。

『島へ。』創刊号

『しま』創刊号

文芸の中の島々

　島にかかわる文芸作品は多い。写文集もある。だが、島が舞台になっているとか、テレビ番組で紹介されたり、映画の撮影場所に選ばれているというだけで、島の暮らしの全容を理解できる作品や心に染みる内容は少ない。

　最初、本書『島』に関する構想が芽生えた頃はアーネスト・ヘミングウェイの『海流のなかの島々』や、ハーマン・メルヴィルの

『白鯨』（ナンタケット島）、サマセット・モームの『雨』（サモア諸島）のことが頭の片隅にあったためか、「小説や映画の舞台になった島」とか、「島唄や芸能を色濃く残し、伝えてきた島」という内容が大きな部分をしめて、主題中にあった。ゴーギャンの『ノア・ノア』（タヒチ島）も、ルーシー・モード・モンゴメリの『赤毛のアン』の舞台、プリンスエドワード島もあった。

しかし、構想が熟成するにしたがい、文芸作品や画家、彫刻家の作品を列挙しても、主題そのものにどれだけの意義があるものか疑問をもつようになった。それに作品の題名だけを掲げても紙幅は増えるばかりだ。読者諸賢も、島をテーマにした作品を思い出して、わが国だけでも、数えていただいたら、すぐ両手・両足の指の数を越してしまうと思う。

したがって本書では国内と海外のそれぞれ一作品のみを選び、紹介するにとどめたい。

国内の作品で選んだのは、壺井栄『二十四の瞳』（新潮社、一九五七年）である。

選んだ意図は特にない。しいていえば若い頃、『瀬戸内海の旅』（中村由信）という写文集（のちに『瀬戸内の人々』という写真集として刊行）を拝読した際に「横島」の「分校の朝礼」と題した写真が印象に残ったことによる。

この写真では、壺井栄の『二十四の瞳』と同じく、一二人が朝礼で先生の前に立っている。ただちがうのは、そのうち七人が小学児童、五人が中学生で、四人の中学生徒は背中に弟か妹を背負っており、託児所も兼ねている分教場のようだ。

横島は倉橋島の南八キロにあり、当時は一三戸、四五人が暮らしていた。電灯はもちろん時計もなく、

『二十四の瞳』の舞台となった小豆島の「岬の分教場」．作者の壺井栄（1900～67年）はこの島に生まれた（1978年撮影）

一二人の子供のうち、「汽車に乗ったことのある子はたった一人」という解説も記憶に残った。

しかし、『二十四の瞳』を選んだのは、「横島」と同じ一二人の子供たちという人数が同じだからではない。過去には、日本全国の島々の中に小豆島の田ノ浦分校と同じような分教場が多くあり、共通した事情をかかえながらも、今日の日本のために寄与、貢献すべく人材を育成してきたことに対して、当時の現場（分教場）の先生方に敬意と感謝の念を表したいからである。

今日、こうした分教場は、島嶼にしろ、山奥にしろ、姿を消しつつある。その象徴的な分教場の一つが小豆島の「岬の分教場」であろう。

作品の内容もさることながら、小説を読んだり、映画を鑑賞してストーリーに感銘をうけ、「将来、分教場の先生になりたいと思い、その希望を成就させた」という先生に出会ったことがある。

今日、こうした「学舎《まなびや》」は文化財として保存され、再利用されるに至った。三浦市の城ヶ島にある旧三崎小学校の城ヶ島分校は「海の資料館」として、島の有形民俗文化財の保管・展示場になり、あわせて旧教室をはじめ、施設、設備も公開されている。

なお、広島県倉橋町の横島は、その後の昭和四五年八月にすべての住民が離島し、無人島化した。集落移転ではないので、分教場のその後の様子は不明だ。小豆島の「岬の分教場」は前頁の写真のように保存されており、教室には当時の机やオルガンなども保管され、観光資源として一役買っている。

次に海外文学の作品をあげたい。上述したヘミングウェイの『海流のなかの島々』(沼澤洽治《こうじ》訳、新潮社、一九七一年。原著 E. M. Hemingway, *Islands in the Stream*, 1970) は、ビミニ諸島やキューバが作品の舞台になっている。

あえて紹介する理由としては、一九七〇年に出版された死後刊行であり、現存する遺稿をチャールズ・スクリブナー・ジュニアとメアリー・ヘミングウェイ夫人が編輯したものであること、また、訳者の沼澤洽治が「訳者後書き」で記しているように、「いたる所にちりばめられた海の見事な描写は、ヘミングウェイがこの作品を通じ海という巨大な無と生命の包括者に対する讃歌を書きたかったことを良く伝えているのである。この優れた作家が、これだけの大作を我々に遺してくれたことは、世界の海洋文学にとって大いに喜ぶべきこととしなければならない。」ということにある。

そして、『老人と海』と同じく、西インド諸島を舞台とした作品であることだ。

II　島の名前をめぐって

1　『古事記』の中の島々

まず、「日本誕生」のいきさつを、古典『古事記』にみよう。

兄の伊耶那岐《いざなぎ》の命《みこと》と、妹の伊耶那美《いざなみ》の命《みこと》の、男女二神にはじまる「兄妹始祖神話」は、世界の各地に伝えられる数多い神話の一類型とされている。また、一方で兄妹結婚は、社会的な通念に反するため、その禁忌を犯した罰についても、『古事記』の中には語られている。

本稿は、古典に記載されている島の名前をしることが主眼であるため、文脈よりも島名を主役として重視し、前面に押し出した。したがって、以下の内容は、潤色とはいかないまでも原典に忠実な記述でなく、省略した部分もある。

まず、二柱の兄妹神は、天からの通路である「天の浮橋《あめのうきはし》」に立ち、「天の沼矛《あめのぬぼこ》」で海中をかきまぜた。その沼矛を引きあげた時に、矛《ほこ》の先より滴《したた》る鹽《しお》が積ってできた島が「淤能碁呂島《おのごろじま》」であった。日本列島の誕生における最初の島である。

〔中略〕

（その後、兄妹神はこの島に降りて結婚。最初の子は葦船《あしぶね》に乗せて流し、次に生まれてきた「淡島《あわしま》」も数に入れないことにした。）

以後、二神は子づくりにはげみ、次に「淡道《あはぢ》の穂《ほ》の挟別《さわけ》の島《しま》」（淡道之穂之挟別嶋①）をお生みになられた。

その次に、「伊予《いよ》の二名《ふたな》の島」（伊豫之二名嶋②）を生む。

（この島は、身一つにして面《おも》が四つあり、伊豫の國を愛比賣《えひめ》といい、讃岐《さぬき》の國を飯依比古《いいよりひこ》、粟《あわ》の國を大宜都比《おほげつひ》賣《め》、土佐《とさ》の國を建依別《たけよりわけ》という。）

次いで、「隠岐《おき》の三子《みつご》の島」（隠伎之三子嶋③）を生む。またの名を天《あめ》の忍許呂別《おしころわけ》という。

次に「筑紫《つくし》の島《しま》」（筑紫嶋④）を生んだ。

（この島も身一つにして面《おも》が四つある。筑紫の國を白日別《しらひわけ》といい、豊の國を豊日別《とよひわけ》といい、肥《ひ》の國を建日向日《たけひむかひ》豊久士比泥別《とよくじひねわけ》という。熊曾《くまそ》の國は建日別《たけひわけ》という。）

次に「伊伎《いき》の島」（伊伎嶋⑤）を生んだ。またの名を天《あめ》の比登都柱《ひとつはしら》という。

次に「津島《つしま》」（津嶋⑥）を生んだ。またの名を天《あめ》の挟手依比売《さでよりひめ》という。

次に「佐度の島」（佐度嶋⑦）を生んだ。

次に「大倭豊秋津島《おほやまととよあきつしま》」（大倭豊秋津嶋⑧）を生んだ。またの名は、天《あま》つ御虚空豊秋津根別《みそらとよあきつねわけ》という。この八島が生まれたゆえに大八島《おほやしま》の国という。（秋津島は日本列島中の本州にあたる。）

その後、二柱の神は、淤能碁呂島《おのごろじま》にお還りになる時にあたり、吉備《きび》の児島《こじま》より、両児《ふたご》の島《しま》までの六島をお生みになられた。
その六島の名前は、生んだ順に次の通りである。
最初は「吉備《きび》の児島《こじま》」（吉備兒嶋[ア]）を生んだ。またの名は、建日方別《たけひかたわけ》という。
次に「小豆島《あづきじま》」（小豆嶋[イ]）を生んだ。またの名を大野手比売《おほのでひめ》という。
次に「大島」（大嶋[ウ]）を生んだ。またの名を大多麻流別《おほたまるわけ》という。
次に「女島《ひめじま》」（女嶋[エ]）を生んだ。またの名を天一根《あめひとつね》という。
次に「知訶《ちか》の島《しま》」（知訶嶋[オ]）を生んだ。またの名を天之忍男《あめのおしを》という。
次に「両児《ふたご》の島」（兩兒嶋[カ]）を生んだ。またの名を天両屋《あまのふたや》という。

以上、「大八島」にあわせて、吉備の児島から両児の島までの六島を加えた一四島（壹拾肆嶋《とをまりよしま》）が、日本列島誕生にかかわる神話の島々である。
『古事記』の文中には別の項で、この他にも「伊知遅島《いちぢしま》」（伊知遲志麻）や「美島《みしま》」（美志麻）などの島名もみえる。しかし、いずれも所在不明の島であること、また、必ずしも島とは限らないので、これらの島名は除外し、上掲の伊那那岐、伊那那美の二神がお生みになった一四島にとどめることにした（以上、原文の表記は括弧内に示した）。

『古事記』の島を探る

次に、『古事記』にみえるように、兄妹結婚をして生んだ「国生み神話」の島々は、具体的に現在のどの島にあたるのか探ってみよう。

ただし、この件に関しては、これまで『古事記』の研究者が江戸時代より今日まで探ってきた実績があるので、先学の研究成果にたよるしかない。

まず、日本列島誕生の「国生み神話」にかかわる順にみていこう。

「淡島《あわしま》」は、数に入れないとしているので、最初に生まれたのは「淤能碁呂島《おのごろじま》」である。二神はこの島に降りられてのち、国生みにはげんだ。武田祐吉譯註の『古事記』(角川文庫)によれば、この島は、「大阪湾内にある島。今の何島か不明」としている。

また、別の監修者による『古事記』(日本古典文学大系・岩波書店)でも「オノゴロ島は自凝島の意で」、「ひとりで凝って出来た地を島といったにすぎない」とし、「この島の所在については諸説があって明らかではない」としている。

こうした中で、オノゴロ島について、積極的に、この島は「おらが村の島だ」と発言、主張するのは兵庫県南あわじ市にある「沼島《ぬしま》」の住民たち。

沼島は瀬戸内海の有人島で、淡路島の南三キロメートルにある。『島嶼大事典』によれば、面積二・六三平方キロメートル、外周一〇・〇キロメートル、最高標高地一二五メートル。人口は九〇三人、三三六世帯とみえる。そして、その根拠は、沼島の「沼」は「天の沼矛《あまぬぼこ》」に由来するとしている。しかも淡路島に近いことからして、素人の域を出ない筆者らには、かなりの説得力がある。その他に、該当するような島が見当たらないことも説伏を後押しする。古くは紀貫之《きのつらゆき》(八六八年頃～九四五年頃の人)の

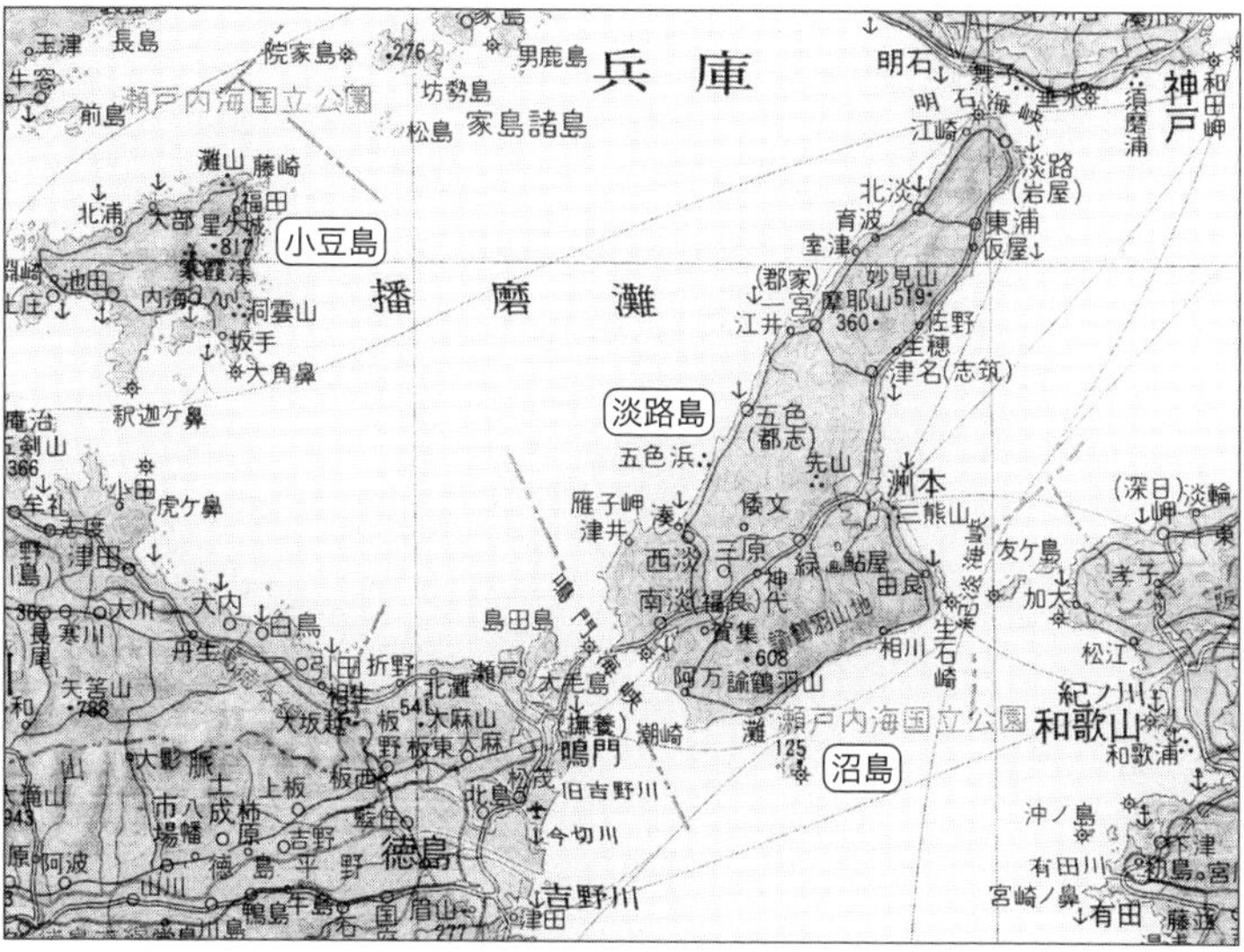

国生み神話で最初に誕生したとされる「オノゴロ島」は「沼島」とも

『土佐日記』にも散見されるという。

島の氏神は沼島八幡宮。通称「おのごろ神社」とも。島の東海岸には、高さ約三〇メートルもある「上立神岩《かみたてがみいわ》」が現存する。「これぞ自《おの》凝《ごろ》の証し」とも。なお蛇足ながら、以前アチック・ミューゼアム・ノート23として『淡路沼島聞書』を宮本常一が出す予定だったが未刊に終わってしまったことがある。

沼島の地図（国土地理院「諭鶴羽山」）

そして、次はいよいよ「淡道《あわじ》の穂《ほ》の狭別《さわけ》の島」である。この島は「淡路島」の別名として異論はないようだ。ワケは若い者という意であるとの解説もある。「沼島」に最も近いというより、沼島は淡路島の属島とみてよい。前掲の『島嶼大事典』によれば、択捉島、国後島、沖縄島、佐渡島、奄美大島、対馬島に次いで第七番目に大きな島。したがって、沼島は淡路島に比較すると粟粒ほどでしかない大きさだ。四国の阿波（粟）への道筋ということで淡路の名が生まれたとされ、島内には「伊弉諾《いざなぎ》（『日本書紀』の表記と同じ）神社」がある。

次の「伊予《いよ》の二名《ふたな》の島」は四国の称。「二名」の意は未詳としている。

上述のように、愛比売《えひめ》、讃岐《さぬき》、粟《あわ》、土佐《とさ》とあるので四国全体を指している。

三番目は「隠岐の三子《みつご》の島《しま》」である。現在の隠岐島（隠岐諸島）全体を指している。前掲書の頭注に、「隠岐は島前と島後に分かれ、島後は一つの大きい島であるが、島前は三つの島から成っている（西ノ島、中島、知夫里島である）。これは、一人の親が三人の子を前にしていると言った地勢であるから、三子の島を言ったものと思われる」としている（日本古典文学大系、岩波書店）。

四番目は「筑紫《つくし》の島」である。現在の九州全域を含んでいるのではなく、文面から、特に北九州あたりを指すとする（前掲④の項を参照）。

五番目は「伊伎《いき》の島」である。現在の「壱岐島」にあてて異論がない。

六番目は「津島《つしま》」である。この島も現在の「対馬島」全島（上島・下島）にあてて異論はない。

七番目は「佐度《さど》の島」である。この島は現在の「佐渡島」で異論はないが、なぜか、文中には別名が

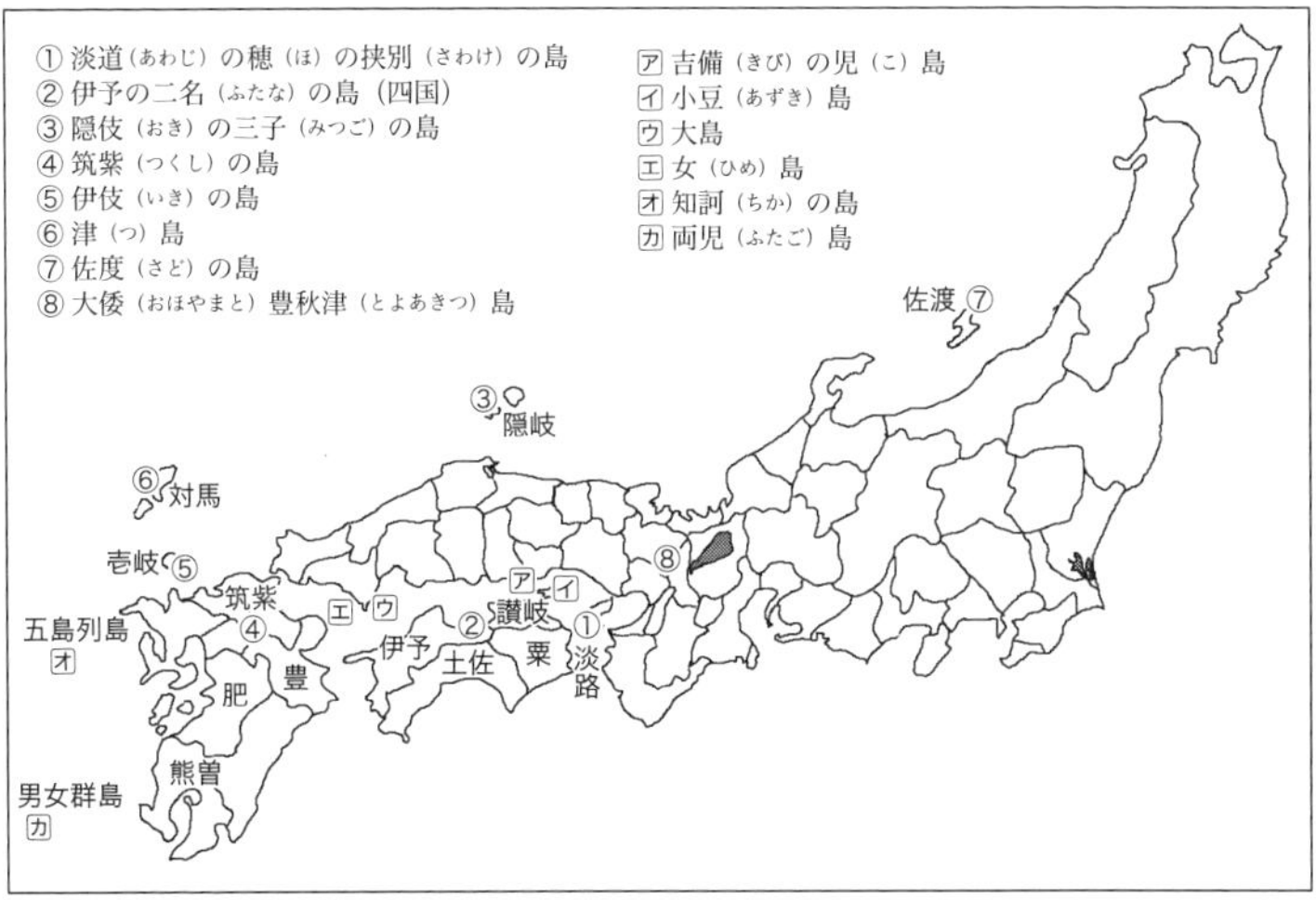

国生み神話（『古事記』）に登場する島名（数字・音順は出典の順序を示す）

ついていない。最も北に位置する島として記されている。

そして最後は、「本州」にあたる「大倭豊秋津島」である。豊かに穀物の稔る大和の島の意で、大和を中心にした畿内の地域を指す。本州の総名ではないとしている。

「豊」の旧字体「豐」は篆文《てんぶん》で、豆の葉あるいは装飾のある豆の上に、ゆたかに盛られた穀物を意味している。また、豆は「たかつき」の意。本州を「秋津《あきつ》島」とよぶことについては、神武天皇が大和の山上から国見をしたおり、「蜻蛉《あきつ》の臀呫《となめ》のごとし」と言ったという伝説がもとになっている。秋津・蜻蛉はトンボの古名。臀呫は雌雄のトンボが交尾をして輪になって飛ぶ様子とも。

「大八島」については以上である。

次に、お還りになる時に生んだ六つの島々についてみよう。

まず最初は、「吉備の児島」である。吉備の国（現在の岡山県）の児島半島あたりとしている。児島湾あたりの島のことか、あるいは、かつて島であった時代があったのか不明である。

二番目は「小豆島《あづきじま》」。淡路島の西にある小豆島《しょうどしま》で異論はない。

三番目は「大島」である。この大島は、山口県柳井の東にある大島（別名を屋代島または周防大島）という。異論なし。

四番目は「女島《ひめじま》」。大分県の国東《くにさき》半島の東北にある、現在の姫島ということで一致し、異論はない。『島嶼大事典』に、「島名は『日本書紀』にある白い神石から現れたというヒメコソの神の伝説に由来し、これを祀る比売語曽神社がある。〔中略〕また、姫島港の北側には神功皇后、応神天皇、仲哀天皇を祀る大帯《おおたらし》八幡宮（社）があり、旧八月一四〜一七日の四日間は全島でアヤ踊り、キツネ踊り、銭太鼓踊りなどの伝統的な盆踊りがくり広げられる」とみえる。気になる島だが、筆者はまだお邪魔していない。

五番目は「知訶《ちか》の島《しま》」。長崎県の五島列島とする。あるいは五島列島の中にある島をさすのかもしれない。五島列島には「小値賀《おじ(ぢ)か》」の島名、地名がある。

そして最後の六番目は「両児《ふたご》の島《しま》」である。この島については、所在不明とする説と、五島列島の南に位置する男女群島の中の島であろうとする説がある。

詳しく説明すると、江戸時代前期の儒学者貝原益軒は筑前生まれだとされる。その、九州生まれの益軒が著した『扶桑《ふそう》記勝』（扶桑は日本国のこと）の中に、「五島の南に女島男島とて、ちひさき島二つあり、是唐船紅毛船のとほる海路なり。五島よりも四十八里、薩摩よりも四十八里ありて五島につけり。」と記されているという。女島男島は東シナ海にある男女群島のことであるゆえ、「両児の島」は、そこかもしれないというのだ（前掲書、岩波書店）。

以上の一四島が日本誕生にかかわる神話の島々である。

もとより、神話や伝説の世界には、怪《あや》しい記述があるため、読んでいても、書いていても肩の張ることが多い。しらないうちにペン先に力がはいってしまう。これで擱筆かと思うと、やっと肩の荷が下りたという気持ちになれる。しかし、まだ『日本書紀』にも『古事記』と同じく「兄妹始祖神話」があり、兄は伊奘諾尊、妹は伊奘冉尊と表記され、「磤馭慮嶋《おのごろしま》」と記述されているが大意は同じである。

ところで、「島の誕生」に関する神話のことで気になるのは、これまでみてきたように「日本列島誕生」では「神《カミ》が天上から降臨する」し、創世神話の中には同じタイプの共通内容も世界の島々には残されている。しかし、日本の神話とは逆に、島（国土）の起源として神がこれを海底からひきあげたという話もある。

石川栄吉は『南太平洋の民族学』（三二頁参照）の中でこの点についてふれ、「ポリネシア人の精神世界には、創造神話のいちじるしい発達を認めることができる。原初混沌から始まり、神々の誕生、そして神々による自然と人間の創造ののち、ある特別の事件を契機として、神話と歴史がつながるのが、一般的な形式だが、これらの神話の中には、国土の起源として、神がこれを海中から釣り上げたというような、いかにも海洋民族らしい物語もある。〔傍点は引用者による〕」と記している。

南太平洋には海底火山の噴火によって島が誕生したことが多かったことから、「海底・海中」に島の起源がむけられ、その結果が神話や伝説に結びつくようになったのであろう。

2　『日本書紀』の中の島々

『日本書紀』にみえる伊弉諾尊《いざなきのみこと》と伊奘冉尊《いざなみのみこと》二神による「国生みの神話」の内容は、前述した『古事記』と同じである。ただし、「磤馭慮嶋《おのごろしま》」など表記は異なる。

『日本書紀』の校注者・井上光貞
（東海荘にて，1981年5月10日）

その他にも、雄略天皇五年（四八二年頃から）の六月の項に、「孕める婦、果《はた》して加須利君の言《こと》の如《ごと》く、筑紫《つくし》の各羅嶋《かからのしま》にて兒《こ》を産《う》めり。仍《よ》りて此《こ》の兒《こ》を名《なづ》けて嶋君《しまきし》と曰《い》ふ」（『日本書紀』巻第十四）とみえる。

筑紫の「各羅嶋」は、現在、佐賀県唐津市鎮西町の「加唐島《かからじま》」にあてる説が有力となっている。

そのせいか、加唐島は古代朝鮮半島の歴史にかかわりが深い。今日では佐賀県呼子港から定期船で約四〇分もあれば渡れる歴史の島として人気がある。上述した「嶋君」というのは三国時代における百済《くだら》国の王であった武寧王《むねいおう》（ムニョンワン）なのだ。その王様の生誕伝承地がこの島のオビヤ浦で、伝説の地として、湧き水の場所もある。

また、神功皇后《じんぐうこうごう》が新羅へ出兵した時、「皇后は身ごもっていたので、この島に立ち寄って着帯式（腹帯び祝い）をおこなった」という伝説もある。

しかし、こちらの話は「巻第九・神功皇后」の項にはみあたらない。

3　島名の由来（伝説、他）

筆者の住む神奈川県は、都道府県別にみて、海に面しているわりに、島嶼の数が少ない。有人島は二島、無人島が二〇島で、二二島にとどまる。以前は夏島、野島などあったが陸地の一部になった。

それでも、海に面していながら、有人島のまったくない福島県（無人島二）、富山県（無人島八）、京都府（無人島二六）や、山形県、静岡県、和歌山県のように有人島が一島しかない県に比較すれば、県内の海辺にかかわる自然景観に変化をもたせる島の存在は、それなりの文化を発信してきたし、風物的おもむきを醸し出してきたといえよう。

その神奈川県における有人二島の「島の名前」にかかわる由来について、卑近な例を掲げてみたい。

柳田國男は昭和一一年（一九三六年）に、『地名の研究』という一書を発刊した。六七歳の時であった。しかし、この書物は題名を「研究」としているが、研究に必要な方法論を明示していない。地名に関しては方法論が確立するに至っていないのである。

それゆえ、「島名」、「地名」に関しては、神話や伝説的由来にはじまり、古文献、古文書に散見される故事に結びつけた説明的な解説と、内容は決まったようなものだ。

ようするに由緒来歴を、ある事柄に結びつけて説明する結果、方法論が確立していないとか、科学性に欠けているなどの点が指摘されることが多い。あるいは、アイヌ語に結びつけた地名（島名）の語源的な解釈もある。さらに、近現代につけられた地名（島名）の中には、明確な造語や行政指導的な命名もあるが、これらは、また別の視点からみる必要も生じるであろう。だが、以下に関しては、上述したことも承知で、島名の由来を神奈川県内の有人島である「城ヶ島」と、無人島の「猿島」の二島についてみていこう。

北原白秋の作詩による「城ヶ島の雨」で全国的に有名になった「城ヶ島」という島名の由来については次のように伝えられてきた。

その一つは、「尉ヶ島《じょうがしま》」と表記するのが古いのだという。三浦三崎の最も古い文献『三崎志』（宝暦六年・一七五六年版）の中に、「往古は尉か嶋と云けるを頼家公（源頼朝の長男・二代目征夷大将軍）、城と書直し給へるよし鎌倉将軍遊覧の為諸国の大名より向ひが崎（向ヶ崎）に椿、歌舞嶋に桃、此の地に櫻あまた植えられたるよし、民家八十軒余有ミ《（ママ）》な〳〵かつきを業とする（傍点は引用者による）」とみえることによる。

引用文献中にみえる「歌舞《かぶ》嶋」は、今日では陸地で小公園になっているが、この地一帯は、元禄の地震をはじめ、関東大震災の時も隆起しているので、鎌倉時代には小さな無人島だったと思われる。また、傍点の「かっき」は裸潜水漁によりアワビ等を捕採する海士を当時は「潜《かつぎ》」とよんでいた。

もとより、「尉《じょう》」の意は尉官のことで、軍事にかかわる尉（大将などを意味）が住んでいたことによるというのだ。その時代は貞観《じょうがん》（八五九〜七六年）の頃とされている（『横須賀雑考』）。海賊あるいは水軍の尉かもしれない。

架橋（昭和35年・1960年）後の城ヶ島（1966年頃）

また、引用文中に「櫻あまた植えられたるよし」とみえるように、桜の多い島として知られ嘉永五年（一八五二年）に上方《かみがた》で刊行された、海上交通（船旅）のガイドブックともいえる『自東都西国筋旅中懐宝』には城ヶ島を「サクラ」と表記している。「櫻島」も別名であったのだろう。別名の「櫻島」については、永禄八年（一五六五年）、弥生上旬に、北条氏康父子が城ヶ島の桜花見物を催し、三日間逗留した後、小田原に来城したゆえについた名前ともいわれる（『北条五代記』『三崎郷土史考』）。

また別の話として、徳川家康につかえていた間宮という尉が、大坂城落城後、水主《かこ》三〇人とともに三崎の城村《じょうむら》に移り住み、漁業に従事しながらこの地一帯を守っていたが、戸口激増により、城ヶ島に移住した。したがって、もとは「城（村）の島」であるという意味だというのである。

『城村旧記』（三崎円照寺蔵）に、正保の頃（一六四四〜四七年）、和泉国より移住してきた魚商（仲買人）の星野権兵衛は最初、城村に住んだが、後に城ヶ島に移住した。今日、同島に星野姓が多いのはその末裔とされる（一八二頁参照）。

さらに、以前は対岸の城村に耕作地を所有している島民もおり、麦の収穫期である六月頃になると、城村から麦の穂束を船に積んで帰島する光景をみたという話も両村のかかわりを裏書きする（筆者の聞き取り）。

その他、島民は、島の形が薩摩芋に似ていることから「芋島」あるいは「芋虫島ともよんだ」とみえる（脇坂健次郎『城ヶ島の過去帳』）。

猿島．奥に見える半島の先端は観音崎
（横須賀市観光課提供）

ペリー来航の際，「猿島」は「ペリー・アイランド」と命名された（矢印．『日本遠征記』をもとに改変・加筆）

次に、無人島の「猿島」についてみよう。猿島は今日、東京湾内唯一の無人島である。横須賀港の海上約二キロメートルに位置する最高標地三六メートルの小島で、今日では旧軍事施設の砲台跡が残る海上公園として、整備されている。歴史は鎌倉時代にさかのぼるが、日蓮宗の開祖となった日蓮上人は、安房国小湊《こみなと》で生まれ育ち、のち鎌倉へ渡り、布教したという故事があるため、南房総から三浦半島、鎌倉にかけ、上人にかかわる寺院や伝説の地が多い。ここに紹介する「猿島」も伝説の舞台の一つである。

建長五年（一二五三年）、日蓮が鎌倉を目指して、房州の南無谷《なむや》を出帆し、暴風にあい、この島に漂着したところ、島に住む白猿が日蓮を先導して、無事に米ケ浜《よねがはま》（対岸）に上陸することができたとか、また房州から猿が先導して、この島に来たとかいう故事にのっとり、島名に「サル」がついたとか伝えられている。「中島」、「去島」と表記されることも。

また、異名として「豊島」ともよばれた。豊島村の沖合にあるためで、「十島」の表記もある。

さらに特筆すべきは、嘉永六年（一八五三年）にアメリカのペリー艦隊が来航した際に、一行が観音崎一帯の海の測量を実施した海図が『日本遠征記』の中にあり、猿島は「ペリー・アイランド」（Perry Island）と勝手に命名されていることだ。その北部の「ウェブスター・アイランド」は「夏島」である。

4　二つの名前をもつ島

イギリスのスコットランド北西部に位置する沖合に点在する島々をヘブリジーズ諸島とよんでいる。

今日、西太平洋のメラネシアに属するバヌアツ共和国の大部分を占める島々を「ニューヘブリジーズ諸島（New Hebrides Islands）」とよぶのは、イギリスの探検家ジェームス・クック（James Cook）が本国のこれらの諸島にちなんで一七七四年に命名したとされる。ようするに「新しく発見した」ヘブリジーズ諸島なのだが、もとよりこの諸島に住んでいる人々からすれば、まことに迷惑な話といわざるを得ないし、同情の念を深める。

ところで、ヘブリジーズ諸島には、二つの名前をもっていることで知られる、珍しい島がある。島の面積は約二一八〇平方キロメートルほど。イギリス本島自身、日本と同じく島国なのだから、小

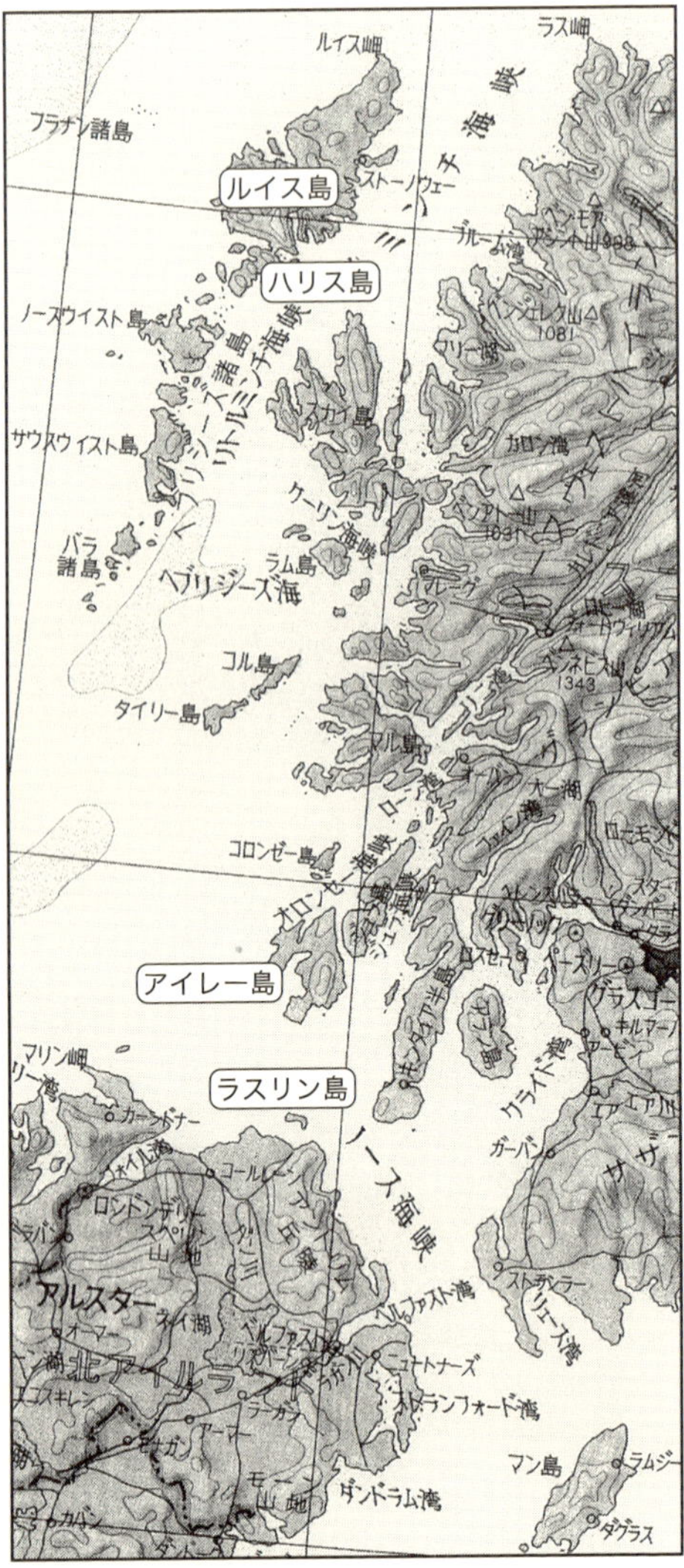

ヘブリジーズ諸島のハリス島，ルイス島，アイレー島，ラスリン島（ラスリン島はアイルランドで最初にバイキングに略奪された島．人口は約100名といわれる）．

さいとみるかは読者諸氏の判断に委ねるしかない。人口は約二万一〇〇〇人。

島の南部はハリス島と呼ばれ、山の多い地形だ。それでも牧羊業がさかんで、イギリスの有名な手織りの毛織物「ハリス・ツイード（スコッチ・ツイードともよばれる）」の産地として知られる。

また、同じ島の北部はルイス島とよばれる。南部に比較して、地形はなだらか。したがって牧羊にはむいている。イギリス北部のスコットランド地方は毛織物の特産地であるばかりでなく、石油の埋蔵量も豊富だといわれ、近年、イギリスから独立分離して、新しい国をつくろうとする動きもみえる。


立ち返って、わが国に眼を向けてみれば、日本にも、一つの島で、二つの名前をもっている島は沢山ある。その中でも広く知られているのは、広島県の倉橋島だ。

ご存知の通り、平安時代の末頃まで倉橋島は島ではなく、陸の一部であったが、平清盛が永万元年（一一六五年）、陸を幅約一〇〇メートルほどの水路で切り開き、分離して音戸の瀬戸を誕生させた。

その結果、陸地に近い、水路のできた北部は音戸島とよばれ、南部方面を倉橋島とよぶようになった。後に、この島は別名で瀬戸島、あるいは渡子島《とのこじま》ともよばれてきた。中世以後、多賀谷水軍の重要な拠点になった他、造船と瀬戸内海の海上交通の要衝の地となり、船大工はじめ、各種の職人が集まって、栄えたことで知られる。

その他、わが国の有人島（約四三〇島）だけをみても二つ、あるいはそれ以上の別名をもつ島嶼がおよそ七〇島ほどある（北方領土を含む）。

もった島（主な有人島のみ）

島　名	県　名	別　名
地ノ島（じのしま）	福　岡	泊　島（とまりじま） 遠　島（えんとう）
大根島（だいこんじま）	島　根	タコ島（多古島，蛸蛬島）
宝　島	鹿児島	吐噶喇島（とからじま）
飛　島	山　形	トド島
直　島	香川	加茂女島（かもめじま） 名賀島
中　島	愛　媛	忽那島（くつなじま） 骨奈島（こつなじま）
中通島（なかどおりじま）	長　崎	浦部島（うらべじま） 大　近（おおちか）
仁右衛門島（にえもんじま）	千　葉	蓬　島（よもぎじま） 波太島（なぶとじま，はぶとじま）
能登島	石　川	蝦夷島（えぞじま） 袋　島（ふくろじま）
八丈島	東　京	女御之島（にょごのじま） 八嶽島（やだけじま）
舳倉島（へぐらじま，へくらじま）	石　川	沖ツ島（おきつしま） 日除ケ島（ひよけじま）
女木島（めぎじま）	香　川	鬼ケ島
屋代島	山　口	周防大島（すおう）
与論島（よろんじま）	鹿児島	ゆんぬ
与那国島（よなぐにじま）	沖　縄	どぅなん

ただしその中には、東京都の小笠原諸島にある父島をピール島（Peel Is.）とよぶ島名や、同じく東京都の硫黄島をサルファー島（Sulfer Is.）とよぶ島等が含まれている。

また別に、長崎県の対馬（島）を別名で対州《たいしゅう》とよんだり、同じく壱岐（島）を壱岐《いきの》島《しま》、鹿児島県の種子島《たねがしま》を多褹《たね》島《じま》と表記するなど、特に別の島名とまではいえないものも上述の七〇島ほどの中には含まれている。

それに、全国的によく知られた、広島県の厳島《いつくしま》といえば、「安芸の宮島」の名と同じく、別称とはいえないほど有名で

表１　わが国の別名を

島　名	県　名	別　名
青　島（あおしま）	愛　媛	馬　島 沖水無島（おきのみずなせじま）
新城島（あらぐすくじま）	沖　縄	パナリ（離れ）島
粟　島（あわしま）	新　潟	櫛　島（くしじま） 粟生島（あおしま）
硫黄島	鹿児島	喜界ヶ島（きかいがしま）
生口島（えくちじま）	広　島	瀬戸田島（せとだじま）
生野島（いくのしま）	広　島	馬　島（うましま）
伊　島（いしま）	徳　島	弁天島 湯　島
伊平屋島（いへやじま）	沖　縄	田名島（たなじま） 後　島（うしろじま）
伊是名島（いぜなしま）	沖　縄	前　島
維和島（ひわじま）	熊　本	千束蔵々島（せんそくぞうぞじま）
魚　島（うおしま）	愛　媛	沖ノ島
牛　島（うしじま）	山　口	牛城島（めきじま） 鬼ガ島（おにがしま）
江　島（えしま）	島　根	蜈蚣島（むかでじま）
大神島（おおがみじま）	沖　縄	大高見嶋（おおたかみじま）
大崎下島（おおさきしもじま）	広　島	御手洗島（みたらいじま） 大長島（おおちょうじま）
上蒲刈島（かみかまがりじま）	広　島	日高島
神　島（かみしま）	三　重	甕　島（かめしま） 歌　島（うたしま）
黒　島（くろしま）	長　崎	水　島
倉橋島	広　島	音戸島 瀬戸島 渡子島（とのこじま）
玄界島（げんかいじま）	福　岡	久　島（くしま） 海月島
皇后島（こうごうじま）	長　崎	ねずみ島
興居島（ごごじま）	愛　媛	母居島（もいしま）
小宝島	鹿児島	島子島（しまこじま）
嵯峨ノ島（さがのしま）	長　崎	遠島島（おんどうじま）

あるなど、内容は多様だ。
したがって、本書ではわが国の、数多い「別名をもった島」（有人島のみ）のいくつかを前頁の表1で紹介するにとどめたい。

5　名前だけの島

ゴミ処理のための島

「プロローグ」でふれたが、わが国は全国各地の沿岸部で、ことごとく埋立が進んだ。特に、東京湾や大阪湾など大都市に近い埋立はすごい。

その、埋立に拍車をかけ、工事を完成させた経済政策の裏側には、原因、理由がいくつかある。その一つは都市のゴミ処理問題を解決することにあった。産業廃棄物の処分場の確保も重要な課題であった。大正一二年（一九二三年）の関東大震災後の瓦礫などの処分も、海に向けられた。その結果は、新しい島の誕生に結びつくようになった。

東京湾の場合、昭和三一年（一九五六年）からはじまった東京湾港湾計画の一環として実施された埋立により、新しい埋立地が次々に誕生しはじめたのである。

具体的には、東京湾内の漁業補償の協定が漁業者とのあいだで結ばれた昭和三七年（一九六二年）からのことである。

その後（間）、平和島（昭和一四年に埋立・昭和四二年竣工）、城南島（昭和の中頃より埋立・昭和五四年竣工)、昭和島・京浜島（昭和一四年に埋立・昭和六一年竣工）等のゴミ捨て場による埋立地が新しく「島の名前」をつけて登場することになった。その、最たるネーミングは「夢の島」であろう。

そして逆に、江戸中期まで隅田川の下流の「島」であった佃島《つくだじま》（明治期に埋立）、月島、石川島、妙見《みょうけん》島《じま》など、江戸時代から少しずつ埋立がすすみ、自然島であった本物が、これまた、「名前だけの島」になってしまったのは皮肉な事実であるといえよう。

人工的な島の最たる埋立地は新しい空港島だろう。大きな埋立工事は、ゴミの処分場であることも多いが、近年は、最新の技術を駆使した各種の人工島造成方法がある。大阪府の関西国際空港をはじめ、兵庫県の神戸空港、福岡県の北九州空港、愛知県の中部国際空港セントレアがそれだ。

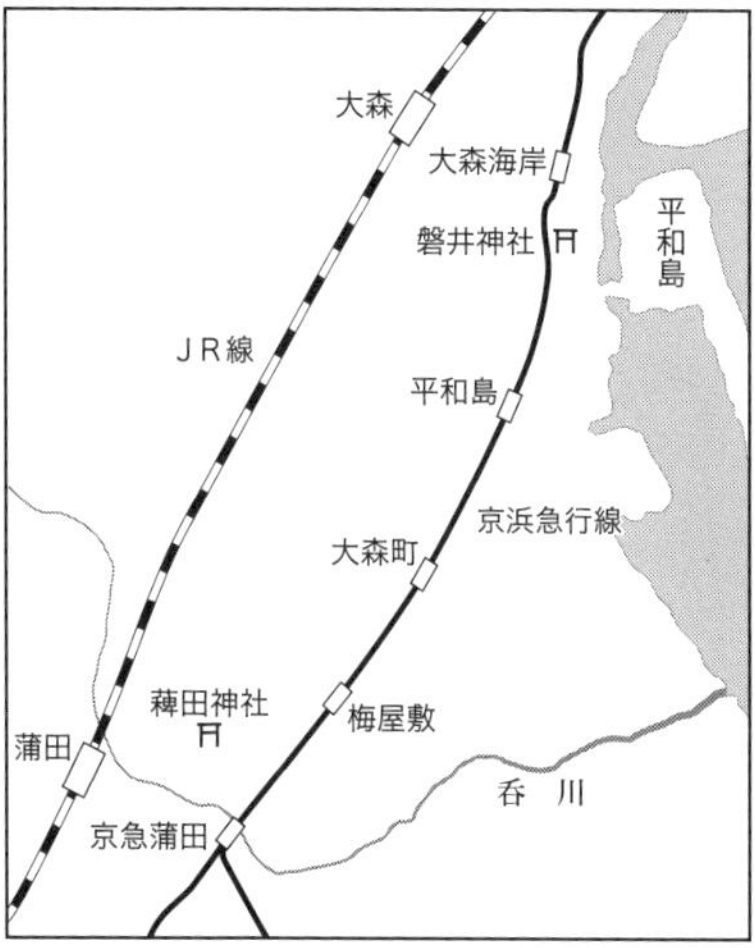

「平和島」という名の埋立地

かつて、わが国よりも資本主義の先進国といわれたアメリカでも、カリフォルニア州のサンフランシスコやロサンゼルスは海岸埋立問題で、自然保護とのかかわりで大きく世論がわれた時代があった。

しかし、わが国では平地が狭いせいなのか、国民は海面を埋立地にすることに、あまり抵抗がないようだ。横浜市のゴミ捨て場から誕生した埋立地の「八景島」も、今では水族館をはじめ諸施設が整備され、シーパラダイスとよんで、あっけらかんとしている。

ところで、ニューヨークのマンハッタン島における

鎌倉材木座海岸の和賀江島跡．現在は国の特別史跡に指定されている．左上に江の島が遠望できる．

ゴミ処分はどうしているのでろうか。「島」として少々気になるところだが。

鎌倉時代の埋立・人工島

平清盛が瀬戸内の海に水道を掘削《くっさく》して、新しく「倉橋島」を誕生させたことは別項で述べた。

これとは別に、鎌倉時代に、まったく新しい人工島（築港）がつくられた。それが「和賀江島《わかえじま》」である。貞永元年（一二三二年）、鎌倉幕府は中国（宋《そう》）と直接貿易をおこなうために、小田原から酒匂《さかわ》川の河原石を船で鎌倉に運び人工島をつくった。北条泰時《やすとき》が執権の時である。

その結果、宋の文物が直接的に鎌倉へ流入した。たとえば、鎌倉の仏像の他地方ではみられない様式（木造彫刻の上に粘土で文様を細工するなどの技法）がそれであるとされる。

6　不思議な島・グリーンランド

島名は人名と同じように、さまざまであり、たまたま同じ名前がつくこともあるという点でも共通している。同じ名前の島が多いのは、誰もが同じように思うからであろう。ところが、世界には、そうでない不思議な名前の島もあるのだ。

世間一般では、「名は体を表わす」といい、名はその実体がどのような内容（物）であるかを示しているというのだが、数ある島名の中で、筆者にとって、どうしても納得のいかない不思議な島がある。それはグリーンランド（Greenland. デンマーク語でGrønland）である。

グリーンランドについては別の項（「島のマニュアル・データ」二四九頁以下）でもふれるが、北アメリカ大陸の北東に位置し、北大西洋にある世界最大（第二）の大島である。人口はおよそ五万人、住民の多くはエスキモーと北欧系のヨーロッパ人で、中心都市は一九七九年に発足した自治政府の首都ヌーク（旧ゴットホープ）だ。

この島は六分の五が北極圏に位置し、全島の八〇パーセントが氷で覆われており、しかも雪は一年中降るという。それなのに、島名をなぜ、「緑の島」と命名したのかが不思議なのである。

そこで、グリーンランドという名前を、いつの時代に、誰がつけたのか調べようと思った。

調べるにあたっては困難なことを予想していたが、結果はことのほか簡単であった。まず、『平凡社大百科事典』で「グリーンランド」の項目を検索すると、「九八五年、赤毛のエイリークが到来、〈緑の島〉と命名して以来、北ヨーロッパ人が居住し、一一二六年司教座が置かれ、一二六一年ノルウェー領となる。寒冷化によって一四八五年ころに彼らの最後の者が死に絶え、以降エスキモーのみが居住しつづけたが、一七二一年再び北ヨーロッパ人が到来し、デンマーク・ノルウェー連合王国の支配下に入る。一八一四年のキール条約でアイスランド、フェロー諸島と共にデンマーク領となった〈傍点は筆者による〉」とみえる。

そこでつぎに、「赤毛のエイリーク」なる人物に興味をもち、「何者」なのかと、同書で調べてみると、「エイリーク Eiríkr」とあり、「一〇世紀、ノルウェーの人。生没年不詳。グリーンランドの発見者。赤毛のエイリークと呼ばれる。中世アイスランドのサガによると、故国で人を殺してアイスランドに植民したが、ここでも事件を起こしたため追放になり、西に向ううち新しい国を発見、〈グリーンランド〉と命名した。九八一年か九八二年とされる。エイリークの子レイブとその義弟によるビーンランド（北米大陸）発見の話も同じ《赤毛のエイリークのサガ》の中にある（傍点は引用者による）」と記述されている。なお、筆者が傍点を付した「サガ」については『広辞苑』に「サガ Saga はノルウェー語で〈物語〉の意。北欧中世の散文物語群の総称で、特にノルウェーからアイスランドに植民した人々の間に伝わった民族移動時代の神話・伝説・歴史などの口承を記録した叙事文学が中心」と説明されている。さらに、「赤毛のエイリーク（エリクとも）」や「サガ」については、R・プェルトナーの『ヴァイキング・サガ』（木村寿夫訳、法政大学出版局）も参考になった。

以上、グリーンランド発見のいきさつについては、だいぶわかってきた。しかし、「緑」の命名理由については、おなじく「闇夜の烏《からす》」のままである。それゆえ、「不思議に思う気持」は、まだまだ続きそうだと思っていた矢先、そんな話を、アメリカでの生活経験が豊富な小滝敏之氏（千葉経済大学学長）にしたところ、「グリーンという語彙には、〈若い〉とか、〈最近の〉とか、あるいは〈新しい〉、〈未熟な（うぶな）〉などの意味もある」というので、あらためて辞典を見ると「緑の島は、移民を引きつけるためにつけた美称」とあったので、「氷の島」を、なぜエイリークが「緑の島」と名づけたのか、筆者なりに納得した。

なお、グリーンランドは、個人的な土地の所有権が認められていない島でもある。

7 同名の島ランキング

わが国における島の名前には同名が多い。同名の島数について、第三位までの順位をあげると、第一位は「大島」で、七八島ある。大島と命名されているからには、すべてが有人島であると思いきや、その内の二〇島だけで、意外にも、他の五八島は無人島なのだ。この島数からみた「大島」の命名理由はどういうことを意味するのか、腑に落ちない。しかし、現実なのだ。大島の中には北方領土の南千島に属するオホーツク海の一島もはいる。

次に第二位は「小島」で七六島ある。名前の通り、七四島が無人島で、有人島は二島のみ。その内一島は、北海道厚岸郡厚岸町の太平洋に面した有人島で、別名を厚岸小島《あっけしこじま》ともいう。人が住んでいるといっても、外周〇・八キロメートル、最高標高地二八メートルで、三世帯一四人ほど。生業は漁業でコンブ漁とカキ養殖が中心。

他の一島は北方領土で旧北海道色丹郡色丹村。南千島に属するオホーツク海の島である。詳細は不明。また、小島の中の無人島には、北海道松前郡松前町の別名松前小島《まつまえこじま》(別名で渡島小島《おしまこじま》ともよばれる)が加えられているが、この島には、以前から石川県輪島市海士町の海女がコンブ漁のために季節移住していることもあり、有人島になることもある。

表2　日本における同名の島数

順位	島名	同数	順位	島名	同数
1	大島	78	19	青島	17
2	小島	76		裸島	17
3	黒島	67	21	赤瀬	15
4	弁天島*	66		雀島	15
5	松島	62	23	丸島	14
6	平瀬	50		二子島	14
7	平島	32	25	中島	12
	横島	32	26	鍋島	11
9	中ノ島	28		寺島	11
10	高島	27		水島	11
	赤島	27		立岩	11
12	沖ノ島	25	30	亀島	10
13	黒瀬	23		鷹島	10
14	長島	22	32	烏帽子島	9
	前島	22		牛島	9
16	野島	21	34	馬島	8
17	竹島	19		飛島	8
18	鳥島	18		双子島	8
			37	女島	6

*類似の島名を加えると85島

そして第三位ということになる。大島・小島があるのだから、次は「中島」と思うのが普通であろう。ところが、どうしたことか、それは残念ながら、正解ではないのだ。ちなみに「中島」の島名は一二島、「中ノ島」の島名は二八島にとどまる（表2参照）。

第三位は「黒島」の六七島である。そして第四位は「弁天島」の六六島（北方領土の弁天島四島を含む）なのだが、これはいささか複雑である。なぜなら、六六島の他に「弁天岩」一〇、弁天小島（無人島）一、弁天崎（無人島）二、弁財天（無人島）二、弁財天島（無人島）、弁天岬（無人島）一があり、これら類似の島数を加えると八三島になるからだ。さらに、徳島県阿南市伊島町の「伊島」も、この島だけが有人島であるが、別名を弁天島、あるいは「湯島」という（一〇三頁参照）。また、青森県むつ市にある「鯛島」も別名を「弁天島」（無人島）とよぶ。

こうして、弁天島とよばれる系統の島を数えてみると、その数はおよそ八五島となり、わが国で同名の島数が多い一位の大島、二位の小島を凌駕し、弁天島の名は日本で最も数の多い島名ということになる。「およそ八五島」としたのには、それなりの訳がある。かつて、作家の三島由紀夫が小説『潮騒』の舞台にした、三重県鳥羽市沖の神島に「弁天岬」という地名があり、以前は陸続きであったのだが、今日では分離して島になってしまったことから、ここを弁天島の数に加えてあるためだ。

いずれにしろ、日本には「弁天」の名がつく島嶼が最も多いというのは驚きである。

なぜ、このように無人島に「弁天」の名が多いのか、その理由は何かという疑問、質問に対して、筆者は、この方面の研究をする学徒としての説明義務がある。しかし、マスコミュニケーション一般でよくみかけるような、軽はずみな証言をさけ、読者諸賢と共に思いをめぐらすにとどめ、次世代の文化史学者に問題の解答を先送りして待つしかない。

わが国における同じ名前をもつ島の数を、多い順に表2に列挙し、参考に供したい。

なお、島の名前に関しては、他にもいろいろある。たとえば、①動物・植物の名がつけられている島、②色名のつけられている島、③数字が加わっている島、④人名がつけられている島などがあり、「島名考」が成り立つほど内容は豊富で、分類も可能である。したがって、上掲した「その他」の「島名考」に関しては、紙幅の関係を考え、第二部「島に関するマニュアル」にまとめることとしたい。

8　有人・無人の島々の振興

島嶼地理学の碩学、大村肇（一八頁以下参照）は『島の地理——島嶼地理学序説』の中で、

「島の文化が遅れ、地方《じかた》よりも一般に生活が困難であるという、いわゆる後進性と呼ばれるものの根底には、こうした島に共通的な働きの存在することを見逃すわけにはいかない。〔中略〕
島の消極性が強く示される結果として、〈忘れられた島〉が現実に取りあげられることになる。
島の研究目的に対しては、島の理論的な基盤を明らかにし、地域の内容を解明して、その性格を把握することが必要であるとともに、さらに如何にしたら島の生活を合理化しうるか、対地方《じかた》の著しいギャップを埋めることができるか、という施策の面にその成果が生かされなければならない。〔以下略。傍点は引用者による〕」

としたうえで「離島振興法」が昭和二八年（一九五三年）に制定され、内容的には、わが国の有人島はもとより無人島を含む、およそ七〇〇島を対象にしていることや、道路、港湾、漁港、電気、航路、航路標識、電気通信、気象観測、郵便、開拓、土地改良、造林、林道、牧野改良、治山、砂防、河川、海岸堤防、都市、水道、住宅等から教育、厚生の文化面に及ぶ対象について示している。

また、この法律の制定に先だって昭和二五年に結成された、島の研究者の集まりである「島嶼社会研究会」のはたした役割についてもふれている。

Ⅲ　島の民俗（族）と文化

1　島文化の特質

島社会の文化は、実に複雑な様相を呈している。その生態は人間《ヒト》の顔（表情）のごとくで、一見すると類型化が可能であるように見えるのだが、一筋縄ではいかない。

人の顔容《かたち》も似ているように見えながら、あらためて目、鼻、顎と、こまかく部分をみていくと、とても、顔の実相を類型化するのはむずかしいのと同じである。百人百様（相）と同じく、島社会も百島百態（相）であるといえる。

その理由として、島には古い生活慣習の残存が色濃く蓄積され、伝承されてきたことが第一に指摘されよう。

島社会に伝承されてきた習俗、生活文化の中には、文化の古層が厚く堆積しているとみることができるので、以下、その堆積された文化の層を一枚ずつはがして、古層の文化要素の内容と、積み重なってきた原因（理由）を明らかにしていきたい。

また、あわせて、島の自然的、地理的条件（ここでは風土としておきたい）の異なる地域で、生産、生業に従事してきたことが根底にあり、新旧各種にかかわる文化要素の多重性（複合的部分）があることをとらえ、分析する必要もある。

実は、こうした島の民俗（族）文化の多層性、複合性が島社会の特色を、それぞれ、島固有の個性として保有している結果、類型化を困難にしているのだ。

しかし、類型化は困難であっても、文化要素の残存状態を拾い、整理することにより、その共通性を見いだすことは可能であると思う。そこで、次に具体的な事例として、島社会の生活慣習の残存の中に、文化の古層を探ってみたい。

2　事例を掘り起す

日本民俗学の方法論の中に、文化周圏論という研究法がある。この方法は、全ての研究者に支持されているわけではない。しかし、賛同者も多く、支持率は高い。

方法論は文化の伝播や残存状況について述べたものだ。たとえば、水の中に小石を投げ入れると、円形の波紋ができる。その広がりは、石の落ちた場所を中心に、次から次へ外側へ広がり、発生した水の輪は遠くに伝わる。また、波紋が最もはやく消えるのは中心部である。

波紋と同じく、最初は中央（古くは奈良や京都といった都《みやこ》）で生まれ、あるいは中国大陸経由、朝鮮半島より伝播した文化が周辺に伝わっていったとみる。

ようするに、都から遠くはなれた周辺諸地域には、昔、中央に生まれ、育った文化、あるいは国外から伝播、流入してきた文化が、時間と距離の関係の組み合せにより残存するという、文化の一元性を説いたのが文化周圏論である。
これは、柳田國男が『蝸牛考《かぎゅうこう》』という、カタツムリの方言分布を事例として、方言周圏説（論）を昭和五年（一九三〇年）に展開したことにはじまる。しかし、このような考え方は、グリフィス・テーラーによる人種の一元説にみられるものと同じで、新しい見方とはいえないとされる。

前列中央：岡正雄，右：篠遠喜彦（本文 46 頁参照）．後列左：豊臣靖（『ニューギニア縦断記』著者），中央：牛山純一（NTV プロデューサー），右：市岡康子（『KULA』著者），左端：筆者．1974 年 4 月 30 日撮影．

このように、文化周圏論的な方法論の発想の中には、最初の頃、文化のとらえ方があいまいであったため、考え方の中に、「文化は都《みやこ》（中心部）で発生し、それがしだいに周辺部に広がっていくという考え方があった。それゆえに、中心都市部から離れた遠方の地方には文化の古層がより顕著に、厚く堆積する。そして、文化は高いところから、低いところへ流れるものだともした。

しかし、その後になり、岡正雄（写真参照）により文化の内容（特に生活文化）と定義がみなおされ、「日本のいわゆる固有文化といわれるものは、元来単一・同系・同質なものとは考えられない。多元的で、多系的であったとみなければならない。〔以下略〕」と考えられるようになった（岡正雄「民具について」、『日本の民具』）。その結果、文化の中には個人的傾向の強い、知識的芸術的文化、政治制度や宗教的な影響をうけた外来高文化（外来の高度な文化）、さらには暮らしの生産や生業にかかわる共同体的な生活文化もあり、地域にねざし、生まれ、連綿として今日にひきつがれてきた文化の古層もあるので、「文化要素・内容の仕分け」が必要になるとした。すなわち、文化*の中でも（村落）共同体的な生活文化は、地域にねざしてめばえ、連綿と継承されて、生まれたときの姿、形（古層）をとどめつつ、島の暮らしにとけこんでいるものも多く、島社会には、そうした文化要素を多く見いだすことができるとする。

＊ ここでいう「文化」は、自分たちがそれぞれの理想を実現するために、あらゆる分野で努力する、営みそのものすべてを意味する。したがって、文化には、個人的なものもあれば、共同体的なものもあるとする。

筆者は、文化周圏論が法則性をもった方法であるとも、すべてにあてはまるとも思っていない。しかし、前述した島文化の多層性、複合性を意味づけ、その遠因を見つけるための方法としてはある程度、有効であると考える。特に、文化の古い層を一枚ずつはがしていく方法としてはよいと思う。

それは、島社会の多くが交通不便な地にあることや、新しい文化が伝播し、流入してくる機会に恵まれないため、ある意味では島の長所でもあるのだが、短所と指摘される特性として、消極的なマイナス面で、環海性、隔絶性、狭小性の三つの面があげられるほかに、閉鎖性、保守性、後進性、排他性などの社会的性格を垣間見ることができるためである。

古い時代には、「日本島」（日本という島国）へ中国大陸等から文化が伝播してきた。そして滞《とどこお》ったのと同じだ。生前、わが国の伝統文化の保護、活性化に尽力された平山郁夫画伯が「日本列島はシルクロードの文化の運ばれてきた終着地だ」と語られた頃のことを想い出す。

3　島に残存する習俗・伝統の古層

それでは、島に伝承されてきた習俗の古層とは具体的にどのような文化要素であるかを次にみていくことにしたい。

かつて、岡正雄が「日本文化の基礎構造」（『日本民俗大系』第二巻、一九五八年）等に発表した文化要素は、秘密結社に共通する「若者組」などの年齢階梯制や寝宿制度をはじめ、月小屋・産（小）屋にかかわる習俗や、葬送、泣き女、頭上運搬、高倉建築様式、神話の類似性、年中行事、信仰等、島社会において顕著に認められてきた伝承であった。それゆえ、文化の古層を探る具体的な事例として、以下、そのいくつかを紹介しよう。

島社会と文化周圏論（方法論）とのかかわりを、島に残存してきた事例をもとに、「島」で検証しようとする意図が後述の内容にはある。

1　月小屋・産小屋

文化庁が編集、刊行した『日本民俗地図』を見ると、伊豆諸島や瀬戸内海の島々に、月小屋や産小屋で暮らす習俗の古層が色濃く残っていたことがわかる。まず、この生活文化の古層に注目してみたい。

月小屋というのは、女性が生理の期間中、家族とはなれ、別に建てた小屋で暮らす習俗をいう。呼び名はいろいろあるがその理由は、全国的にほぼ同じだ。

女性が生理や、出産に際して血を流すことを忌《い》みきらい、それを不浄とみて「赤不浄」あるいは「赤火」といいケガレ（穢《けが》れ）とされてきた習俗にはじまる。そして、ケガレは火によって感染するとされ、ケガレている女性とは、別の火で煮炊きしたものを飲食しないと、ケガレが他人にうつるということから、他火《たび》とか別火《べつか》の習俗ともよばれてきた。

同じように、ケガレの習俗は、人間《ヒト》の死による忌みによっても感染するとされ「黒不浄」あるいは「黒火」も全国的な分布をみせていた。

以上のような理由から、月小屋や産小屋等の習俗は近年まで各地域に残っていたのだが、特に島嶼部に色濃く残ったのは、さきに掲げた「文化周圏論」という日本民俗学の研究方法にてらしあわせ、問題を解き、説明しようとする考えかたが強い。筆者もその一人である（本章一一三頁参照）。

次に、このような習俗がわが国に残ってきた原因の史的背景についてみていこう。

出産に際して「産小屋」（産殿《うぶや》）を建てる習俗は、わが国で最も古い書物である『古事記』にみえる。上巻の「豊玉毘賣命《とよたまひめのみこと》」（鵜葺草葺不合命《うがやふきあえずのみこと》）の項に、「海邊の波限《なぎさ》に、鵜《う》の羽《は》を葺草《かや》に爲《し》て、産殿《うぶや》を造りき。是《ここ》に其の産殿、未だ葺《ふ》き合へぬに、御腹《みはら》の急《あわただ》しさに忍《しの》びず。故、産殿に入り坐《ま》しき。〔以下略〕」とみえる。「鵜の羽で、まだ葺いてしまわないうちにお生まれになった勇しい男の子だったので、〈天津日高日子波限建鵜葺草葺不合命《あまつひこひこなぎさたけうがやふきあえずのみこと》〉と御子の名をいう」と。

しかし、そこには、お産にたいして血を忌みきらうとか、血を穢れとか、不浄だとは記されていない。

ご存知の通り、『古事記』は和銅五年（七一二年）正月二十日に稿成って奏上されたとされているし、同書（中巻）に、今の敦賀は「イルカの鼻の血が臭ったので血浦と言っていた」と見える（拙著『イルカ』〈ものと人間の文化史155〉参照）。

とすると、八世紀のはじめ頃には、血を忌む習俗など、なかったのだろうか。

しかしその後、女性が出産や、月ごとの生理（月経）を不浄であるとする民間の伝承が、他の民間信仰とともに中国より日本へ伝えられたとされている。また、その年代は一〇世紀以降のことだろうともいわれてきた。

以後、中国からの「血盆教《けつぼんきょう》」（正しくは『佛説大蔵《ぶっせつだいぞう》正教《しょうぎょう》血盆経《けつぼんきょう》和解《わげ》』松誉巌的、正徳三年〈一七一三年〉刊などで知られる）の教えの流布により、習俗の深因（遠因）が醸成されたとみている。

血盆経にみられる「血の穢れ」というのは、女性が出産あるいは月経のおりに血を流すことは、大地をよごし、この世に穢れをもたらし、不浄を他に及ぼすので、その罪により、死後の世で「血の池地獄」に落とされることになる。その地獄に落とされないためには、血盆教にある仏の教えを信仰することで救済されるとした。

この教えは、いつごろもたらされたものか定かでないが、わが国に一〇世紀以降、中国の民間信仰とともに伝えられたものであろうとされている。

さらにその後、血の池地獄に落ちる恐ろしさと、救済方法が広まり、民間の不浄観や血穢《けつえ》観に結びついた信仰心が広まったと思われる。

また、こうした民間信仰の広まりは、おそくとも室町時代の中期頃からのことで、中世以後になり、熊野比丘尼などの遊行宗教者がかかわって、津々浦々に広まったともいわれている。

こうした、教典にある教えを守らないと、死後の世界は血の池地獄に落とされてしまうという恐ろしさから救済を求める気持が、血を忌むことや、不浄とする観念を強めた結果が古くからあった産小屋の習俗と結びついたり、月小屋の習俗に結びついたものと考えられる。

その理由は、天明二年（一七八二年）に成ったとされる『伊豆海島風土記』の「八丈嶋」の項に次のように記されているからである。

「他家《たや》と唱へて人家を隔て、山の側抔《など》に小き藁葺の床も無き小屋を、村毎に数ヶ所つつ造り置、婦人経水の砌《みぎ》り亦は産に臨める者を、彼の他家に出し、家内の交わりを禁して、経水の者は八九《八〜九》日、産婦は五十日斗《ばかり》も家に帰る事をゆるさず、此故に婦人小児共湿邪を請、山嵐瘴気《しょうき》を感じ他家にて死し、亦はその病根不治して生涯苦しむもの難勝斗、夫而已ならず、他屋に入時は、父母の重病末期をも見届る事不叶、又母たるもの他屋に在て、煩《わずら》ひ死に臨めとも、其子として看病する事不能、又若き女は他屋よりして行跡あしく成行者多し、殊更他屋に行時は幼き子も家に残し、何事も捨置て出る故、其主人其夫の費、家業の欠る事不少、貧き者は粮《かて》にもせまり、彼といひ是といひ、此難儀聞に忍ひかたし、慨然として考えるに、古へは不知、今諸国に類なき事にて、是を止むとも何ぞ国の掟に拘らんや、身の慎み泥みける不幸不義を求め道に背く事目前たる故、其訳を示しめるに、心有者は久敷此事を歎くと云へども、若神仏の祟りも有べきやとて、誰かさきに是を止るものはなきと聞へける故に、猶曽て神仏の咎《とがめ》在まじき事を告訓ければ、皆悦て悉《ことごとく》作物をうゆる事をねがふ〔ルビは引用者による〕」

とみえる。

『八丈實記』の中で近藤富蔵は、上掲の『伊豆海島風土記』を引用し、さらにつづけて、

「他屋トモ他火トモイフ居処アリ〔中略〕昔ハ他屋の脇ニ三日屋トテ、月水期スキテノチ三日止宿シ、身ヲ浄メテ家ニ帰ル処アリ。又産屋ハ新ニ別宅ヲ構《カマ》フ。コレヲコウミヤト云フ。古来ヨリ御代官渡海アレハコレヲ廃シタマヘドモマタコレヲ置ク。コレ其故ハ月水ノ婦女宅ニアレハ、必ス大時化スルナリ。古来ヨリノ仕来リナリ。〔以下略。ルビは引用者による〕」

とみえる。また、『八丈實記』の「風俗」の項においても同じように、

「〔前略〕御支配渡海ハアレバ、吏胥《リショ》ヨリ毎度他屋取崩シ願出、御聞済アレド、古代ヨリノ風習ナレハ、コレヲ用ル婦女ハナク、唯恨ミサケンデ忍ヒ〳〵ニイツトナクモトノ如シ。又夕山鬼ノ忌ムト見エテ、コレヲ禁スレハ大時化アリ。〔中略〕汚血ヲ忌、火ヲ嫌フテ、月水ノ婦女ニハ道ニアフテモモノモイワズ、各々離散スレトモ、夜ニ入レハ少年輩ココニ遊ンテ、三都妓楼ノ楽ミトス。婦女モ又忍フ男ニ逢ントテ其期スギテモ猶在ルアリ。〔ルビは引用者による〕」

と記している。

以上の引用文からも、八丈島の他屋（他火とも）とよばれた月小屋は、信仰の強さもあって、役人の命令で解体しても、いつのまにか、再び月小屋が建てられ、利用されてきた様子が伺える。

また、『八丈實記』にも風俗の項に「血盆経」のことが散見されるので、経典の影響はかなり強いものがあったと考えられる。


次に、『日本民俗地図』を見ると、伊豆諸島や瀬戸内の島々に、月小屋で暮らす習俗の古層が色濃く残っていたと最初に記したが、『伊豆海島風土記』には、「八丈嶋」の他に、「小嶋」「青ヶ嶋」「大嶋」「神津嶋」「御蔵嶋」の項にも、同じように「此島にも他屋《たや》という小屋を造り置産婦及経水の女を移し置事八丈の通り成りしゆえ、今度教訓してこの事止」とほぼ同じ文面で五島の項に末記されている。しかし、「三宅嶋」「新嶋」の二島の項には、その記載がみえない。

なお、『伊豆海島風土記』（六巻）に関して、普及書の校訂者である樋口秀雄は「あとがき」で、「写本は多く伝存しているが、著者図者名を逸している。しかし本文中の記事によって天明二年に成ったものであることが推定される。天明元・二年にわたって伊豆七島巡見使の手になるものと考えられる。」としている。天明元年は西暦の一七八一年にあたる。およそ二三〇年前のことだ。

近藤富蔵が「古来ヨリ御代官渡海アレハコレを廃シタマヘドモマタコレヲ置ク」とか、「御支配渡海アレバ、吏胥《リショ》ヨリ毎度他屋取崩シ願出、御聞済アレド、古代ヨリノ風習ナレハ、コレヲ用ル婦女ハナク、唯恨ミサケンテ忍ヒ〳〵ニイツトナクモトノ如シ。」とくり返し記載しているのは「巡見使」の手になるものであることを裏書きしている。

以下、『日本民俗地図』V（出産・育児）に記載されている月小屋・産小屋の記事を列挙すれば、

○東京都伊豆大島・泉津

出産の場所・妊婦は出産するときはヨゴラヤという小屋に行き別火の生活を行った。産婦は三三日間ヨゴラヤで暮らした。ヨゴラヤの跡はわずかに記憶に残っているのみである。出産のときは、デドの隅で産む。土間にむしろを敷き、その上にわらとぼろをのせて座産を主とした。チャラヅナ（力綱）はシニヤシ（難産）のときに天井からつるした（一四〇頁）。

○東京都神津島

出産の場所・お産のとき、一人でヨゴラヤ（ヨゴラの家）に行く（同）。

○東京都八丈島

出産の場所・ボウエ（主屋）で産むことは堅く禁じられていた。コバラヤミ（陣痛）がはじまるとコオメゴヤ（子産み小屋）に移った。これをタビ（他火）ニデルといった。ハラメとコオメエ（ママ）一人がついてコオメゴヤに入った。初産のときは三五日、二番子からは三三日コオメゴヤに滞在し、コオメエぐらしをした（座産であった）。へその緒エナは竹のヘラを用意して自分で切った（一四一頁）。

また、八丈小島におけるタビ小屋、コウミヤ（産小屋）に関する櫻井徳太郎の「八丈小島見聞記」もある。

○東京都青ヶ島

タビ小屋の内部・青ヶ島のタビ小屋は、大正時代まで村内二ヶ所に共同のものがあった。昭和に入ってからは共同のタビ小屋は廃止され、各家の屋敷内に個人のものが作られるようになった。個人のタビ小屋は、昭和四〇年代まで使われていたという（『青ヶ島の生活と文化』五九一頁）。

なお、青ヶ島の他火屋《たびや》（子産屋）として、高津勉著による『黒潮のはてに子らありて』の中に「永正十年（一五一三年）六、七歳の女子、月の穢にかかりてより日程他屋に入る（青ガ島年代記）」とされているが、この記述に関してはこれまでのところ筆者は確認できていない。

もし、記載が史実だとすれば、青ヶ島では、他火屋の習俗が巫女《みこ》の信仰などと結びついて、およそ五〇〇年の伝承ということになる。しかし、同書には「青ガ島では、現在のミコが中年を越え閉経したため、月経時の他火屋の習慣はどうにかなくなったが、出産時の別居は、いまなお当然のこととしておこなわれている。」とみえる。ちなみに、引用文献の出版は昭和三六年（一九六一年）であるから、約五〇年前にさかのぼる。その他、『伊豆諸島・小笠原諸島民俗誌』に、具体的に、「女性と他火小屋（青ヶ島）——他火屋、別称他屋（他屋）とは青ヶ島では産屋を兼ねた、いわゆる月経小屋をさす、その大きさは十畳ぐらいの板の間

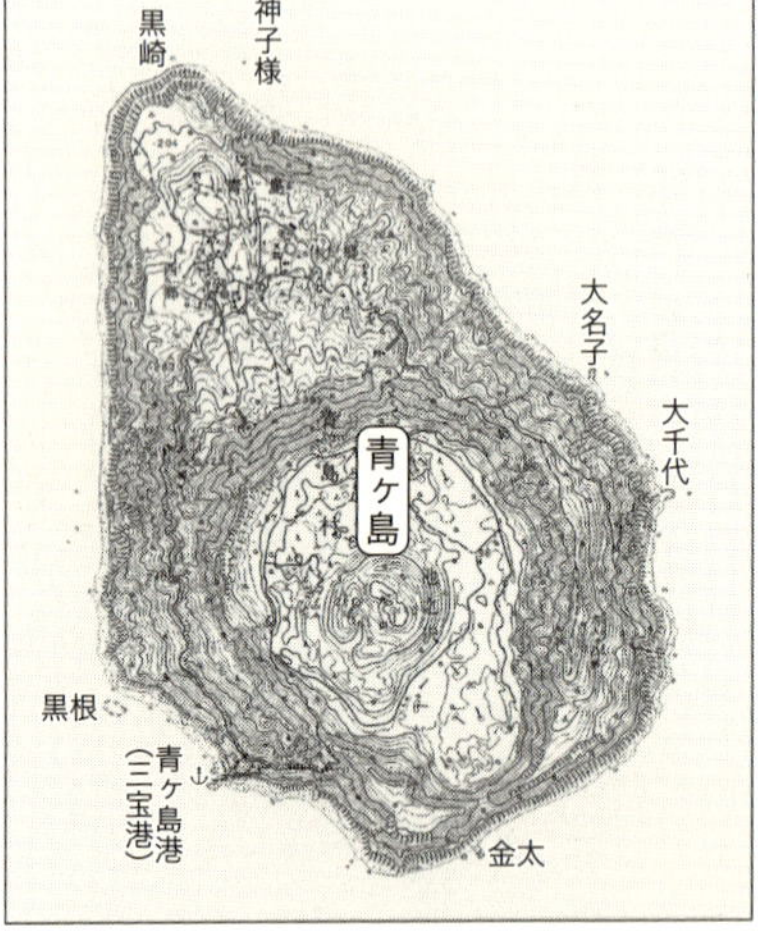

青ヶ島（国土地理院「八丈青ヶ島」）

主屋に付属するタビ小屋（『青ヶ島の生活と文化』1984年より．昭和30年頃とみえる）

にムシロを敷いた共同家屋で、大正時代までは現在の休戸郷の〈タビの角〉とよばれる場所と、杉の沢の〈タビ山〉の二ヶ所にあった。」とみえる。

あわせて、伊豆諸島ではないが、伊豆半島に近い熱海沖の初島の事例も掲げておきたい。内田寛一著の『初島の経済地理に関する研究』は、緒論にみえるように「歴史地理学的研究」といってもよく、広く、古文献、古文書等の史料やときには聞き取り調査の結果を用いての名著である。

「初島においては、産屋と月小屋とは共同であつた。明治十年頃まで保存してゐたといふことで、其の場處は、村の東部海岸に近い處にあつて、今の醫院はその敷地に建てたものといふ。昔の月小屋の建物は五間に四間の茅屋で、一家一房の仕組で別に間切がなく、まども甚だ少かった。初島ではこの家をヒマヤ屋敷といった。〔中略〕初島のヒマヤは、三宅島のカド、八丈島の他屋と同種なものである。〔傍点は引用者による〕」

とみえる。ここで筆者が注目したいのは「三宅島のカド」についてである。というのは、これまで筆者が引用してきた文献には、三宅島における月小屋や産小屋に関する記載がみられないことによる。しかし同書によれば、「初島ではこのヒマヤ即ち他屋が一戸であつたが、三宅島でも八丈島でも、村中に二三はあつた。又其の場處も三宅島や八丈島では、村から一丁内外も隔てられたのが普通であるのに、初島では村に接してゐた。」と具体的に記述していることから、「三宅島にカドという月小屋、あるいは産小屋が以前にはあった」可能性、信憑性は高い。ただ、著者は「大概記録」(『八丈實記』)をはじめ、「南方海島風土記」「南方海島志」「海島風土記」を引用している他、岡山県小田郡眞鍋島の月小屋に、産小屋に関する事例を掲げているにもかかわらず、三宅島にかかわるカドの出典が明らかでないのは残念なことである。あるいは、詳細に調べれば、『八丈實記』の中にあるのかとも思う。

もう一つ他地域の事例として、『日本民俗地図』等にみえる、瀬戸内の島々における月小屋や産小屋についてみよう。

○香川県手島・観音寺市伊吹島
出産の場所・サンヤ(産屋)と呼ばれる別棟の納屋で出産した。この納屋は現存している。伊吹島ではデベヤ(出部屋)という別の小屋に移る。デベヤの方がおおっぴらで産後もゆっくり養生できる(中村由信著『瀬戸内海の旅』)。

○岡山県真鍋島

出産の場所・カンギャと称する納屋の特別な部屋でお産をしていた。産後三三日のヒワケまではカンギャで生活し、納屋には別のクドがあった（三一九頁）。

○大分県姫島

大分県姫島の産屋「ヨワ」．その後は網小屋として使用された（『日本民俗地図』V，1977 年より）

出産の場所・出産場所は昔は部落共有でヨワという産屋を持っていた。ヨワには三畳敷に三㎡ぐらいの土間があり、そのドマにはクドがあった。戸口にはコモが下げてあり、外にジャリを敷いた行水場があった。ヨワはこれを使用する部落の嫁たちが、土や石を運んで、自ら練壁を作った。そして、これから出世するワケエモンは避けて、色気のないインキョ（老人）に頼んで屋根を葺いてもらった。産気づいた妊婦は母屋からヨワに移され、ここで出産した（四四二頁）。

このように、村で共同の産小屋を建てていたという事例も多い。『瀬戸内海島嶼巡訪日記』中にも、高井神島の事例記載がある。その他の島々の事例も報告されている。

以上、月小屋や産小屋にかかわる血を忌む習俗が、わが

ヤップ島の「パル」とよばれる穢屋（F. W. Christian, *The Caroline Islands*, Metnuen & Co., London, 1899.）

国において近年まで、島々に多く残されてきた事例をみてきた。わが国では「血盆経」に結びつくことによってその習俗が広まり定着してきたとする解釈もある。

　しかし、こうした事例に関して、さらに視野を広くして見ると、忌屋（穢）の習俗は、わが国ばかりでなく、ミクロネシアをはじめ、メラネシアなど広く西太平洋の島々に残存していた習俗とも同じで、一致していることが明らかになっている。

　上述したように、わが国においては、「血盆経」という仏教の経典に結びついて広まった経緯はあるものの、それとは別の流れとして、ミクロネシア等の島々には、まったく別系統の産小屋（月小屋）にかかわる別火の習俗ならびに生活文化があったという報告がなされて久しい。クバリー（一八九五年）やクリスチャン（一八九九年）の著書の中に、日本では松村瞭《あきら》（一九一八年）、松岡静男の報告もある。

　そうした報告は、昭和一〇年代には多数あり、当時は日本の古くからある習俗は、他の生活文化の古層とあわせて、南の島々（南洋の島々）にその源流を求める考え方が支配的であった。

　土方久功《ひじかたひさかつ》による著書『流木』には、ミクロネシア中のヤップ離島、サテワヌ島における事例、同じく

ファイス島の穢屋．説明に「身に穢れあるものは此の一棟に集まっている．そして身を潔めた上家庭に帰る」とある（深尾重光著『南海の明暗——インド洋・アフリカ・内南洋・紀行写真』アルス，1941年より）．

ヨールピック島の穢屋（染木煦著『ミクロネシアの風土と民具』彰考書院，1945年より）

ファイス島（前頁写真参照）、染木煦《そめきあつし》の図絵、トラック諸島、さらには豊臣靖（一一五頁写真参照）の報告『東ニューギニア縦断記』中の産小屋の紹介など、事例は多い。したがって、血を忌む習俗、穢れ、不浄に関する習俗については、中国からの影響以外の広範囲における視点の調査や研究が今後、求められよう。また、出産とは別に、死者（霊）を忌《い》みきらう「黒不浄」の習俗もあるが、省略する。

2 若者組・若者宿（娘宿）

若者組の制度は、娘組と同じように人生の年齢に応じた階段を一つずつ昇《のぼ》るという意味で年齢階梯制《かいていせい》ともいわれる。民族学者の岡正雄氏（一一五頁写真参照）は、「あれは秘密結社と同じようなものだ」と語り、自分が若い頃に信濃（松本）で過ごした体験を筆者に話してくれたことがあった。

こうした制度や、それにともなう若者宿は、過去において全国的分布を示していたが、北は北海道のほぼ全域、南は鹿児島県の種子島以南における分布をみない。しかし、伊豆諸島や瀬戸内の島々には色濃く残ってきた。あわせて、佐渡島、隠岐島、五島列島をはじめ、各地の島嶼における報告も多い。

三島由紀夫の小説『潮騒』の舞台になった神島（歌島）の若者組はよく知られているし、同じ三重県鳥羽市答志島の「寝屋子《ねやこ》」の制度も同様に広く知られている。

一口に「若者組」「若者宿」といっても、その制度の内容は複雑多岐で、①宿がある、②泊まり宿がある、③泊り宿ではないが常に集まる宿がある、④同年齢ごとに別々の宿がある、⑤娘宿がある、⑥男女合同の宿がある等々、機能のしかたもそれなりに異なっていた。

その一事例を答志島の「寝屋子《ねやこ》」についてみれば、「寝屋」とよばれる家で世話になることにはじまる。島の若者（男子）はすべて一六歳になると寝屋子とよばれ、実家以外の寝屋親の家で寝泊りをし、食事の時をのぞき、実家に帰らない。一軒の寝屋にほぼ同年輩の若者が数人集まって暮らすが、寝屋子の同輩は「ホウバイ」（朋輩、傍輩）とよばれる。その絆は強く、結婚して寝宿を出てからも、生涯にわたって親類同様のつき合いがつづく。

こうした、擬制的な親子関係が結ばれるに至った主な理由はいくつかある。

このような「寝屋の制度」（若者宿）は、島内の狭い土地に小さな家屋が密集しているため、青年期を迎えた若者が兄夫婦らと同居することは不都合が多い。そのため、比較的大きな家の寝屋親の世話になる。また、実の親には話しにくい結婚の相談や人生相談を同輩や寝屋親には相談できるなどの利点が多いことに由来するとされてきた。

あわせて、今日のように社会保障制度もなく、いざというとき、すべてのことで親類、縁者だけが頼りという前時代には、できるだけ多くの縁者に囲まれている必要性が大きかったこともあろう。

しかし、こうした制度が継続できた前提として、島内の人々の暮らしが生産・生業面において、同じ基礎（答志島では漁業を主、農業を従とした）であったことによるところが大きい。

寝屋子を体験したことのある浜口一利《かずとし》（昭和二四年生）、勢力満《せいりきみつる》（昭和二七年生）両氏からの聞き書き（平成二六年一一月三〇日）によると、

○答志島では、どの家でも子供が一六歳頃（数え年。満年齢一五歳）になると、同年齢に近い子供の

親たちが集まり、寝屋になってもらえそうな家に、「寝屋親になってもらえないか」と、全員の親がそろって頼みに出かける。年齢は一歳ぐらい異なることもしばしばあったという。

寝屋親になってもらえそうな家の選定は、「信頼できる人で、躾《しつけ》をしてもらえそうな人、家も大きく、経済的にやや余裕のあること」などであった。

寝屋親になることは、「気苦労もあり、ある程度の経済的負担も必要になる」のは当然である。しかし、島の若者たちを育て、導くことは、結果的に自分たちの親類、縁者といった身内のものを増やし、自身（自家）の安定した人生に結びつくので、承認してもらえたという。

決まれば、すぐにでも布団（敷き布団と掛け布団）二枚を持って寝屋に行く。

○寝屋親に挨拶すると、まず、「目上の人には、必ず挨拶すること」をはじめ、人間修養の場であることを説かれた。

一年もすれば、寝屋子同志（朋輩）の気ごころも知れ、寝屋親にも慣れるが、気もゆるみはじめ、布団をたたまなかったり、部屋で騒いだりすると説教されたりもした。

島社会は狭いので、寝屋親としても、島内の評判を気にしないわけにはいかない。寝屋親は島内でも信用度が高く、一目置かれていたからだ。

寝屋子が朝の挨拶を目上の人に、「今日はいい日やのー」、「今日は早いのー」と、「のー」をつけて挨拶すれば、敬語にあたるため、「あそこの寝屋子は、よく声をかける〈修行ができている〉」とか、「あそこの寝屋子は酒ばかり飲んでいる」など、噂話がすぐ島中に広がるため、寝屋子同志は互いに規律を守ったり、別の「寝屋」を牽制しあうようになっていたという。

○島に青年団組織があった頃、団員は男女あわせて一五〇人はいた。村の中も、西セコ（第一）、中セコ（第二）、東セコ（第三）の分団があり、各セコごとに約五〇名、その下部組織の役割をはたしていたのが寝屋であったので、なにごとも他の寝屋と互いに競いあい、切磋琢磨する面もあった。寝屋も多い時代には二〇以上あり、少ない時でも各セコごとに数軒はあった。

寝屋子の楽しみの一つに銭湯があった。島内の答志（地区）に二軒、和具（地区）に一軒あった。水に恵まれた島とはいえないが、答志の「アサヒ湯」と「モト湯」は、一日交替（代）で営業していたので唯一の社交場ともいえた。銭湯でも、年寄の背中を流すのは若者の当然の役目であった。長時間にわたって入浴し、漁の情報交換を兼ねた遊び場といえた。

寝屋へ行くには実家で夕食をしてからであるが、慣れてくると、寝屋親の家のものを食べることもあり、寝る時間も翌朝の各自の漁仕事の都合にあわせて就寝した。早朝に出漁する者は早く寝るが、朝寝坊していると、実家の者が起こしにきて叱られたりもする。寝屋親にも同じだ。

○数年も一緒の寝屋にいると、朋輩との気心も通じあう。一七〜一八歳になると、「ムスメアソビに行くか…」などと相談して、娘のいる家に出かけるようになる。

寝屋子が揃って行けば、恥ずかしいこともないし、娘の親にも、気おくれしない。

まず、親に挨拶をきちんとして、許しを得てから娘に会い、部屋にあげてもらう。そうしないと、親にしかられ、追い返されることもあった。

また、目あての娘の家に出かけると、他の寝屋の者が五人も先に来ていることがあり、順番待ちで、先客が帰るのを待つなどして、一二時頃まで、入れかわり、立ちかわりということもあった。

「ムスメアソビ」に行くのは、年上の娘の家であることも、年下の娘の家のこともあった。こうして娘の家に遊びに出かけているうちに、朋輩の一人が、娘と気があうような様子（兆し《きざ》）を見せると、他の仲間は、気をきかせて、「今夜は用事があるから」などの理由をつけて、先に寝屋に帰ったりする。

このような「ムスメアソビ」（オナゴアソビ）は、自由恋愛の萌芽を育てる場となり、ゆくゆくは結婚相手を選ぶ機会づくりに結びついていた。以前は、年上の娘と結婚することも多かったと聞いた。

○「アサヒ湯」に寝屋子として世話になったことのある話者の勢力氏は、銭湯の二階にあった六畳に一〇人の朋輩と一緒で、そのうち六人は同年齢、他の四人は一つ年下の朋輩であった。同じ二階の隣り部屋は寝屋親の夫婦、祖母、寝屋の実子（子供）二人で、田ノ字型の四つの部屋に一五人で暮らした。

また、話者の一人である浜口氏が世話になった寝屋親は浜口三郎宅であった。入口の脇には植木もあり、床の間のついた八畳の部屋に四人の朋輩と世話になっていた。隣りの部屋は寝屋親の夫婦が暮らし、二階に実子（子供）の部屋があったと聞いた。

○こうした寝屋子の暮らしは約一〇年間の長きにわたってつづく。二五歳に近づくと、朋輩同志が相談して解散の日どりを決める。二五歳になる前に結婚して実家にいる朋輩もいれば、島外で働いている朋輩、最後まで寝屋に世話になっている者など、さまざまだが、簡単ながら解散式のようなことはする。解散すれば、最後まで寝屋で世話になった独身者も実家に帰り、一〇年ぶりの暮らしにもどる。

しかし、朋輩や寝屋親の家族とは、その後も生涯を通じて親戚づきあいが続くので、結びつきが強いのは上述の通りだ。

○これまで、答志島の暮らしは、村中のほとんどすべての人々の仕事が漁師（漁業）であるから、寝屋子は、自分たちの実家の船にそれぞれが乗っての、親子兄弟による家族労働が基本であった。
したがって、盆や正月になれば、寝屋子は自分の実家で暮らすことになる。

このような、盆や正月には朋輩と一緒に「お礼」を持って寝屋を訪問し、寝屋親に礼をのべる。これに対して寝屋親は、「ネヤコブルマイ」をした。

また、長男以外の寝屋子が島外へ就職し、盆や正月に帰島した時は、朋輩と共に「ネヤコドウシ」がさそいあい、土産（お礼）を持って寝屋親宅を訪問するのは同じであった。この時も、寝屋親は同じようにネヤコブルマイをする習わしである。
○寝屋親と寝屋子は、生涯にわたって親戚づきあいをし、朋輩も同じように親密な関係にあるが特に利害関係を生じることはない。
冠婚葬祭の時や、家の新築、新造船の進水式など、特別に人手が必要な「物日」の際に手伝うぐらいにとどまる。
○寝屋子の朋輩が六〇歳の還暦祝を迎えると、互いに集まり、答志島（答志・和具）の氏神を祀る美多羅志神社と海神を祀る八幡神社へ参詣に出かける。
「人生を謳歌するにふさわしく、道すがら伊勢音頭を大声で唄いながら、子供の頃からなれ親しんだ島の路地を、兄弟ではない者同志が、兄弟以上のつきあいをして絆を深めつつ歩き、寝屋親の家族に挨拶に出かけた時は涙がとまらなかった」と語ってくれた浜口氏の言葉が、筆者の心に染みわたった。

また、女子の場合も「娘宿」にあたるような制度があった。島嶼中でよく知られているのは伊豆諸島

の事例で、『利島村史』(通史編)によれば、

「かつて若者(男子)、娘ともに成人式を終えると、女性は数人の仲間と親しい家にネド〈寝宿〉を定める。ネドには毎晩宿泊するが、若者は成年儀礼であるワカモノイリを終了すると、特定のムラ一カ所のネドに泊まるようになる。

ここで若者は終日、漁業道具の補修や網の修理、また飲食を協同で実施し親交を深める。そして作業の合間に〈娘のネド〉に赴き、作業の手伝いして力のいる椿の油しぼりなどを行う。作業を協同することで次第に接触を深め、お互の配偶者を見つける場として機能した。〔〈 〉は引用者が付した〕」

とみえる。「娘のネド」というのは、娘が数え年一五歳になった正月二日に「鉄漿付《かねつけ》の祝」をおこない、以後、あらかじめ頼んでおいたネドへ泊まりに出かけるようにする。

娘の世話をしてくれるイエをネドオヤといい、世話になる娘はネドッコとよばれた。数人の娘が世話になっている場合は、娘たちの仲間をネドホウバイとよび、親密な関係で結ばれてきた。

また、利島では、「子どもが生まれると、ごくはやい段階で子守を他家に依頼しにいく。妊娠中に子守を特定の子どもに依頼するわけであるが、子守のことをモリとよんでいる。」とみえ、過去における島社会においては、数々の擬制的な親子関係にささえられての暮らしがあったことがわかる(前掲書)。

櫻井徳太郎は「八丈小島見聞記」の中で、こうした寝宿やマワリ宿の慣行は、「結婚のための媒介機

関であった」としている。その理由の一つは、「同じ家の兄弟姉妹が決して同一の寝宿にはいらない」ことを掲げている。

このような年齢集団は若者組だけにかぎらず、年齢階梯制の段階でみれば、若衆、中老、年寄といった区分をはじめ、島嶼や地域によっては、さらに細密に区分されているところもある。またこうした制度は広く日本ばかりでなく、ミクロネシアの島々をはじめ、その分布はさらに広い。この件に関しては以下にその一事例をあげることにする。

3 パラオ島のアバイ（集会所）①――ストーリー・ボードのこと

年齢階梯制の規制《おきて》や、秘密結社の制度を色濃く残しているミクロネシアの島々には、集会所がどこにでもある。パラオ島ではアバイとよび、ヤップ島ではフェバイとよんでいる。こうした集会所は、わが国における若者宿に共通する文化要素が伝承されていることがあるため、紹介しておきたい。

小さな珊瑚礁の島で、建築用材に恵まれない島では、大きな集会所を建てることが困難なため、大型カヌーを入れる舟庫がその役目を兼ねていたところもあった。過去において人口約三〇〇人のヤップ離島、サテワヌ島などがその例だ。

だが、同じミクロネシアの島の中でも、パラオのように鉄木（テツボクは鉄のように堅い材質の木という意味）をはじめ、多くの用材に比較的恵まれた島では、大きく立派なアバイが各村ごとに建てられていた。

切妻の屋根は雨《スコール》の多い島にふさわしく急傾斜にニッパ椰子の葉で葺かれ、土台をはじめ柱や梁は太い用材でがっしりと組まれ、それらは釘を一本も使用することなく、すべてヤシロープで縛りつけられている。

入口は、前後に各一ヶ所ずつあり、左右に三ヶ所の窓があるワンルームの大部屋が基本で、中央にイロリが仕切られているのは日本の古民家を思わせる（次頁写真参照）。

床も厚い鉄木の一枚板を並べて張りあわせ、気温の高いミクロネシアの昼下がりでも、アバイの中へ入って腰をおろすと、ひんやりした気持よさが尻から腰にかけて伝わってくるのを感じる。

そして、天井を見上げると、構造的に和風建築の錯覚におちいるけれど、まずハッとするのは色彩豊かな柱や梁の楽しさであり、そこにほどこされた彫刻の数々である。

アバイの大きさは、さまざまだが、たとえば、ドイツのベルリン世界民族博物館の館内に復元（移築）されているパラオ諸島のアバイの大きさは、奥行き一二メートル、高さ五メートル、横幅四・四メートルほどである。

筆者は以前（一九七五年）、沖縄県で国際海洋博覧会が開催された際、日本政府出展の「海洋文化館」内におけるミクロネシア（ハワイから西側、赤道から北側に点在する島々）の展示資料の調査、収集を担当したことがあり、その折に、ぜひパラオの集会場を沖縄に移築し、その豊かな彫刻や神話、伝説のたぐいをたくみに絵画化した壁画風の民族芸術作品を、ぜひ国内外の来館者に観てもらおうという計画を実現するためにパラオに出かけたことがあった。以下は、その当時のことである。

アバイの「ア」は、パラオ本島の接頭語で、通常は「バイ」とよんでいる。

バイは村落のもっとも重要な建物で、普通は村人の集会所、外来者の宿泊施設に利用されるが、過去においては戦いの時などは長老が集まる拠点、外敵を防衛するための城塞の役割をはたしてきたこともあったといわれる。バイは普通、一村に二棟以上あり、酋長や長老など階級の高い者が集会するルバク・バイと、一般村民の集会するカルデベケル・バイがあり、ルバク・バイは村落内の中心として神聖視され、尊崇されてきた。したがって男のバイに女が入ることはゆるされないというような厳格な規制がいくつもあり、禁忌もある。また、若者だけが集まるバイもあった。

パラオ，コロール島のアバイ（1974 年，筆者撮影）

これらのバイはいずれも巨材を用いて建築され、厳粛荘重なかまえをみせている。建物全体は、枕木のように下駄の歯に似た巨材（パト）を七、八本並べ、その上にさらにノトとよばれる巨材を方形屋形船のようにのせてあり、その上に切妻の屋根をのせるという形式である。

「南洋の島々」といえば、椰子の木、カヌー、それにバイといった象徴的風物はこれまでに何回となく紹介され、ミクロネシアのイメージアップに一役買った建物である。

パラオのコロール島で、当時の大酋長ミスター・ロミサンに会うと、「全面的に協力する」

パラオ，コロール島にて　前列四人の長老の右から二人目が大酋長ロミサン．後列右は通訳のカズオ・P. ミヤシタ氏

と約束してくれたし、パラオのバイに関する情報も積極的に収集してくれた。

だが、以前は各村ごとに二棟以上あったバイも、太平洋戦争中はほとんど戦禍のために失われてしまい、「伝統的なものは数えるほどしか残っていないだろう」という。そんな話を聞いていると、日本人ゆえに、自業自得に思われて、気まずい思いをしなければならないことが何回となくあった。

伝統的な古いバイの建物がなければ、バイの前後入口、正面の板に描かれた神話や伝説、あるいは彫刻のたぐいの装飾の一部分でも探し出してみたいと考えてもみた。

この、神話、伝説を絵画化したものを板に刻みこむことは古くからおこなわれていたようで、「ストーリー・ボード」（絵物語り板）とよばれ、今日では観光土産用に製作されているものが多い。

ところが、そのストーリー・ボードのオリジナルを探し出すことも、今日では不可能であることがわかってきた。

古くはドイツの信託統治時代に、めぼしい民族資料は汽船や軍艦に積まれ、本国へ運ばれてしまったものが多い。したがつて、太平洋戦争終結後、パラオにアメリカ人の手によって博物館が建てられた時、すでに古いストーリー・ボードの多くを収集することができず、わずかに朽ちはてる寸前のものが数枚、博物館に展示されただけだった。

地元のパラオ博物館でさえ、バイの古いものを移築することができず、やむをえず新築したものが博物館構内にある。これらの地元にある民族資料を見た時、正直なところ、これは「早くあきらめたほうがよさそうだ…」と思った。

しかし、大酋長からの情報として、パラオのカヤンガ島にはバイが現存し、アルコロンのマガンラン村にも解体はされているが古いバイがあるという。

コロール島のアバイ内部とストーリー・ボード（1974年，筆者撮影）

だが、パラオにおけるバイは神聖視されてきたため、他地域に移築することは、「神の宿る家をとりこわし、移す」という意味で反対者が多く、したがって、パラオの酋長会議においても、博物館へのバイの移築は否定された結果、それでは新しいバイを復元建築した方がよいということになったらしい。

例のストーリー・ボードは、過去において島や村に伝えられてきた伝統的な話が下敷になって完成されてきたのだが、新しい作品になると汽船や飛行機の絵まで題材になっている。太陽やニワトリが象徴的に描かれているが、伝統的な意味あいを失って形骸だけがそこにあるように思われる。

「ニワトリ」は戦闘における勇気を象徴したといわれるが、今の新築アバイに見るニワトリは、なぜか平和の象徴のように見えるのは気のせいであろうか。

それに、ストーリー・ボードの彫刻は、白、黒、赤、黄の色調で彩色されてきたが、白は貝や珊瑚礁を焼いた石灰、黒は土鍋の煤、赤褐色は島内の赤土（アリゥという）、黄色は同じく島内の黄粘土を用いてきたのであるが、これらも伝統的なもので色彩できるかといった心配があった。

事実、筆者が宿泊していたコロール島のホテルに展示してあるストーリー・ボードはペンキを使って彩色していたからである。その時ほど強く、ミクロネシアにおける伝統文化の継承の困難さを考えさせられたことはなかった。

④ パラオ島のアバイ②

沖縄で国際海洋博覧会を開催することが正式に決まり、日本政府はこの博覧会に「海洋文化館」という名前のパビリオンを出展することが発表された。しかし、その中味（展示物）までは決めていない。

海洋は広い。太平洋、大西洋、インド洋といってしまえば簡単に済ませても、実際には赤道をはさんで、北太平洋もあり南太平洋もある。北大西洋、南大西洋、ウェッデル海（南極）、地中海、アラビア海、カリブ海、サンゴ海とみていけば、各地域には多くの島々があり、そこに暮らす人々のさまざまな生活、文化がある。また、あわせて、そうした広大な地域に点在する島々を調査して回ることは、国柄の違いがあるほかに、交通の便が悪いといった困難がつきまとう。

「海洋文化館」が目標にしたのは「海洋文化（島嶼文化）の一大交流を、豊富な資料で解き明かす海洋民族の姿」であった。

そこで当時、海外各地でテレビ番組の取材に活躍中であった「日本映像記録センター」に、海洋文化館建設のための「海洋博室」をおき、展示物収集調査を、パプア・ニューギニア、ミクロネシア、ポリネシア、メラネシアとわけた太平洋、フィリピン、マレーシア（北ボルネオを含む）、インドネシア及び南シナ海など、日本を含めた太平洋を中心に一五地域の担当に分けた。

この時、牛山純一（一一五頁写真参照）は、調査、研究スタッフを代表して、感想を次のように述べたものである。

「海洋博覧会で、アジア、太平洋地域の海の文化（島嶼文化）を一堂に集めた文化館を作るんだと説明すると、とても好意的になってくれました。だから、海洋文化館の展示品収集にあたっても、買いにいくという姿勢はダメなんです。

わたしたちのほしいものは商品ではなくて、島の人々が使っている、あるいは使っていた民族文化財なのですから……。これには値段のつけようがありません。わたしたちがそれを求める意図を話し、協力してもらう以外手段がないのです。つまり、海洋博覧会の海洋文化館は、アジア・太平洋の人たちとともに作りあげていくんだ、という姿勢が大切なんです。この姿勢がないことには、

来日中のパラオ博物館館長オーエン女史（右端は羽根田弥太氏．1974年11月9日，久里浜の横須賀市博物館にて）

とても作れません。」（㈶沖縄国際海洋博覧会協会「海洋博ニュース」三巻七号、一九七四年）。

筆者たちは、当然、牛山氏と同じ思いを心に宿して、海洋民族の姿を豊富な資料で解き明かすことができるように太平洋の島々へ散った。その時、最初に情報をいただいたのは植木武（ハワイ大学）と篠遠喜彦（一一五頁写真参照）の両氏であった。ハワイ諸島から西側、赤道から北側の、いわゆるミクロネシア全域が筆者一人の担当だったが、まず、島民の方々の理解と協力を得ることからはじめた（拙著『母系の島々』参照）。

幸い、どこの島へ行っても友好的であったが、とりわけパラオのコロール島に滞在中、生物研究所に近い「パラオ博物館」に館長のオーエン女史（Hera Ware Owen, Director）をたずねたが、あいにく米本土へ出張中で不在だった。その時、館内の展示物を女性職員に案内してもらい驚いた。見覚えのある顔写真が展示室に飾られているではないか。あらためて写真を見なおし、次の瞬間、嬉しさがこみあげてきて、おもわず顔の筋肉がゆるむのを自覚するほどだったのをおぼえている。

写真の説明には、「偉大な芸術家」と解説されているほかに、「地元民に彫刻の技術指導をおこなったうんぬん…」とある。

写真は、まさしく土方《ひじかた》久功《ひさかつ》氏であった。

パラオ諸島は戦禍のために島民の多くが命を落とした。特にペリリュー島は一七八三年に東インド会社に所属するイギリス船（ウィルソン船長）に再発見された時の島の様子にくらべると、島の形が変わってしまったというよりは、島がなくなってしまったといわれるほど戦闘がはげしかったといわれる。

その直接の戦争責任が日本にある以上、島の人々の中には日本人に対して反感を抱いている方々も多いだろう。

土方久功氏（右．1975 年 4 月 13 日，75 歳．羽根田弥太氏撮影）

だが戦時中といえども、土方氏のように、島の人々のために心から尽くしてきた人もいた。

今日、日本人がパラオに来て、島の人々から好意的にむかえられ、仕事がスムーズに進むのも、土方氏に代表される先人たちの業績があっての結果にほかならないだろう。

土方氏は昭和四年の春、はじめてパラオ島へ渡り、同六年までの二年半、パラオの人々に彫刻指導（ストーリー・ボードの制作などをおこなって土産物にした）をおこなったが、昭和六年から一三年までの足かけ八年間をヤップ離島のサテワヌ島で暮らした。

昭和一四年正月、再びパラオ島へもどり、南洋庁の嘱託となる。この間、民族学的な調査研究をおこなって学会誌に発表するかたわら、『流木』と題したサテワヌ島の風俗慣習を記録（一一七頁「島に残存する習俗・伝統の古層」参照）した著書をはじめ『サテワヌ民話』など多数の著作を執筆した。

もともと彫刻家であり画家である土方氏は、島で暮らす人々の生活にとけこみ、島民を主題にした作品を制作した。また、多くの民族芸術にかかわる資料を収集し、東京銀座で展覧会を開催するなど幅広い活動により、島民の生活文化の紹介に努め、日本国民にミクロネシア（南洋諸島）の理解を深めさせる機会と場所を提供するなど、多彩な活動をされた。

それゆえに、島民から親しまれ、尊敬された結果がパラオ博物館における肖像写真の展示ということになったわけだ。

なお今日、日本における土方氏の芸術作品の多くは、東京都の世田谷美術館に収蔵、保管されている他、民族資料等の学術的資料は、大阪の国立民族学博物館に保管されている。

筆者は、土方氏の情熱や芸術活動が、ポリネシアのタヒチ島をこよなく愛したポール・ゴーギャン（Paul Gauguin, 1848-1903）に共通するように思われてならない。だが、世間でいわれるように「日本のゴーギャン」という言葉で土方氏の業績や生涯を表現し、評価することは当たっていないと思う。土方氏はたしかに南洋群島の風土や、そこに住む人々を愛した。だが、その出発点はゴーギャンの模倣ではない。土方氏にはまったく純粋で個人的にミクロネシアをめざす意思があったのである。具体的にいえば、アイデンティティーが異なるのだ。したがって、他人に、勝手に「土方久功の芸術と生涯」というような評伝など書かれたら、迷惑だと思っているにちがいない。

ともあれ、パラオ諸島で沖縄海洋博覧会にかかわる仕事が順調に進んだのは、はからずも土方氏の恩恵を間接的に受けたためだと思う。

5 島の「泣《な》き女《め》」と葬送

わが国各地はもとより、韓（朝鮮）半島ほかには、葬儀（送）の際、死者をいたみ、しのんで唱えごとをしながら泣く女の儀礼、習俗が残り、伝えられてきた地域が多い。

その中で、島嶼地域に多く残っているところから、古い時代から伝承されてきた習俗との見方がある。よく知られている新潟県佐渡島の相川では、「葬式の際、僧侶が読経している間、泣き女は棺に手をかけて、泣きつづけている」という報告や、長崎県の五島列島では、「泣き女の声は、僧侶の読経が始まると止む」など、その儀礼は一様でない。『五島民俗図誌』によると、福江では「村方に行くと、近親の婦人等は葬式の列中で何かとかき口説き、激しく慟哭《どうこく》しながら従いて行く」とか、奈留《なる》島では、「泣人雇」があった。「昔は葬式に列する者は、あらんかぎりの大声を発して哀泣し、又泣人の多いのを以て葬祭の誇りとし、泣人を雇つた時代があつたさうだが、現今は只婦人達が咽び泣く程度である」とみえる。羽原又吉《はばらゆうきち》は「能登海人」の項で「泣き女ありて五合泣き一升泣きあり」と記している（『日本古代漁業経済史』）。

また、鹿児島県の徳之島では、葬式の際に死者を囲んで唱える唄があり、「ウムイ」とよばれてきたという。このウムイがないと、死後の世界（あの世）にいけないともいわれてきた。

沖縄県の宮古島では、死者を悼み、「唄い泣きする」ことを「ユンナキ」とよんできたという。

「泣き女」に関しては、依頼をうけ、なんらかの報酬をうけておこなわれる地域もあった。

わが国では最も古い書物『古事記』（上巻）の中に「鳴女《なきめ》」（哭女）とみえ、八世紀のはじめ頃から近年まで伝承されてきた古い習俗であることがわかる。「鳴女」は「泣女」で、上代においても葬儀に際し、泣き役を担当したり、葬送の場で儀礼的に泣いたりしてきた事例は上掲の通りである。

このように古くからの習俗（文化要素）が各地の島々に伝承されてきた。以上のような事実は文化周圏論の一事例を実証するとみることができよう。

⑥ 頭上運搬

頭の上に物をのせて運ぶ習俗は、世界各地で広くおこなわれている。同じようにわが国でも広く各地に伝えられてきた。特に島嶼地域に多い。ヨーロッパなどでは島嶼ではなく、平地でおこなれてきた古い時代からの習俗と位置づけられてきた。

『日本民俗地図』Ⅳ（交易・運搬）に示された分布図をみると、

第一に、沖縄方面の南西諸島、瀬戸内海の島々、そして伊豆諸島に多いことがわかる。

第二は、和歌山、三重の両県に多く、滋賀、奈良、長崎、熊本（天草下島）、鹿児島の各県や京都府にも点在している。そして、第三に、特に注目したいのは、図の「頭上運搬の伝承地と呼称」の中で、宮城県の牡鹿半島の海岸部に印された菱形の地である。この地は孤立していることが地図上からも明確だ。「陸前江ノ島」を示しているが、その詳細は後述したい。

次に、第一に示した地域の島々について、具体的な島名を示せば、南西諸島では沖縄本島内の各地をはじめ、久米島、宮古島、石垣島と八重山諸島の島々である。

また、瀬戸内では、淡路島、四阪島、佐柳島《さなぎしま》、北木島《きたぎしま》、男木島《おぎじま》、女木島《めぎじま》、高見島、魚島（愛媛県）とその周辺の島々だが、特に女性による頭上運搬の風習があった女木島では写真撮影の絶好の被写体のモデルとして、世に知れわたった。過去には女性が頭上に下肥の桶を乗せて運んだという。

伊豆諸島の島々には、頭上運搬にかかわる絵図、文献史料、写真等が多数伝えられている。たとえば、天明二年（一七八二年）に成ったとされる『伊豆海島風土記』の「新嶋」の項に、「女も朝夕水薪なへての物皆頭に乗る事を業とする故、櫛杯差事曽てなし」とみえる。およそ二五〇年も前の記事である。伊豆大島をはじめ、利島、神津島、八丈島の女性による頭上運搬はよく知られている。また、『瀬戸内海島嶼巡訪日記』にも佐柳島や魚島における女性の事例記載がみられる。

第二の地域は、海辺や沿岸に近い地域や、京都大原村の薪・柴を京に売りに出る「大原女《おはらめ》」による頭上運搬や、同じく桂女《かつらめ》（鮎《あゆ》の鮓《すし》を桶《おけ》に入れて売り歩く）による内陸部の地域である。

第三は、特に注視した前掲の「陸前江ノ島」についてである。その理由は、小島であるにもかかわらず、これまで各方面から取沙汰されてきた結果で、この島に関する地理学、社会学、民俗学等の学術刊行物は多い。あわせて、仙台藩の流刑地、海猫《うみねこ》の繁殖地、昆布の南限、頭上運搬の島といった話題も加わってきたことによる。

別項でみた雑誌『嶋』の創刊号（昭和八年刊）中にも中道等による現地の聞き書き調査結果「陸前江の嶋《(ママ)》雑記」が掲載されており、

「元来此島は岩礁の削立で囲まれて居るので、舟曳場といふものが無い。一等広いところといふ十二間ほどの船着場へ上ると、もう眉に迫る高い石段が見える。全体からいふと中央が高くて急勾配と来てゐるから、こんな風に切崩し切崩しして家を建てる、家と家との間、上下と左右、皆此石段を造って連ねるのだ。住民は石の稜が鈍くなるほど上下している。毎日の船が沖の方から見えて来ると、全島の石段に人が集まって眺めている。一寸奇観だ。最近の調査だとて聞かせてくれたのに據ると、戸数が百四十四、人口が約一千九十人とある。〔中略〕

何十段、何百段の石を亙るので、ここの島の女は、皆、頭で物を運んでゐる。近頃、稀に島へ来る人々が、写真機を立てて無理に物を載せさせて撮《うつ》すもんだから、なにか悪い風俗か恥ずかしいことかのやうに考へ出して、頼めば決して特別に見せなくなったとも云ふが、頼まずともああしてやって来る。

先年、島から出て行った一人の女は、四斗俵一つ位は平気で頭に載せて歩いたとのこと。それから小学校へ通う女の児、これが学校道具を頭へ載せる。他所から来た先生が、みっともないからよせと叱ると、学校の門から内はちゃんと小脇へかかへるけれど、帰りにはいつかもう頭の上だ。夕方家族といっしょに水を運んだり、魚を運んだりする時には、勿論頭をつかうのですと説明された。」

とみえる。以上のようなことを考慮して、総合的な所見を述べると、この島における頭上運搬の習俗は、他の平地における島嶼の風俗慣習が、人間《ヒト》の移動や、それにともなう生活文化の島内流入による伝播ではなく、島内で独立発生的な人間《ヒト》の知恵として生まれ育ち、伝えられてきた習俗といえるのではないかと思う。その理由は、島の自然的、地理的条件による。すなわち、江ノ島は昭和四二年に簡易水道が敷設され、同四七年には本土から海底にパイプを敷設して上水道が完成したが、それ以前は、島の中央にある直径約二メートルの大井戸一個と、小形井戸二個にたよるほかは、天水による貯水槽だけであった。それゆえ、島の女性たちによる朝夕の水汲は大変な苦労をともなった。島は最も高い場所で約七七メートルといわれるが、その石段を上下して飲料水を確保しなければならなかったのである。

千葉徳爾による「陸前江の《(ママ)》島」の調査報告に、「陸から嫁に来た人も少なくないが、そんな人でもお井戸の水を三日飲めばササゲルようになるものだ。島の神様がササゲさせるのだという。約三〇貫位まではササゲル。もと毎朝うす暗いうちからお井戸の水をササゲて運んだものであったが今は天秤にバケツで運ぶ。そのため水が道にこぼれてもったいないし、冬は凍って滑りやすい。昔ササゲた時はこんなことはなかったと老人たちは歎く。」とみえる（『民間伝承』一五－四、昭和二六年）。このような聞き書きからも、水を運ぶために、最も良い方法が、石段の多い島では頭上運搬であったことが伺える。なお、ササゲ

伊豆諸島御蔵島の水桶「ササギ」（1956年7月，田原久氏撮影）

は、ササグ、ササギと同じ民俗語彙で、漁村で物を頭の上に載せること。頭にはワッカをのせる（前頁写真参照）。

以上、島における頭上運搬について、わが国の事例をいくつか掲げたが、最初に述べたように、頭の上に物をのせて運ぶことは、世界的に広くおこなわれてきた。しかし、島嶼地域に広く残っていることも事実である。『朝鮮多島海旅行覚書』には上洛月島で井戸に通う女性二人の写真（昭和一四年）が見られるし、パラオ島では「仕事をしている夫や父に昼餉の膳を運ぶ家族の群」と解説した写真（昭和一六年）など、すべて平坦地における頭上運搬である。

近年、読者諸賢の広く知るところでは、インドネシアのバリ島における、祭礼日にお供え物を頭上運搬する女性の姿であろう。

バリ島では祭礼をオダランというが、欠かせないのがガボガンとよばれる豪華な供物。すべて女性により作られ運ばれる。果物は二〇キログラムの重量にもなるというが、ガボガンが運べて一人前の女性と認められる。バリ島でも平坦地の頭上運搬だ。

7 高倉建築

わが国で一般に「高倉」とよばれる、足のついた穀物倉（貯蔵庫）は、鹿児島県の奄美諸島に伝えられてきた独特の建物であることはよく知られている。高温多湿の風土において穀物保存に適したこの建物は、ネズミをはじめ、害獣（虫）からも穀物等を守ってきた。

八丈島の高倉（2001 年 12 月 27 日撮影）

そして、同じような形式の高倉が伊豆諸島にもあることから、黒潮の流れにそって人が移動し、生活文化が伝播したとみる説も以前からあった。

さらに、このような高倉の存在は、島嶼だけの建築様式ではないことも広く知られている。

静岡県登呂の弥生時代遺跡や、同県の伊豆韮山《にらやま》の山木遺跡では、弥生時代に、すでにネズミ返しの形式をもった穀物倉とおもわれる建物が発掘されている。

『伊豆海島風土記』の「八丈嶋」の項に、

「〔前略〕穀物を納る蔵有り、飼屋の作りは本宅に異らず蔵はつゝむ蔵と唱へ、石居より四五尺上り、柱毎に木の大鍔《つば》をかけ、其上に床を作り、物を入置く、床下は囲なし、是も地気強き処ゆへ、床低き蔵にては、穀を貯置に日あらすして、むれ損し或は虫を生る故なり、かのつゝむ蔵に貯蔵にも、米は一年にして味ひ替り、過半減し、二年は保つ事不能、籾にて囲ひ置は減れとも二年斗りは保ち、麦も年越につれて減すれ共、三年斗は貯おかれ、粟稗は十年を過るとも、さのみ損せざるよし、此故に稲を刈ては数日干穂の元より藁を切去り、穂の儘つかねて彼のつむ蔵の梁杯にかけ置、麦は刈干て庭に集め、その儘火にかけて藁、ちり、野毛ともに焼すて、実をわかち取なり、斯すればいりたる如く火気通りて貯置に虫を不生と云ふ〔傍点とルビは引用者による〕」

とみえる。今日では「ツムクラ」（つむ蔵）の名称は伝えられていないが、「ツム」は「錘（紡錘）」のことで、柱に木の大鍔を差し込む状態が、紡錘のツムに似ていることから、「ネズミ返しのことを、そのようによんだのだろう。八丈島には、柱が一二本もある高倉があったと伝えられている。

また、穀物貯蔵の大切な場所である高倉には、禁忌事項も多い。月経中の女性は高倉に入ってはいけないとか、便所にはいった履物のままで高倉に昇るなといわれてきた。同島の「末吉では、主婦のつとめとして自分の世帯になると、まず一つかみの米を半紙に包んで蔵の中に納める習わしであったとし、正月十一日は倉開きといって倉を初めて開き、供えてあった餅を出して食べた。また、クラガミといって巫女から受けてきた御幣を祀ることもある。」とみえる（大間知・他『写真・八丈島』）。

また、青ヶ島にも「高倉」（四本柱）が昭和四〇年頃まであった写真が、『青ヶ島の生活と文化』に掲載されている。

上述のように奄美諸島や伊豆諸島は、共通して、高温多湿な気候であり、ネズミも多い。しかし、御蔵島以北の伊豆諸島から日本国内にも、飢餓に対処するための穀物倉（貯蔵庫）があったことは前述の通りである。

以下、奄美諸島における高倉に関する若干の事例を掲げ、参考に供することにしたい。

○鹿児島県・与論島

「タカクラ（高倉）と称する建築物は、裕福な家庭が建てるものである。五穀を貯蔵するための特別の建物である。周り一・二メートル位の丸太の柱を、四本・六本・八本・九本立てる。四本の円柱のものが普通で、九本のものは稀である。地面から九〇センチ位の高さの所に四方と中央に貫き木があって、それで全体の均整を保ち、床板を敷き、さらにそれから二〜二・五メートル位の上方に天井があって、屋根と天井の間が貯蔵庫になっている。

高倉の大きな円柱は、滑らかに鉋で削られているから、鼠などが登れないようになっている。貯蔵する所は、下から立っている柱の上にさらに小さい柱を立て、二階建ての構造に造られている。屋根はカヤをもって円錐形に葺かれる。高倉は、別名プラダマ（富玉、秀玉、幸運玉、めでたい玉、秀でた玉の宝）ともいわれる。」（山田実著『与論島の生活と伝承』）

○鹿児島県・沖永良部島《おきのえらぶじま》

奄美大島と同じような「高倉」とよばれる倉がある。この倉は穀物を保存、貯蔵するためのものだが、沖永良部島の島民は、〈穀霊の宿る神聖な場所〉として特別視し、大切に守られてきたことに注視したい。ネズミの害から穀物を守る。平島や中之島などにもあった。

「高倉には足が四本、六本、七本、九本のものがあるが、これ（写真）は九ッ股の倉で三列の円

奄美大島瀬戸内町古仁屋の高倉（1972 年，筆者撮影）

同，梯子でのぼる屋根裏のクラへの入口（同上）

柱が壮大で美しい。沖永良部島住吉。」（『薩南の島々』より。写真省略）
○『薩南の島々』に、同県口之島《くちのしま》の四本柱の高倉の写真があり、解説に、「口之島の高倉下で新しい脱穀機で働く島民」とみえ、子供三人を含めた六人家族の作業姿が写っている（二七一頁「島と動物」参照）。

以上の他にも多くの島々に共通して伝えられてきた民俗（族）文化もある。たとえば「入れ墨の習俗」はその一つである。しかし、本書では「文身・刺青」にまでおよぶことはできなかった。資料が膨大すぎるためである。わが国をはじめ、史料（たとえば『魏志倭人傳』等の事例）も多く、しかもオセアニアの広大な島々に共通しているためでもある。

4　カミ（神）が去来する島々

久高島のイザイホー

久高島は沖縄県知念《ちねん》半島の東海上約六キロメートルに位置する小さな島である。しかし、この島が世に広く知られているのは、沖縄の始祖神とされる「アマミキヨ」が降臨し、その折、島の伊敷浜《いしきはま》に五穀（麦、粟、黍《きび》、小豆《あずき》、ウク豆）の種も流れついたという琉球国はじまりの神話や伝説の島であることによる。それゆえ、一七世紀頃まで琉球国王は、自ら渡島して祭祀をおこなっていたと伝えられる。外周約八キロメートル、最高標地は約一七メートル、人口約二八〇人、一〇〇世帯ほどの島だ。

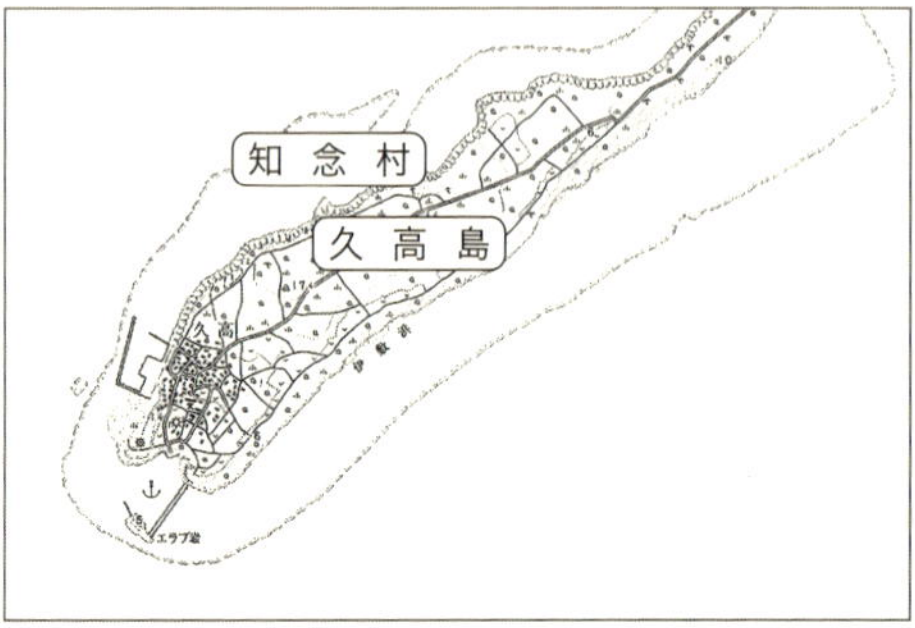

久高島の地図（国土地理院「久高島」）

もう一つ、小さい島のわりに名高いのは、三重県鳥羽市沖の「神島」と同じように研究出版物が多いためである。その理由は、一二年ごとの午年《うまどし》に「イザイホー」とよばれる女性だけの祭事がおこなわれてきたことによる。

イザイホーは旧暦一一月一五日から四日間にわたっておこなわれてきた（後宴〈直会《なおらい》〉を含めると六日間になる）祭事だ。島で生まれ育ち、島の男と結婚した三〇歳以上の全女性が加入する祝女《ノロ》の祭祀組織に仲間入りするための儀礼である。

一二年ごとにおこなわれるため、三〇歳から四一歳と年齢差ができる。祭事の期間中はイザイヤに寝泊まりして神女《ナンチュ》の承認（資格）をうける。イザイホーとは、いかなる意味があるかの定説はない。ただ、イザイには、探す、選ぶなどの意味があるので神女の選定、加入のための祭祀組織による儀礼だとされてきた。年齢により四段階のぼると七〇歳で組織をぬける。平成二年（一九九〇年）に予定されていたイザイホーは、人口減少や指導的立場にあった最高神女（外間・久高）などが不在になったため、以後、中止された（二〇九頁「海蛇の手摑み漁」参照）。

古宇利島の海神祭《ウンジャミ》

古宇利島《こうりじま》は沖縄本島北部の本部《もとぶ》半島運天の海上一・五キロに位置する平坦、円形の島で、周囲はおよ

船で渡った頃の古宇利島（1984 年）

そ四キロメートル。約四〇〇人が暮らしている。

北部（古宇利島や対岸の大宜味《おおぎみ》村塩屋《しおや》、国頭《くにがみ》村の比地《ひじ》など）に伝わる「ウンジャミ」（比地ではウンガミ）とよばれる海神祭は、毎年、旧盆後の最初にくる亥《い》の日におこなわれる。

筆者がウンジャミの参観に出かけたのは、昭和五四年（一九八四年）八月二一日のことで、その頃、人口約一〇〇〇人を数えたが、橋はまだできておらず、船で渡った。

古宇利島には不思議なことに、前掲した久高島と同様、内容は別にして、琉球にかかわる始祖神話が伝えられている。

「神代（世）の頃、一組の男女（兄と妹とも）が天から降臨した。二人は、天から降って来る餅を食べて成長し、しだいに知恵もついた。

そして、天から降ってこない時のことを考え、餅をたくわえるようになった。すると、ほんとうに餅は降ってこなくなってしまった。

その後、二人は野山、海浜に出て、草木根皮や果実、木の実などを採取して暮らし、労働の苦労を知ることになった。

船での調査当時（左は民俗学者の福田アジオ．1984年8月21日）

ある日、渚に出て魚貝藻類で空腹を満たしていると、シラサとよばれる磯の近くで海馬《ジュゴン》の交わりを見て、男女の道を知り、それまでは素裸で暮らしていた陰部を木の葉でかくすようになった。以後、二人の子孫は増え、琉球各地に広がり住むようになった。」

というものである。ウンジャミの祭儀は主に集落中央にある、木立《もり》のあるウタキ（御嶽、拝所）、近くのアサギ（小屋）、フンシャとよぶ村の草分け筋の家と、その庭に祀られている海神の小さな祠（特に呼名はない）、シラサとよばれる海岸の岩上等の場所でおこなわれる。東の方（塩屋）に向かって並び、合掌礼拝した後、船漕ぎの動作をする。これはオナリ神（姉妹）が塩屋に行ったので男神（兄）が塩屋通いをしたという故事と結びつく。

こうした儀礼執行の中心は、村の最高神女であるヌル神（ノロ）だが、一三人の神女《カミンチュ》と三〜四人の男神役が定められた役を分担する。ただし、近年は人数が不足がちである。

祭儀の流れの中には、始祖神話に語られている「天から餅が降る」場面や、男女神役のしぐさなどのほか、海神の祀られている祠の前で神女たちが操船する所作も加えられている。そして最後は、「海神遊」とよばれる予祝行事ともいえる「ハーリー」（爬竜船による競漕）が三隻のサバニ（刳り船）により、古宇利島の若者を中心とした男たちでおこなわれ、ウンジャミは終る。

ウンジャミは海神祭とよばれているが、実は大漁や海上安全を祈願するという祭礼にとどまらず、海の神と山の神（陸路から来た神）との合流や、女神と男神の交歓の内容を象徴的に表現するものでもある。上述したウタキに来訪する神は「天から降臨する神」の性格（神格）をもっており、海神を祀ることだけにこだわっていない。また、この祭事の最後におこなわれる「ハーリー」は、西と東、あるいは中の三組に分かれて競漕するが勝てば豊作が約束されるとするなど、豊穣を願う農耕的な面を色濃くやどしている内容が注目される。それは、来訪神が、来臨するのに、天からウタキに、あるいは海の彼方のニライ・カナイ（常世）からと、古い時代からの未分化のまま引き継がれている始原的な要素を数多く包含しているため、わが国の基層文化を探り、解明していく足がかりとなりうる。

「シラサ」とよばれる海岸の岩上でのウンジャミ（海神祭）．対岸の塩屋でも同じ日時に祭礼がおこなわれるのは男女神のためとされる（1984 年）

神島のゲータ祭

伊勢湾口に位置する神島は、島名にふさわしく、神事、祭事が実に多く挙行される島である。以前（昭和五五年・一九八〇年）、拙著『潮騒の島——神島民俗誌』を刊行したが、紙幅の半分は「島の年中行事」にかかわる内容になってしまったほどだ（一八三頁写真参照）。

そうした、数多い年中行事の中でも、特に知られているのが、大晦日から元旦にかけておこなわれる「ゲータ祭」である。

しかし、この祭事がどういう意味をもっているのかを説明できる島人はいないし、定説もない。が、一般的には「日輪は天に二つとないし、地に二人の王様はいない」から、「天地に二物なし」といって、「太陽が二つあることは許されないため、いつわりの日輪をみんなで、たたき落とすのだ」といわれてきた。そのため、太陽に見立てた輪をつくる。ハマグミの枝をまげて、直径二メートルにもなる「アワ」とよばれる輪づくりがはじまる。お神酒《みき》をいただきながらの作業なので、親戚一同が集まっての新年を迎える前祝いといったところだ。

元旦の三時頃、「ベロレン」といい、当屋に集まっていた若者は大声で島の家々にふれ歩く。この時は、当屋の爺と昨年の当屋の爺の二人が、烏帽子素襖《えぼしすおう》の姿で若者たちの先に立つ。若者は「ベロレン、ベロレン」と七回くり返す。

若者が呼び歩いている時、島人は家にこもり、絶対に外出しないしきたりである。外でベロレンの使い人にいきあうと病床に伏すといわれてきた。

この「ベロレン」を「呼ぼり」ともいい、「呼ぼり」がおわると当屋らは、おもだった家をまわり、戸口で「あなた、ゲーロにでやっしゃい」と挨拶をする。しかし、家人はそれを聞いても返答をしてはならないしきたりになっている。

こうして、若者がベロレンを呼ぼり歩いているうちに、元旦の四時から五時近くになってしまう。

夜明けに近い五時過ぎ、当屋の若者たちが、「ヨイサ、ヨイサ」とかけごえも勇ましく、輪（アワ）をかかげながら、いちど八代《やつしろ》神社の一の鳥居の前まで威勢よく持っていき、そこで大声で気勢をあげながら、もみあうようにぐるぐるまわったり、アワを高くかざしたりする。そのあと、東セコ（島にはその他に、中セコ、南セコとよばれる三地区〈組〉がある）の高い場所にのぼったあと、前浜へおりる。

他方、アワが浜へおりてくる前までに、各家の男たちは「ゼンザイ」をいただき、潮花（海水）で身体を清めたあと、前浜の広場に集まってくる。この時の参集者は島の男の一六歳以上、六〇歳前後の者全員である。

各自が二本ないし三本のメダケ（長さ三間ほど）の先端に半紙の幣（白幣・剣とよぶ）をつけた棹をもって集まり、アワのおりてくるのを待ちかまえている。

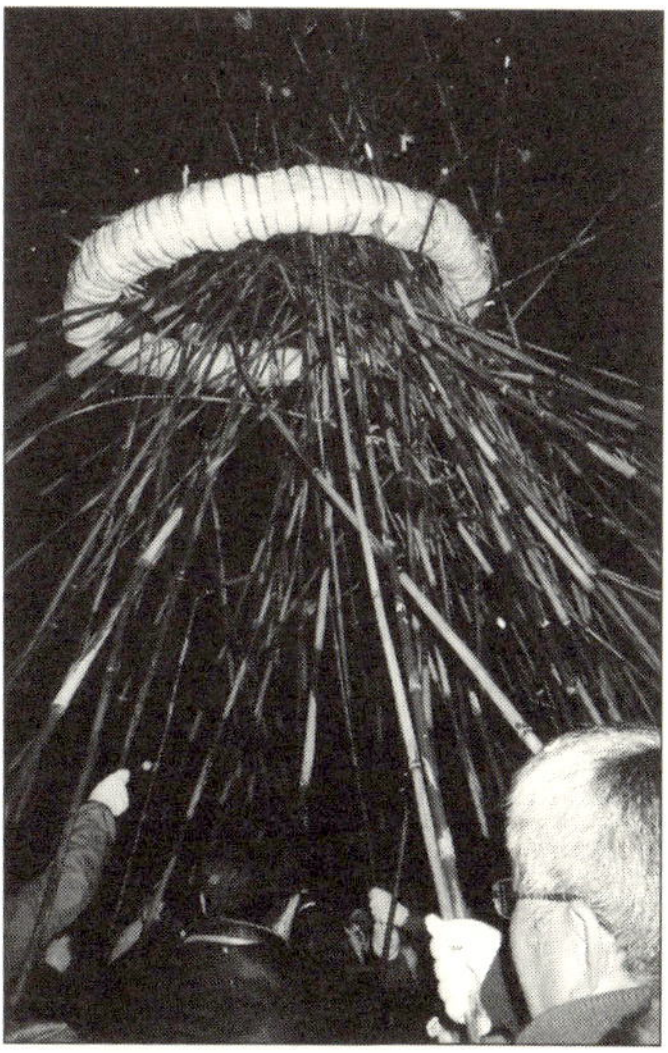
ゲータ祭（2012年正月元旦）

アワが近くにくると、竹棹を持たない若い衆がどっと押しよせ、興奮状態のうちにアワをもみあげる。この時の役は、前年度の当屋（口米《くちまい》の爺《じい》という）の親戚の若者がおこなうのだと聞いた。

しばらくもみあげているうちに、アワが波打際へ近づくと、竹棹を手に、待ちかまえていた男たちがどっと押しよせ、持っている竹棹で見る見るうちにアワを高々と突きあげる。

ウォー、ウォーという歓声《かんせい》ともどよめきともつかぬ声や、ヨイサ、ヨイサという若い衆の声とともに何百本もの竹棹に突きあげられたアワが、ある時は高々と、ある時は低く、波のうねりのように空中を移動していく。この間四、五〇分、このあたりでゲータ祭は最高潮に達する。

アワづくりの際、あれほどの大きさ、重さでは高くあげられないのではと心配していたが、なんのことはなかった。

この時、アワが高くあがればあがるほど、その年は大漁に恵まれるといわれてきた。

やがて、突きあげられたアワは、落とされ、口米の爺を出している親戚の若者の手に再びもどされ、島の男たちは竹棹をおさめる。

この時に、新しい当屋（アワづくりをした親戚の若者たち）に、アワは移されるともいうが、同じ白装束の若者たちなので区別がつかない。

とにかく、若者たちの手にアワがもどされると、威勢よく「ワッショイ、ワッショイ」と声を掛けながら八代神社（氏神）の二一四段あるといわれる石段を一気にかけあがり、アワは本殿に立てかけ奉納され、初詣の島中の人々が参拝する。

そのころ、浜でアワ突を終った男たちのうち、特に若者たちにより、「サバ」の奪いあいがおこなわれる。サバは鯖を意味し、昔は島の主要漁獲物であったため、その豊漁を祈願するもので、モチの木で大工によって形式化して作られ、宝物ともいわれる。直径一寸六分、長さ六寸二分の一二角形の筒型で一二面は一年間を意味し、各面に一ヶ月の日数がそれぞれノミで彫られた神木である。

サバの奪いあいというのは、漁業協同組合長が若者の集まっている中へ、サバを投げこむことによってはじまる。若者たちは、スクラムを組むようにして囲いをつくり、サバを拾った男を中心に奪いあいがおこなわれる。

このもみあいは約三〇分も続き、みんなが疲れきってしまう頃、最後にサバをつかんだ男が片手を天高くふりあげるようなしぐさをする。

ヒナタの祭（2012 年正月元旦）

これを合図のように、もみあいが終ると、その若者により、サバは八代神社の神前に供えられる。神社の拝殿には、あらかじめ大きな板がそなえつけてあり、サバを供えた若者は、この板に手に持ったサバを打ちあわせて氏神に対して一年の豊漁を祈願する。そのサバを神前に供えれば、漁運まちがいなしといわれてきた。

サバの奪いあいや初詣がすんだ七時頃になると、東セコの浜の近くで「ヒナタ（日向）の祭」がおこなわれる。浜に「荒ムシロ」が五枚（コの字に）敷かれ、漁業協同組合の役員、宮司、隠居衆など、島の主だった人々が座り、当屋の二人（前述）が烏帽子素襖姿で接待する。宮司以外に座する者の服装は同じで、いずれも紋付袴姿の正装である。

両爺は神酒を銚子《ちょうし》に入れてだし、「タカラモノ」（宝物、俵物ともいい、カヤ、カチグリ、ミカンを茅に包んだもので「モロモ」ともよばれ、近年はミカンの上に小さなコンブを切ってのせ、それを茅で十文字に縛ったものにかわった）を肴とし、「カワラケ」で祝杯をあげる。この、ヒナタの祭は、ゲータ祭の直会（後宴）のように思われた。一連の祭事であることはまちがいない。

またこの時、神前に供えられたサバも持ってこられ、白（半）紙に包み、水引がかけられ、みんなが、うやうやしくいただく。

それが終るとタカラモノは、ヒナタの祭の見物の人々にふるまわれるが、参集者は、このタカラモノを争って拾う。これを拾った者は、その一年間幸運に恵まれると伝えられてきた。ヒナタの祭が終れば、ゲータ祭も終ったことになる。

タカラモノ（宝物，モロモ）

神島の神事、祭事を参観して強く思うことは、行事にかかわる苦労についてである。暮れの一二月一三日にはじまる「正月はじめ」に自製した注連縄《しめなわ》を、一二月二八日の「門松迎え」の日に張るが、門松の左右に稲藁製の「ツボケ」とよばれる供え物入れが一対そえられている。この注連縄やツボケは各家の主人が自製する。ところが島には水田がないため、稲藁（新藁）はすべて鳥羽、志摩方面の農家からわけてもらい、船で運ばなければならないのである。

同じく、一二月三一日（大晦日）の夕方に「豆まき」をする際、大豆をホウロクで煎る時には、その年の新藁でナベツカミも作る。正月行事だけでも稲藁を使う量はかなり多い。それをすべて島外から移入しなければならない苦労は大きい。他の地ではみられない、水田のない島嶼ならではの苦労だ。

あわせて、八代神社（氏神）は二一四段の石段があるといわれ、石材の鳥居も大きく立派だ。これだ

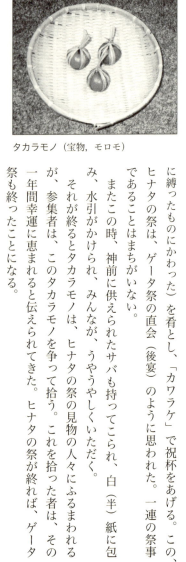

けの石材を、いつ、だれが、どこから島内へ運びこんだのだろうか。こうした島の暮らしの原動力は、苦労とか努力とかいう言葉を超越している。そのエネルギーはどこに宿っているのかと思う。

蓋井島．正面の乞月山は標高 140 メートル（2012 年）

蓋井島《ふたおいじま》の「山の神」神事

下関市の蓋井島は吉見港の沖合約一三キロにあり、響灘《ひびきなだ》諸島に属している。定期船で約四〇分かかる。

元文四年（一七三九年）、島の庄屋権兵衛が提出した「地下上《じげじょう》申《しん》」によると、総戸数一九とみえるという。現在は約四〇世帯、人口一六〇人ほどの半農半漁で暮らす島である。

面積は約二・五平方キロメートル、外周約一〇キロメートルの島だが、最高標高値（大山）が約二三〇（二五〇とも）メートルあるため、島が大きく見える。

島内には「山の神の森とよばれる四つの山（一の山、二の山、三の山、四の山）があり、島の家々は祖霊の森と伝えられる四つの山のどれかに属し、各山の神事は「当元《とうもと》」とよばれる世襲の世話役が主にとりしきる。

史料では、およそ三〇〇年ほどの伝統をもち、神事は豊浦地区

蓋井島の集落（40世帯）

の八幡神社から来島する宮司（太夫《たゆう》という）によって執りおこなわれるが、神事の起源は不明で、本来は当元が執行していたと考えられる古式をとどめていることが注目される。

まず、神事についてみると、辰年《たつどし》と戌年《いぬどし》の六年ごとにおこなわれてきた。近年では平成二四年（二〇一二年）の一一月二三日から二五日にかけて挙行された。

いずれも集落の東方にあたる「ヤマ」は、同じように高い原生林の丘（森）で、椎、椿、槙などが生い茂っている場所である。このヤマは神聖な場所なので普段は斧鉞《ふえつ》を入れることはない。ヤマに神霊が降臨するので、その神霊を、清められた当元の祭場にお迎えし、祭事のあと、神霊を再びヤマへ送り返すからだ。

第一日目は、太夫による神迎えが、このヤマでおこなわれる。そして、当元家の座敷《おもてのま》に招かれ祀られる。二日目は、太夫のために「かたけ（片食か）賄い」がおこなわれる。三日目は、各山共催の「大賄《おおまかな》い」（神と人とが供食する相嘗《あいなめ》の祭）がおこなわれ、太夫により神送りの神事の後、当元が依代《よりしろ》の御幣《ごへい》を祭壇《さいだん》から取り出し、「神鎮《かみしず》め」のために「山の神の森」に移され、当元が神籬《ひもろぎ》（神霊が宿る森の老木）の中に御幣を入れると、島民が注連縄《しめなわ》を神籬に巻きつけ、太夫が祝詞をあげて神を送り、鎮める。

そして四日目は、太夫を送り帰し、残り物で宴会をするが、これを「人払い」とよんでいる。

祝宮静《ほうりみやしず》氏が、「ヤマから神霊を祭りの場に迎え、再びヤマへ送るという原則的形式が〈神社〉という施設を抜きにして残されていることは、まことに貴重な例である」としているように、「山の神」の神事は、古来の農耕儀礼の形を残し、祖霊信仰とかかわりをもっていること、祭を世話する当元がそれぞれ世襲であること、天然（自然）の森に神霊が宿ること、さらには神籬《ひもろぎ》とよばれる神霊が宿る森の老木の周囲に、手つかずの常磐木《ときわぎ》があることからして神社を建立する以前の神の宿る所が残っていることはきわめて重要である。

「一の山」の神送り．右上に注連縄を巻きつけた神籬がみえる．

当元の四人が神の依代《よりしろ》である御幣を大切そうに抱えて互いに「七年目に会いましょう」と挨拶をかわしていたのを聞いて、「七年目」と数えることに、この神事の伝統の古さを感じた。祝宮静氏も同じように数えているからだ。

筆者もこの神事は、新嘗、相嘗の祭に結びつく農耕儀礼と祖霊信仰など、古来からの神事の伝統を引き継いでいると考えるが、神饌、御供の中に、餅や山芋にまじって小海老があり、この小海老は、生きたままサザエの殻の中に入れて泳がせて供えなければならないのだとされている。生きた贄《にえ》に通じる要素があるのか、注目したい点である。

天女も降臨する竹生島《ちくぶじま》

滋賀県の琵琶湖には三つの島がある。大津市の今堅田《いまかたた》にある「出島灯台《でけじま》」は名ばかりで島ではない。湖の北部にある竹生島は「信仰の島」であったが今日では「観光の島」だ。周囲約二キロメートルの島で、長浜市（港）から観光船で三〇分もあれば渡れる。寺社以外に集落はないが、土産物店はある。

近世以前より、霊島とされ、天女が降臨される島として島全体が信仰の対象となり、「西国三十三カ所」（観音霊場）の第三〇番の札所として知られてきた。また、国宝の本殿をもつ都久夫須麻《つくぶすま》神社（祭神は湖水をつかさどる浅井姫命《あざいひめのみこと》で、竹生島の古い名前が社名となったとされる）を祀っている。『近江風土記』（逸文中）にも竹生島や天女（羽衣）のことがみえる。それによれば、「ある日、伊吹山の多々美彦命と浅井岳の浅井姫命が背くらべをしようということになった。ところが、一夜のうちに浅井岳が高くなったので、伊吹山の多々美彦命が腹を立て、刀を抜いて浅井姫命の首をはねてしまった。その頭が湖中にとんで、落ちて島になったのが竹生島である」という。

さらに宝厳寺《ほうごんじ》の弁財（才）天は、日本の三弁財天の一体として知られる。安芸（広島県）の厳島神社（宮島）、相模（神奈川県）江の島神社、近江（滋賀県）の竹生島の弁財天がそれで、いずれも島に祀られていることに注視したい。

もとより弁財天は吉祥天と同じようにインドで最も尊崇されてきた女神だが、琵琶を手にすることなどから琵琶湖と結びつき、あわせて七福神唯一の女神として福徳賦与の神の役目もはたしてきた。「紅一点」の天人は、男性諸君からの人気も高い。

また、女神であることで天上界に住む天女と結びつき、島に天女が降臨し、福や幸をさずけてくれる庶民信仰にひろがったといえよう。「能」（謡曲）の「竹生島」が、この島の弁財天の神徳を説き、龍神や珠玉のありがたさをもりこんだことによって島名は世に広まった。

あわせて、宝厳寺の唐門《からもん》（国宝）の他に重要文化財も多く、島全体がタブの原生林でおおわれていることから、国の史跡・名勝に指定されている。

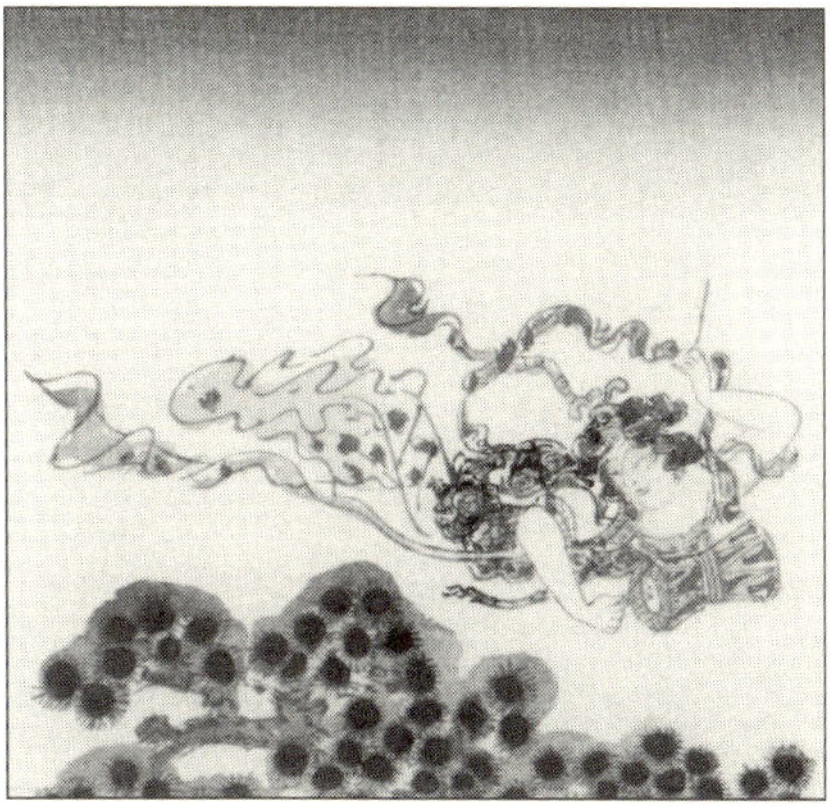

河野通勢画「天女降臨」（部分．中田千畝『浦島と羽衣』1926 年より）

上述したように、琵琶湖の中には、この他、多景島《たけしま》（彦根市。島全体は日蓮宗の見塔寺の境内だが、上陸して見学できる）や、有人島である沖島《おきしま》（「おきのしま」ともよばれる。近江八幡市）がある。

沖島は、わが国唯一の湖中の有人島で、およそ四〇〇名が暮らしている。堀切港約二キロに位置し、約一〇分で渡れる。島民の方々の多くは、淡水魚のホンモロコ、ワカサギ、ニゴロブナ、それにスジエビ等を漁獲する漁業者家族だが、最近は自家用車ならぬ自家用船で通勤（通学）する島民も増えたと聞いた。

島の歴史は古く、近江の国司になった藤原不比人《ふひと》が八〇〇年も前に奥津島神社を創建したとされ、平安時代の保元・平治の乱（一一五六年・一一五九年）で敗れた源氏の一党が、かくれ住んだのがはじまりともいわれる。その後、戦国の世になった頃、織田信長に戦力を貸した結果、島周辺の漁業権が認められたといい、書状も伝えられているという。

また、島内には浄土真宗の中興の僧といわれる蓮如《れんにょ》上人ゆかりの書が西福寺に保管されていたり、弁財天神社（厳島神社）には弁財天座像が祀られているなど、小さな島に多くの歴史と有形文化財がある。

Ⅳ　島の生活とその周辺

1　島と水

島の多くは、水に苦労してきた。まず、島に渡った人間《ヒト》は、漂着者はもとより、自分の意志で渡島した者でも最初に水場を探し、確認したであろう。それが、移住となり、人の数が増えるとなれば、さらに島における水問題は切実だ。伊豆七島中の御蔵島のように湧水が豊富で、島から渚へ滝が流れ落ちているという島は、めったにないのだ（写真参照）。

御蔵島の渚へ落ちる白滝

世界中の島の悩みで共通しているのは、今日でも水不足である。国内でも昭和二八年（一九五三年）以降、離島振興法の制定により、海底水道が敷設されたり、イオン交換による海水の脱塩装置が導入された島もあるが、まだまだである。

マーシャル群島中のマジュロ環礁では、航空機の滑走路に少し傾斜をつけ、スコールを溜めて使うように工夫していた。それでもシャワーを使用するときは、必ずバケツ一杯の水は確保しておくようにいわれたことがあった。洗髪中などに断水があるからだ。

筆者が伊豆大島で夏休みを過ごしていた中学生の頃は、天水《てんすい》を屋根から樋《とい》で貯水槽に集めていたが、三原山に近い家では、樹木の幹に集まる雨水を垂《しで》を使って大きな甕《かめ》に貯めていた。

後に、伊豆・小笠原諸島調査で同行した小林亥一から伺った話だが、「水を甕に入れる。また、利島では、シデを使わず、島竹（細い竹）を葉のついたまま何本か束ね、樹木に結びつける。そして竹の根本の方を甕に差し込んでおくと、降った雨が樹木の幹から竹の葉や枝を伝わって甕に貯まる」のだといっていた。

左より，小野寺節子（「エピローグ」参照），小林亥一，筆者，大島暁雄（いずれも『伊豆諸島・小笠原諸島民俗誌』執筆者．小林は『青ヶ島島史』等の著者でもある）

上述した大島では、海で泳いで帰ると、畑で穫れたトウモロコシを茹でた「おやつ」が待っていた。それをいただく前に水浴びをするのだが、なにしろ天水にたよっている島のことだから、水は貴重である。そのため、トウモロコシを茹でたお湯をタライに移し、身体を洗うのだ。結果、トウモロコシの香りに満ちた夏の日々が続いた。さらにタライのお湯は夕方になると常温になるため、庭のすみに植えてある神仏に供える手向花の根にプレゼントするのが日課であったことを記憶している。その後、『忘れられた島』という岩波写真文庫で、鹿児島県の硫黄島の水不足に悩む現実や、三島由紀夫の『潮騒』で、島と水の問題がテーマになるたびに、気になってきた。

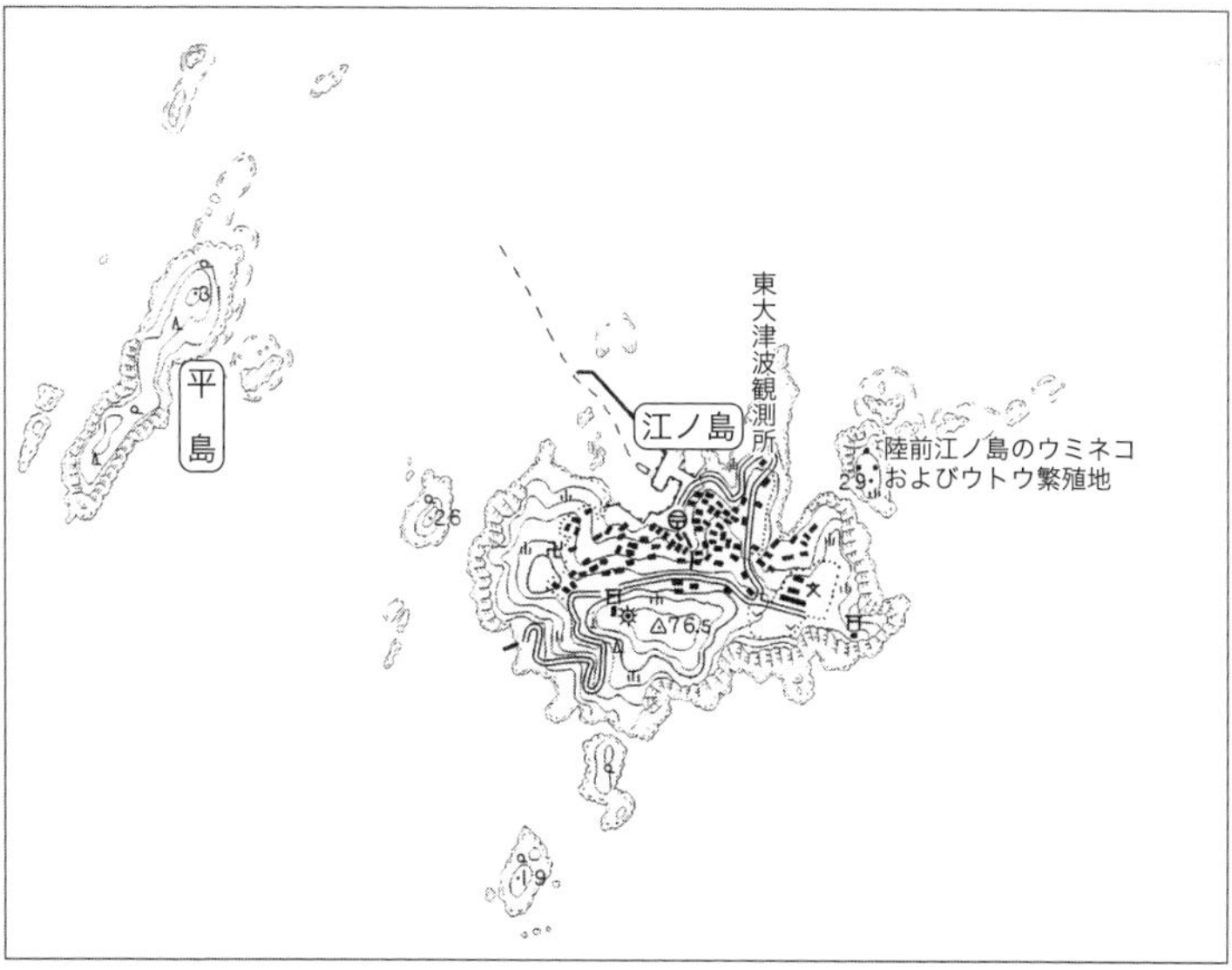

陸前江ノ島（国土地理院「寄磯」）

これからも島によっては、水問題はそう簡単に解決しないであろう。水の共同利用に関しては、女川《おながわ》沖の陸前江ノ島のように、共同井戸の管理や組織が伝統的に守られ、村落共同体の要になってきた島も多い。

しかし、皮肉なことに、海底水道が敷かれ、水不足が解消したのに、島の人口は減少、流出したり、水不足の島に観光客が集中的に来島するなど、さまざまな現実がある。

陸前江ノ島の場合、昭和四〇年（一九六五年）一〇月、海底ケーブルの送電により、電気使用の時間制限もなくなり、昭和四二年には簡易水道が敷設され、昭和四七年には海底水道管でつながれ上下水道が完成した。

2　島と温泉

「島の自然的成因と種類」（五二頁）の項で

もふれた通り、イタリアのシチリア島北東部のティレニア海に点在するエオリエ諸島中のブルカノ島(Vulcano I.)は「火山」(Volcano. 英語)の語源になったことでも知られる火山島である。

この諸島はすべて火山島であるから、温泉が豊富に湧き出している。中でもストロンボリ島(前述)に近いリパリ島もまた「温泉の島」として世界的に知られている。

リパリ島が温泉の島として特に有名な理由は、その歴史の古さにある。古代ローマ時代の温泉遺跡の多いリパリ島であるが、近年さらに、ギリシア時代の紀元前一六〇〇年にさかのぼると推定されるサウナ風呂の跡が見つかり話題をよんだ。その証拠になったのは、サウナ風呂のドーム形式をもつ屋根(石積み)であった。サウナの蒸気を、できるかぎり外に逃がさないドーム様式の特色をもつ屋根は、ギリシア時代でも古い、ミケーネ文化の影響をうけたものであることがわかったことによる。とすると、今日までおよそ三五〇〇年前から使用されつづけてきたことになる。わが日本列島では、まだ縄文文化の時代にあたる話だ。

縄文文化の時代といえども、日本列島に住む人々にとって、同じ火山島であれば、温泉利用は当然であったのであろうが、遺跡については聞かない。

しかし、今日の日本人の温泉好きはご存知の通りだ。

島の温泉として広く知られているといえば伊豆諸島と南西諸島。共に火山帯による恩恵をうけている島々である。

伊豆諸島の新島では「湯の浜露天風呂」、式根島の「地鉈《じなた》温泉」や「足付《あしつき》温泉」等あり、渚の海中より湧き出る温泉を楽しめるし、神津島にも温泉がある。交通の便は少々わるいが青ヶ島まで足をのばせば、天然の「青ヶ島村ふれあいサウナ」も楽しめる。

その他にも、三重県鳥羽市沖の「答志島温泉」は塩化物冷鉱泉の温泉といわれ、三浦半島南端の城ヶ島にも「城ヶ島温泉」など、各地各島に温泉は多い。しかし、怪《あや》しい温泉も増えつつある。

南西諸島中、鹿児島県十島村《としまそん》で温泉の島といえば、硫黄島、平島、悪石島《あくせきじま》がよく知られている。

もう一つ、島の温泉で特筆しなければならない島国にニュージーランド（北島）がある。中でもロトルアの街は、湯量世界一といわれ、間歇泉《かんけつせん》（一定の時間をおいて周期的に、湯または水蒸気を噴き出す温泉）あり、泥湯ありでヘルズゲートを中心に街中が温泉観光地で、わが国における大分県の別府温泉に似ている。

数百年も前から、住民マリオ族の暮らしと結びついてきた伝統もあり、世界的な島の温泉地だ。

このように、「火山」や「島」と「温泉」のかかわりは深い。したがって、世界中の火山島に温泉がある。ただ、不思議なのは、世界の人々に愛されているハワイ諸島には六つの大きな火山島（活火山を含めて）と、その属島があるのに、温泉は知られていない。

3　島と生業《なりわい》（産業）

島暮らしで最も大切なものは、水と食料だ。まず、この二つが確保できなければ生きていけない。近くの島へ、出作りに行くならともかく、遠い島へ行くとなれば、自給性を確立させなければ、生活がなりたたない。したがって、採集（取）をはじめ漁撈、狩猟（捕猟）が前提となるのは当然である。

水田に立てた夜光貝の殻．水芋が腐るのはアニト（魔物・悪霊）が取りにくるためだとされる．そこで，夜光貝の殻を枝に刺し水田に立てれば，貝の死骸をみてアニトは何もしないで帰っていくという（蘭嶼，1979年，著者撮影）

島渡りに大量の保存食料を運搬することは不可能だからだ。

次いで移住、定住となれば農耕がはじまる。しかし、平地の少ない、水にも恵まれない島の多くでは水田耕作ではなく焼畑農耕に代表される畑作にたよらざるをえない。台湾の属島蘭嶼《ランユー》（旧紅頭嶼）のように、水田でイモを栽培している島もあるが。

それゆえ、島渡りをした人々の定住初期の暮らしは、採集（取）、漁撈、狩猟（捕猟）と、焼畑農耕の生活といった、いわゆる縄文文化の時代でも、弥生時代に近い晩期の生活に似ていたのではないかと考えられる。理由は、大量の保存食糧を島へ移入させることなど不可能だと思うからだ。

島で暮らしている人々の生業《なりわい》の基本は、一見すると漁撈（業）に依存している割合が多いというイメージをうけるが、港も整備されず、舟も小さく、漁獲物の消費地から離れている島の漁撈（業）は、ごく限られた特定の、恵まれた立地（島）の生業にすぎず、島の生活は農耕（業）がほとんどの割合をしめてきたのである。自給自足的な暮らしであった。後の時代になると、ブタ、ウシ、ウマをはじめとする動物の飼育も加わるようになる。

しかし、わが国では、島数が多いこともあり、他国にさきがけて島を振興するための施策がとられた。

離島振興法が昭和二八年（一九五三年）に制定、公布されて以来、漁港はもとより、水道、電気、文教や医療施設をはじめとする公共施設が整備されるに至り、産業も漁業をはじめ、農業でも商品作物の柑橘類の生産、出荷等が可能になった。それ以前にも島ではサトウキビ栽培など、世界的に広がりをみせ、比較的早くから産業化されてはいたが、平地の少ないわが国の島々においては、南西諸島等をのぞいて、その栽培は広がりをみせることはなかった。

また、その後は産業の種類、内容も変わり、時代の流れも変わる中で、農業、漁業はもとより、以前にあった石炭業の島や、製錬所、造船所、行商人を多く送り出したり、移民労働者を送り出した島も姿を消した。今日では採石業に従事する島や、観光を主に島おこしをめざす島が課題をかかえながらも、その産業に力を入れているにすぎなくなりつつある。

島の暮らしで注目しておきたいことは、一般に、牧畜（放牧）といえば、広々とした牧場のイメージがともなう。それに反して、島には「狭い場所」のイメージがあるのだが、わが国の中でも、数多い島で、かなり古い時代から馬や牛の飼育がおこなわれていたことも知られている。

和銅六年（七一三年）、元明天皇の詔《みことのり》によってまとめられた『風土記』のうち『肥前国風土記』には、値嘉（五島列島にあてられている）の項に、「そこに住む白水郎《あま》は馬・牛をたくさん飼育している。そして、この嶋の白水郎は容貌《かたち》が隼人《はやと》に似ており、つねに騎射《うまゆみ》をこのみ、この言葉《ことば》は俗人《くにびと》とは異っている」とみえる（拙著『海女』〈ものと人間の文化史73〉を参照）。

その他にも、隠岐島、八丈島などで牛が飼育または放牧されてきた。

そしてもう一つ、島の生業で特筆しておきたいことは、「島と石材」とのかかわりである。一例をあげると、瀬戸内海の北木島《きたぎしま》は、周囲約一八キロメートルで島全体が花崗岩《かこうがん》の島。しかも材質がよく、硬い、ねばりがある、水を吸わないの三拍子そろっていることから需要も多かった。

古くは大坂城の石垣をはじめ、日本銀行の東京本店、明治神宮の橋や大鳥居にも使われてきたし、近年では東京駅の改修工事にも使用された。過去には一八〇軒もの石材業者（石工）による採石場（丁場）があったというが、最近は外国産の安価な石材輸入におされがちで、石材加工店は三〇軒近くに減少したと聞いている。

北木島は岡山県笠岡市に位置し、豊岡港よりフェリーボートで約四〇分ほど。船で石材を積み出すには便利な島であった。多くの石工（採石業）をはじめとする諸職の暮らす島の伝統を今日に伝えている。その一つに「石切り唄」の保存会もある。

以上、前述してきた「漁撈、捕猟、採取」の分類については、筆者が『日本蜑人《あま》伝統の研究』の中で提示した詳細な分類表がある。また、島々の暮らしの伝統に関しての詳細も同様に拙著『母系の島々』の「ミクロネシアの民具構造」に詳細を記したので、両書を参照されたい。

ところで、離島振興法が公布されて以来、それまで永きにわたり苦労してきた水不足の問題は、水道管の海中敷設や施設、設備の整備により、多くの島々で解消し、また電力も供給されるようになり、電気のことや、食料不足の苦労もなくなったという時代をやっと迎えることができた。

ところが、島から地方《じかた》へ出かけ、移り住む人々が増加し、島の人口が減りはじめた。

一度出た島民は、よほどの理由がなければ、再び島に帰ることもあるまい。伝統的な生業《なりわい》で暮らすことを志向する人の数は多くない。

4 島の社会

交通不便な地域は陸続きであっても孤立しがちであるから、閉鎖性が強く、狭小的性格や共同体的な社会になるのは当然である。近年は、テレビ、ラジオ等のマスコミュニケーションをはじめ、電子器機、インターネットの普及による情報量の増加により、国際化（グローバル化）も進み、閉鎖性、狭小性もだいぶ消えたが、以前は「島国根性」という言葉も一般に使われてきた。わが国のような島国は、他の国々との往来や交渉が少ないため、結果として視野がせまく、閉鎖的で、こせこせした国民が育ってしまう、という意味を含んでいる。

以前、北原白秋の「城ヶ島の雨」の唄で広く世に知れわたった島で、聞き書きをおこなっていた際、若い母親から「三崎の街の奥様方はいいですよ」という羨望ともうけとれる声と、劣等感のような心情をよみとったことがあった。

また、島の故老から、「頑迷固陋《がんめいころう》で、陋習《ろうしゅう》あり」と書かれたことがあったという怒りを耳にしたこともある。

ご存知の通り、城ヶ島は神奈川県の三浦半島南端、三浦市の旧市街より約三〇〇メートルほどしかはなれていない海上に相対して三崎瀬戸をつくっている島である。昭和四五年（一九七〇年）当時、約二二〇世帯、人口約一〇〇〇人であった。その一〇年前の昭和三五年、城ヶ島大橋が完成し、以後、島としての実質的な性格を失ったが、それでも過去における一島一村としての伝統はひきつがれ、地縁、血

表5　神島の苗字別分類

No.	苗　字	パーセント
1	小久保	43.3
2	藤原	9.9
3	寺田	9.9
4	前田	7.6
5	天野	5.5
6	山本	5.1
7	その他	(ママ) 20.3

注）『島の旅』（昭和 39 年刊）の資料をもとに作成した．

表3　昭和８年の区勢調査による苗字別分類

No.	苗　字	家　数	パーセント
1	池田	18	15.3
2	石橋	15	12.8
3	星野	11	9.1
4	加藤	11	9.4
5	青木	10	8.6
6	金子	6	5.1
7	鈴木	6	5.1
8	飯島	5	4.2
9	黒川	4	3.4
10	浜田	4	3.4
11	その他	27	23.9
計		117	

注）拙稿「城ヶ島漁村の成立過程と人口の変遷に関する歴史的考察」（1968 年）より作成．

縁関係で結ばれた社会構成をみることができた。まず、「島の社会」における「閉鎖性」についてみよう（九七頁写真参照）。

表3に示した「城ヶ島の苗字別分類」は、昭和八年（一九三三年）に実施された区勢調査による戸数（世帯数も同じであった）の一一七戸の姓別で、姓が比較的かぎられているのは婚姻関係があらわれている事例とみてよい。

その後、昭和三五年に城ヶ島大橋が完成し、地方《じかた》との結びつきが強まると島の閉鎖性もしだいに変化していく兆しが表4の苗字別分

表4　城ヶ島大橋開通後の苗字別分類
（昭和 37 年 11 月 20 日現在）

No.	苗　字	家　数	パーセント
1	池田	26	15.2
2	石橋	23	13.5
3	加藤	15	8.7
4	星野	12	7.7
5	青木	12	7.7
6	金子	12	7.7
7	鈴木	7	4.0
8	藤井	5	2.1
9	飯島	4	2.0
10	黒川	4	2.0
11	浜田	4	2.0
12	出口	4	2.0
13	その他	44	25.4
計		172	

注）表3に同じ．

鳥羽市沖の神島（2012 年 1 月）

類からも伺うことができる。特に、「その他の姓」が増加している。

また同じように、三重県鳥羽市沖の神島における「神島の苗字別分類」（表5）の事例をみても、島社会の地縁性を伺うことができるし、看取していただけると思う。島内婚が多く、通婚の範囲の狭さが伺えよう。こうした島社会の実態は、事例の二島にかぎらず、すべての島社会に共通するものであった。通婚範囲の狭さについて、佐渡島のことだが、

「外海府は、今なお村内婚である。近年になって、村の外に出る者はできたが、他村から迎える嫁は皆無といっていい。〔中略〕旧家戸数のわずかな村内婚では、年齢上にも無理が起きやすい。旧家どおしで相手を選ぶ風習のあるところでは、十八歳も差のある姉さん女房がいたし、満十四歳で嫁にやられた者も現存している。

離婚して再婚した先が、前の嫁ぎ先の隣りだという例さえいくつもある。嫁とは、近代的意味での婚姻の相手でなくて、手間であり、子を生む畑だという意味が強いから、雇用関係のように気軽に出はいりできるのだろう。」（本間雅彦「佐渡の外海府」より）

とみえる。

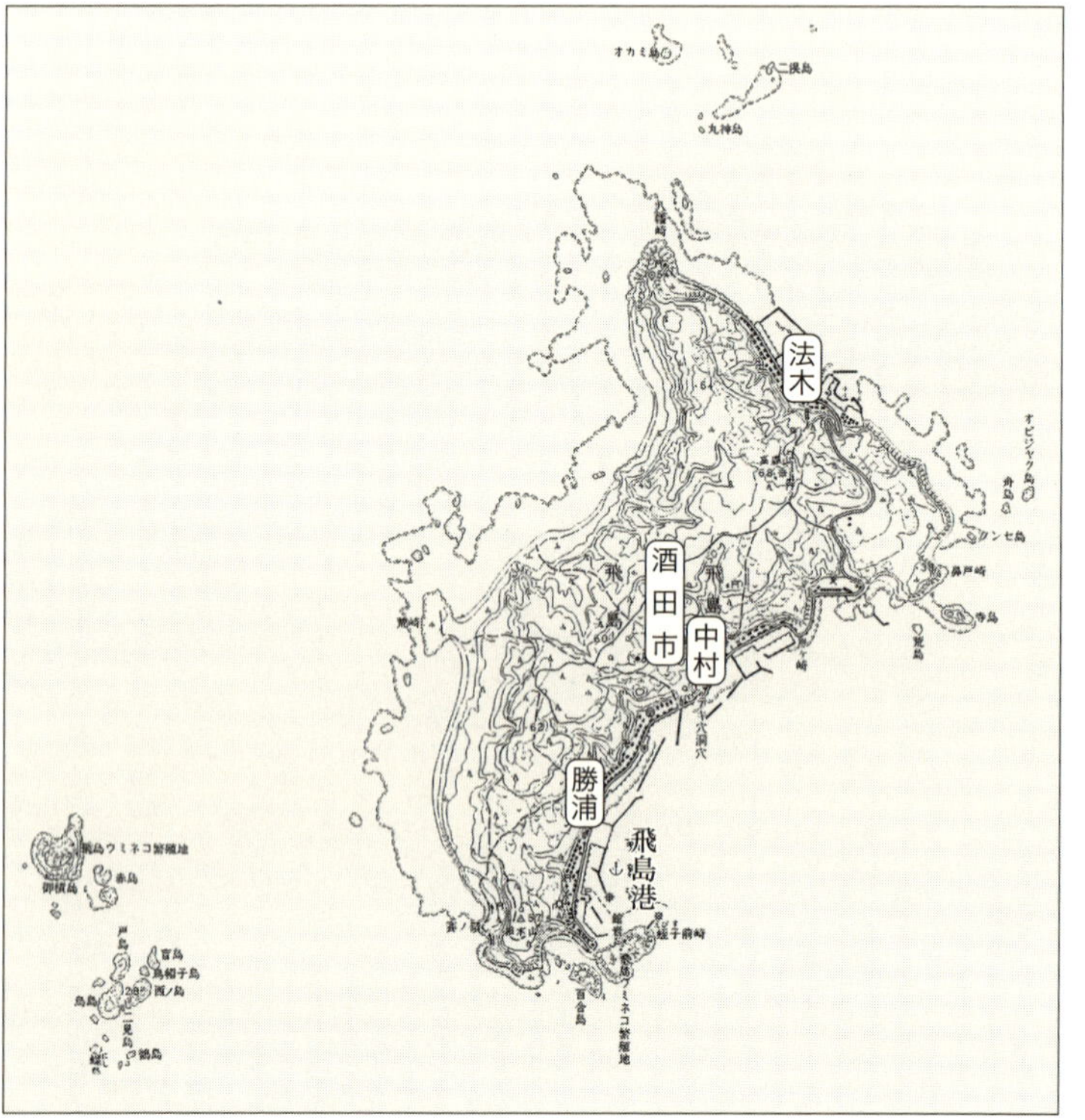

酒田市飛島（国土地理院「飛島」）

そしてもう一つ、「島の社会」の中で注目し、特筆しておきたいことは、「狭小性」に関することである。この狭小性について語るには、象徴的ともいえる、島をとりまく水界にかかわる権利関係についてだ。

すなわち、旧藩時代からの慣行として続いてきた漁業権（専用漁業権等）中に、個人の所有権があるといってよいほどの保障がもたれ、相続や譲渡に近いことさえもおこなわれている例を挙げてみたい。

大正一四年（一九二五年）に出版された早川孝太郎による『羽後飛島図誌』によれば、

飛島（現山形県酒田市飛島）には、島内に三つの集落があった。勝浦《かつうら》、中村（以前は浦とよばれた）、法木《ほうき》である。筆者が出かけた平成一四年には三つの集落全体で世帯数一九〇、人口約一五〇〇人であった。同書には、「飛島鮹穴表《たこあな》」という資料が掲載されており、三六の「名称、所有者、名称由来其他」が記載されている。そして、

「鮹穴は岩の破目や穴などに、鮹の巣喰つてゐるものであつた。冬期寒さがきびしくなると、深海にゐた鮹が、段々磯近くへ寄つて来て、穴を見つけては入つてゐた。それを捕ればまた後から、同じやうなのが来ては入る。早く言えば鮹の住家のやうなものである。捕るのは銛（ヤス）で突くのであるが、初め穴へ銛の柄を入れてやると、鮹は恐れて、奥へ々々と後退りしてゆく。最後に退る餘地がなくなると、今度は前へ押返す、こちらが引張れば中でも引張つた。何度も繰り返す中には、堪らなくなつて穴の外へ遁出《にげだ》す、其處を追かけて突くのである。鮹は頭が急所なので、遁《に》がしさうになると、何でも構はずそこを打って置いて、次の行動に移る準備をしたのである。

かうして八貫九貫の大鮹でも捕る。今年も九貫目のものを二つ捕つたといふ。もう四十年にもなるが、十二貫目のものを一つの穴で二つ捕つた事もあつたさうだ。最初うまく捕つた穴は、其後も工合よくゆくさうであるが、下手に捕遁《とりにが》すと、其穴では不思議とヘマばかりするといふ。又折角捕つても、それを猫に攫《さら》はれたりすると、その穴へは當分後が着かなかつた。初鮹は大切なものだというてゐる。

鮹穴はそれ〴〵所有権が定つてゐた。代々持傳へてゐるのである。売買は叶はぬものとしてある

酒田市沖の飛島・勝浦港（2002年8月）

が、昔は娘を嫁に出す時、附けてやる風があつた。良い鮹穴の三つ四つも持つて行けば、先に何一つ無くても、生活には困らなかつた。他からも随分羨まれたさうである。そして万一離縁の時は、穴は再び元へ還るのである。別表〔省略〕の鮹穴は、現在最も優良なもののみ示したもので、先づ特等の部である。全部の鮹穴は殆ど無数といつてもよい位で、多いのは一軒で八十も百も持つてゐたのである。さうかといつて一つも持たぬ家も多かつた。」

と記している。もちろん、この報告内容は一九四九年の漁業権制度改革以前のものであるが、旧藩時代から明治政府に引き継がれた漁業権の中には、専用漁業権や特別漁業権が認められていたため、公有水面といえども、上掲のような専用漁業権の中に私的所有権が暗黙のうちに含まれていたのである。

そして、私的所有権と同じように権利、相続、譲渡あるいは賃貸借の対象ともなりうる「鮹穴」の所有権を保障し、「それを被害からまもり、〈所有権〉たらしめているのは、じつに集落の共同体関係であるということが注意されなければならない」（潮見俊隆《うしおみとしたか》著『漁村の構造』）のであり、そうした「島の社会」の体質の中に狭小性が温存され、継承されてきたのである。こうした過去の事実は、新潟県の粟島や佐渡島の事例でも報告されている（刀禰勇太郎著『鮹』〈ものと人間の文化史74、法政大学出版局〉を参照。なお、本事例にみられる鮹の種類はミズダコである）。

また、島の社会を近世における政治的支配という史的背景（側面）からみると、沖の島（土佐沖の島。妹背島《いもせじま》ともいう）のように、北側に母島という集落（宇和島藩）、南側に弘瀬という集落（土佐藩）があり、中世以来、一つの島が分割統治されたため、なにかにつけて仲が悪かったが、万治元年（一六五八年）土佐藩奉行野中兼山の尽力で土佐藩に統一されたという島もある。

5　島のシマ・個人（企業）の島

山口県周防大島の属島ともいえる沖家室島《おきかむろじま》は、今日では橋で結ばれ、車で渡れる。『周防大島を中心としたる海の生活誌』（宮本常一著）によると、著者は大島の出身だが、「沖家室島のように、島民の中に生活を維持し難くなる家族がでると近くの〈水無瀬島《みなせじま》〉という大小二つの無人島があって、これに移り多少の財が出来ると沖家室島へ帰る」と報告している。いわば一種の「困窮島」だった（『島嶼大事典』によれば昭和三七年に無人島化した）。

ようするに、無人島でも個人所有ではなく、村（村落共同体）の総有のような「島のシマ」なのである。

このような事例は他にもある。たとえば、長崎県五島列島、小値賀島《おじ(ぢ)かじま》の属島にあたる「大島」の、さらに属島にあたる「島のシマ」に「宇々島《ううじま》」がある。

この島は以前、大島で暮らしている貧しい家二世帯が籤引《くじび》きで割り当てられて島に渡り、自立できるようになると、また大島へ帰るようにしていた。二〜三年間は農業や放牧などで暮らすが、この間、租税などは一切を免除されたのである。柳田國男も「困窮島」として注目した島だ。昭和三九年、最後の四人が島を去り無人島化した（『島嶼大事典』による）。

こうした島とは別に、まったく個人所有の島もある。千葉県鴨川市の「仁衛門島」がその一例。住人は平野家一族だけである。源頼朝を助けた恩賞として島と沿岸の漁業権を与えられたと伝えられるが、対岸（地方）との周辺漁業権をめぐり対立し、島から葬式すらも出せないことがあったという（詳細は潮見俊隆《うしおみとしたか》著『漁村の構造』参照）。

その他にも、千葉県安房郡鋸南町《きょなんまち》の「浮島」、長崎県壱岐市石田町の「妻ケ島《つまがしま》」（壱岐島印通寺港沖）も以前は個人の島であった。個人ではないが、企業所有の端島《はしま》（軍艦島）、池島、犬島などもある。

6　島の生活と嗜好品

人間《ヒト》が酒類やコーヒー、あるいは各種の茶、カヴァ（シャカオ）、キンマといった刺激のある飲料物等を求めたりタバコ、葉巻、香木などの香味を好む行為は、古い時代からの生活文化の一つである。一般に、嗜好品とよばれるものの中には人間《ヒト》に有害なものもあるが、南の島社会の暮らしは、生活面での苦労はあっても、ゆったりした時間の流れの中で、刺激の少ない日々が多いため、嗜好品を求める度合いが強い。

しかし、限られた資源の中で暮らす島の人々にとってみれば、嗜好品を入手することが困難な場合も多いため、それなりの工夫や努力もあったと思われる。かつて、島々をめぐり歩く際の土産や、物々交換の品として、タバコが大変喜ばれたのはその一例といえよう。

カヴァとキンマ

島々に伝えられた数々の嗜好品の中で、特に注目したいのは、カヴァとキンマである。

「カヴァ」（ポナペ島、ポーンペイ島ではシャカオという）は、コショウ科の木の根からとる液で、これを飲むと一種の神経マヒ状態におちいり、しぜんにだまりこくってしまい陰気になる。飲みすぎるとダウンしてしまう。

カヴァを飲料とする習慣はポリネシア、ミクロネシア、メラネシアの一部に広く伝えられてきた。フィジー、トンガ、サモア、バヌアツなどポリネシアの島々には特に多い。

筆者はミクロネシアのポナペ島でシャカオづくりに招待されたことがあった。以下は、その当時の様子である。

「シャカオをつくって飲む習慣はポリネシア、ミクロネシア等に広く共通している。儀礼的な時には必ずシャカオが出され、飲む作法も儀礼となっている島々が多かった。いわゆる〈カヴァ儀式、シャカオ儀式〉である。

今日でもポナペ島では結婚式の時など必ずシャカオの儀式がおこなわれている。したがって市場に行けば、豊富な果物と同じく、シャカオづくりに必要なシャカオの根もたくさん並んでいるのだ。

ポナペ島のシャカオづくり（1974年3月撮影）

ある日の夜、シャカオを飲みにこないかとさそわれた。特別に歓迎を兼ねてシャカオをつくるといってくれたのである。感激した。ぜひ一度、有名なシャカオづくりをみたいし、味わってみたいと念願していたからにほかならない。

ミスター・ルティック・サントスの家は、ホテルに近い海に面した場所にあった。

私が着いた時は、準備らしいことはなにひとつ出来ておらず、薄暗い小屋の板敷の上で子供たちが数人集まり、焼いた魚を猫のようにとりあっていた。夕食中のようであった。

入口に大きなシャカオの根が置かれていたが、来客をみとめると彼は、大きな蛮刀で、その根を適当な大きさにきざみ、土がまだついているのに、大きな石の上にその根を運んだ。

そのあと、二人の男が向かい合って石台の上に置いたシャカオの根を、お互いに手に持った石杵のようなものでトントンとリズミカルにたたきだした（写真参照）。

その風情はいかにも南国の島らしく、時間を忘れさせてくれるに充分であった。しかし、悲しいことに、日常の暮らしの中で時計を見る習慣がついている。約一時間近くもトントンの作業は続いた。その間、二人の男たちはタバコを吸ったり、口にくわえたまま、頭や背中をかいたりいそがしい。

そのたびに石の台上にタバコの灰が落ちたり、髪の毛が入ったりするが、そんなことはおかまいなし、背中をかいた手でシャカオの根をかきまぜたりする。

やっと、こなごなになった根をみつめた一人が、ハイビスカス（オオハマボウとも）の枝を運んできて樹皮を、足にかけてむきはじめた。どうするのかと思っていると、シャカオを樹皮の繊維に包んで、雑巾のようにしぼると、これまた下駄箱でも掃除したあとの雑巾をしぼった時と同じように、泥水がダラダラッと流れ落ちた。これはまさに嘔吐に似ていた。

ミスター・ルティックは、この汁をココヤシの殻でつくった容器に入れると、うやうやしく、私の前にさしだした。〈ダンナーどうぞ…〉と。私は一瞬、めまいを感じた。

一度はぜひ飲んでみたいと思っていたシャカオも、少しは口をつけたが、とうとう飲まずじまいに終ってしまった。

あとになって想えば、シャカオを御馳走になれるチャンスは、一生のうちにそう多くはないという気持だが…。私のフィールドワーカーとしての修行不足を、この時ほど強く感じ、いたく反省したことはなかった。」（拙著『母系の島々』）

「郷に入《い》っては郷に従え」という教えは、他の土地へ出かけたら、人の住んでいる風俗や習慣に従うことが処世の術であり法であるということは、頭の中では、わかっているのだが、実践できないようではフィールドワーカーとして失格というか、最低であるが、嗜好品に関しては、それができない。

だが、他の人が食べない魚を食べて、タヒチ島でシガテラ毒におかされ、帰国後、治癒《ちゆ》に八ヶ月間かかったこともある。

また、「キンマ」（蒟醬）を嚙むことも広く島々でおこなわれてきた習慣であり、主要な嗜好品の一つである。『広辞苑』によると、キンマは「マレーシア原産のコショウ科の常緑蔓性の低木で、コショウに似る。葉は大きな心臓形。葉、根、種子を健胃・去痰《きょたん》薬とする。タイ語、ビルマ語の転訛〔以下略〕」とある。

そして、インド、マレーの現地住民の多くは、その葉を採って、ビンロウジュ（檳榔樹）の実に石灰をまぶして包み、嚙んで嗜好品とすることが記されている。

『太平洋諸島百科事典』によれば、キンマを嚙む習慣は古く、紀元前三四〇年、ギリシアの歴史家ヘロドトスによって、すでに記録されているという。また、この習慣は、南アフリカ東岸のザンジバル（島）から、インド、マレー、インドネシアをへて太平洋諸島に広まり、ミクロネシアのパラオ、ヤップの両島、メラネシアではニューギニアやソロモン諸島にこの習慣が伝えられている、とみえる。

キンマを嚙むと、口の中が清潔になり、口臭を除き、声を良くするというが、口の周囲が赤くなり、慣れない人が見ると違和感を覚える。それは、ビンロウ樹の実に、貝殻や珊瑚を焼いた石灰をかけ、キンマの葉に包んで口に入れて嚙むと、真赤な汁がでてくるためだ。しかも、道端に吐いたりするので、かつて食人の風習があった話に結びついてしまうのは、筆者だけではないと思う。

以下の「キンマ愛好――ベテル・チューイング」も、拙著（前掲）による。

「ヤップ島には〈ンギイ〉というシャコ貝製の小さな杵《きね》がある。長さは約二三センチ、直径は太いところで二・五センチほどのものだ。こんな小さな杵を、なんのために、どのように使用するのか想像できるであろうか。事情を知らないで、ただこの小さな杵だけを見れば、子供の遊び道具としての杵としか思われない。しかも木製の、これまたかわいらしい臼《うす》までであり、いずれもセットになっているわけだ。小型の臼を〈マア〉と呼ぶ。

ヤップ島にもキンマ（ビンロウ樹の実）を嚙む風習があり、ココトッと呼び、愛好者は多い。ビンロウ樹の実は、ウズラの卵ほどの大きさだが、その実を割って石灰をふりかけ、キンマの葉にくるんで口の中へ放り込む。

嗜好品なので、大人の多くが、口の中でチューインガムを嚙むようにクチャクチャやっている。ただ、この嗜好品は、口の中が赤く染まってしまうばかりでなく、口唇から口のまわりまで赤黒くなってしまう。〔中略〕

だが、ヤップ島の人たちは男女共にキンマを楽しみ嚙んでいるところをみると、赤黒い口もとや口の中も互いに魅力の一部なのかもしれない。

私も、キンマを嚙むと、どういう味がするのかと、好奇心で一度だけ試したことがある。無論、一度や二度で口の中が赤くなるわけではない。

まず、ビンロウ樹の実を、ナイフで半分に割り、それにあらかじめ用意した石灰をかけてキンマの葉で包み、口の中へほうりこむのだが、口中に、なんとなく渋味か苦味がひろがり、嚙めばかむほどモコ・モコして、一分間もたたないうちに、口から出してしまったことがあった。

それ以後、今でも〈あんなものがどうして嗜好品になるのか…〉と思いつづけているが、それはタバコや酒の嫌いな人が、ヘビー・スモーカーや酒飲みの気持を理解できないのと同じようなものなのだろう。習慣とはそういうものだ。

ところで、シャコ貝製の小型杵〈ンギイ〉や木製の臼〈マア〉は、ヤップ島の老人たちがビンロウ樹の実を割ったあとで、それをこまかく、すりつぶすために使用する専用の道具なのである。今日的にいえば、高齢化社会に対応した、思いやりのある民具なのだ。

だれでも若い時はビンロウ樹の実を自分の歯で割り、こまかくするのも自分の臼歯が役立つ。ところが歯科医師もいない南の島のことであるから、歯がぬければ一生そのままで、入れ歯をすることもできない。中年以上になれば歯はほとんどいたんでしまい、カタイものを自分の力で噛むことができなくなってしまう。そこで考えだされたのが、このハンディーな臼と杵であった。

ヤップ島の大酋長ミスター・ロボマン（左）　いつも左手にウワイ（手提籠）を持っていた。

したがって、キンマを愛好する人々は、誰でも〈道具一式（竹製、椰子殻製の石灰入れ、蝶貝製の小刀や小匙など）〉を入れた手提籠（ウワイ）を持ち、その中へキンマ、ビンロウの実、その他を入れて持ち歩き、一日中、ウワイをはなすことはない（写真参照）。

ウワイは椰子の葉をこまかく裂いて編んだもので、ヤップ島では男女ともに小脇にかかえたり、最近では背から紐でさげたりしている。これも流行なのかと思う。

上述したように、この嗜好品は大陸やインドネシア方面から伝えられたとされており、ヤップ島をはじめパラオの島々に色濃く残っているが、筆者が台湾の台北に近い漁業調査に出かけた時、キンマを売っているのを見たことがある。

日本で戦後、チューインガムが普及したのと同じように、南の島々にもチューインガムをはじめ、おいしいお菓子がいきわたったため、最近では、若い人たちのあいだでキンマを嗜好する習俗もすたれている。

ほとんど、中年以上のあいだで続けられているベテル・チューイングも、しだいに過去の嗜好品になっていくのは時間の問題のように思われる。しかも、それに必要な道具もしぜんになくなり、貝製の小刀や小匙も輸入品のステンレス・スチールに変わりつつある。

現在、歯をいためた老人たちが、ささやかに楽しみながら、小さな臼と杵を使って、ビンロウ樹の実を搗きながら口にしている様子は、近い将来に見られなくなり、口の赤い人々もいなくなるであろう。

〔以下略〕」

酒とタバコ

「幸か不幸か」、島国である日本に「カヴァ」や「シャカオ」をたしなむ暮らしの文化は伝わらなかった。茶の文化が中国大陸から伝播されたことによるものか、日本列島の植生や、列島人の嗜好に対する興味、関心、美意識、大陸文化に対する志向が強かった結果によるものか…。いずれにしろ、島国の日本人にとって近年、嗜好品といえば、酒とタバコが、まずその筆頭ということになる。

酒のことで思い出すのは、いわゆる伝統的な日本酒とは別に、日本各地の多くの島々には、特産とされる焼酎や、泡盛の名でよばれる沖縄特産の焼酎があり、かなりの人気というか愛飲者が多いことだ。

その中でも、沖縄県産の泡盛は世界的にみても、独特の生活文化に結びつき、保存方法、保存容器（壺、甕）、酒器に至るまで島の文化に結びついて個性的である。しかも、そのような嗜好品をはじめとする暮らしの文化要素を今日でも継続して発信しつづけているのに驚く。

蒸留酒の一種である焼酎は、米麦をはじめ粟、稗《ひえ》、黍《きび》、玉蜀黍《とうもろこし》や甘藷などの芋類から造るというが、もとは日本酒（清酒）の絞り粕も原料であったという。

『八丈實記』に、島に焼酎の製造方法が伝えられたいきさつについて、次のように記されている。


「嘉永六癸丑年四月流罪、明治元戊《（戊カ）》御赦を蒙リシ薩州出水郡阿久根町丹宗庄右ヱ門秀房ト云フ者、八丈島ニテ初テサツマ芋ニテ焼酒ヲ造ル事ヲ教エタリ。コレヨリ米穀一粒ノ費ナク、多クノ村民ニ教エ始、習フテ、五ケ村ニ於テモ□《（ママ）》セリ、年経テ家業作業ニ大益ヲ得タリ、此嶋ニ於テ禁スル事アタハサル品三ツ。禁酒、他屋（密通、春情）、漂着是也。」（第一巻）

嘉永六年（一八五三年）といえば、ペリーが四艘の黒船で浦賀に来航し、わが国に開国をせまった幕末であるから、古い話ではない。

筆者が八丈島に博物館建設事業のための調査で出かけた昭和四八年（一九七三年）には、一〇銘柄ほどあった。「流人」も島社会に貢献している。

今日、焼酎は全国各地で製造、販売されているが、筆者の知るかぎりでは、長崎県壱岐島をはじめ、鹿児島県の長島、南西諸島に名産品があるように思うが、島贔屓《びいき》の我田引水か。

泡盛とよばれる沖縄特産の蒸留酒は、黒麹《こうじ》菌と原料の米をくだいてまぜあわせ、麹をつくり、それに水を加えて発酵させてから蒸留して造るのだと聞いたことがある。子どもが誕生すると泡盛をしこみ、甕に入れて土中に埋めて保存しておくとも。長い年月にわたり熟成させると芳醇さが増すので、子どもが成長し、婚礼の時に甕を掘り出して古酒《くうす》で祝ったものだという。

中国大陸に近い「台湾」には、中国とは異なる糖蜜酒の製法があったという。

他方、海外の島々に目をむけてみると、同じように各国各島で、それぞれ嗜好品としての酒類がつくられてきたことがわかる。その中の数例をあげてみたい。

今日では日本人におなじみのイギリスのスコッチ・ウイスキーも、もとはスコットランドの北部の山地だの島嶼などでつくるハイランドと、南部の平地でできるローランドに分けられていたという。同じ大麦の原料を使って造るシングル・モルトなのに、どこが違い、どう区別されるのかといえば、「麦芽を乾燥するための焚きものの差にすぎない。すなわち、前者は荒野にふんだんにある泥炭（ピート）を掘りおこして乾燥したものを石炭の代用にし、しかも、直火で使うのである。そのため特有のスモーク臭がつく。」という。

もとは、ハイランドでも、特に強いウイスキーを造った「アイレー島」(IsLay I.) などは、よく知られていた。これぞ嗜好品といったところだ。しかし、今日ではピートは日本にもアメリカにも送られているので、どこでも同じようなものになってしまったという。*

＊　アイレー島の「マクレランドアイラ、一八一八年」などはローランドと標記している。

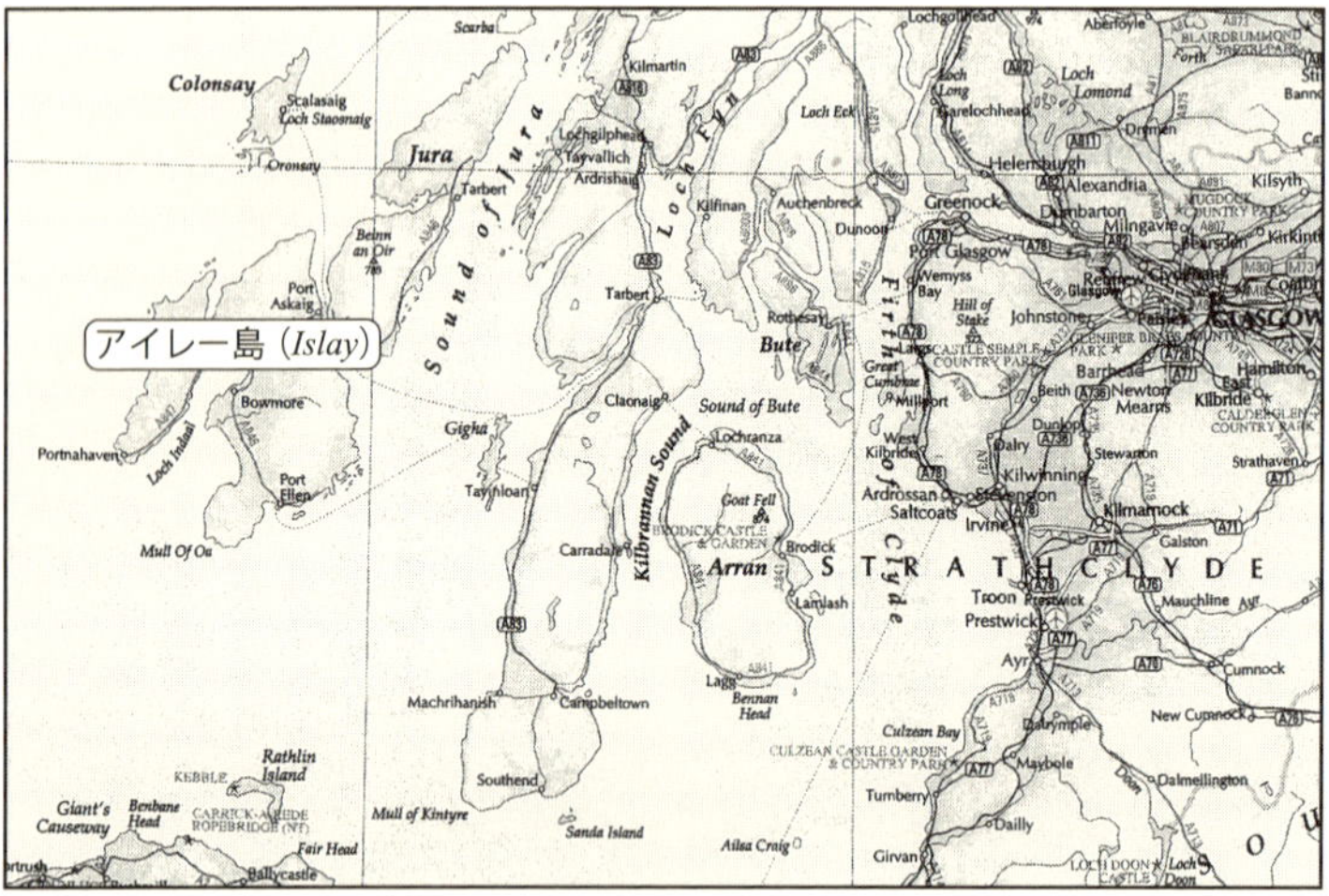

アイレー島（100 頁「二つの名前をもつ島」参照）

この、スコッチ・ウイスキーも、一九世紀の中頃までは地元の人達の常用する、いわゆる粕取りかどぶろく級でしかなく、チャーチルの著作にも、「わが父はスコットランドの山野へ猟に出かけた時ででもなければ、ウイスキーなぞは決して口にしなかった。彼の時代の飲物はブランデー・ソーダであった」とあるとみえる（以上、坂口謹一郎著『世界の酒』より）。

このように、スコットランドでもアイレー島をはじめとする島々で、わが国と同じように地元の人々のあいだで嗜好品として製造されていた酒が、ブレンドされて、やがてブランド化していったのは日本に似ていると思う。

西インド諸島の酒類とタバコ

また、大西洋のうちでもバハマ諸島、西インド諸島、大アンティル諸島などカリブ海の島々に目をむければ、キューバ、ジャマイカ、ヒスパニオラ島（ハイチ、ドミニカ）、プエルト・リコなどの島々をはじめ、一帯では、ラム酒が嗜好品として喜ばれている。中でもジャマイカ産は名高い。ラム酒はサトウキビ（砂糖黍・甘蔗）を原料にしている。糖酒ともいわれるとおり、蔗糖蜜に水を加えて発酵させてから蒸留する。筆者が子供の頃は、「ラム酒」といえば、ラッパ飲みする酒で、西インド諸島を我物顔で往航する海賊、あるいはそれに準ずる船乗りの飲物といったイメージが強かった思い出がある。絵本の影響だろう。

カリブ海のドミニカ共和国（ヒスパニオラ島）周辺の島に住む海の民は、コロンブス来島以前からの住民だが、嗜好品はやはりラム酒だ。しかし、ラム酒製造の歴史を筆者は知らない。

メキシコ産の、竜舌蘭《りゅうぜつらん》を原料として造る「テキーラ」とよばれる強い蒸留酒も知られている。メキシコのコスメル島にも売っていたが、島の特産ではないのだろう。移入したものか確認していないが。

太平洋の島々の中でもミクロネシアの最も東に位置するマーシャル群島の人々の嗜好品について、染木煦《そめきあつし》氏が調べた結果によると、

染木煦氏（自宅にて，1978年6月22日）

「在来の嗜好物と云ふ物は全くないと云つて可い、彼等の間にはカヴァ酒もなく〈キンマ〉を嚙む習慣もない。強いて云へば椰子の花梗《かこう》から汁を一夜発酵させた椰子酒位の物であらうが、これは酒と云ふにはあまりに心細い。現代〈昭和一八年当時〉の彼等にも嗜好物として許されるのは煙草だけで、酒は政庁から禁止されてゐる。彼等の最

も好む煙草は外国製の薫の高いロープ煙草（半濕性でロープの如く撚ってある。非常に香ばしく、これをきざんでパイプにつめて吸ふ。）であるが、現在日本側からの輸入はなく、時として南洋貿易会社の手によってギルバート方面より輸入されることがある。」（『ミクロネシアの風土と民具』）

とみえる。また、ギルバート群島の項には、「嗜好品については、マーシャル群島とほぼ同じ」とみえ、「嗜好品の煙草は、殊に米国製のロープ煙草を好む」とみえることから、輸入タバコはマーシャルもギルバートも米国からの輸入品であったのだろう。

嗜好品のタバコの輸入も、ごく近年になってからのことであろう。

北太平洋のマーシャル群島は赤道に近く、ハワイ諸島からも、かなり離れている。それゆえに情報もほとんどなかったであろう。鈴木経勲《つねのり》は明治一七年に見聞した『南洋探検實記』の中でマーシャル群島における「男女の関係」のみだれや、「人肉を食する法」について記載しているが、これらの件に関しての信憑性はさだかではない。

ミクロネシアの島々で生活する人々は嗜好品としてのタバコが好きだ。かつて日本が、このあたりの島々を信託統治《とうち》していた時代は、南洋庁が島民の飲酒を禁止していたり、椰子、その他から酒類を製造することを禁止していたので、たのしみはタバコやカヴァ、キンマということになったのかもしれない。それに一九七五年当時は、ライセンスをもたないと、酒類は飲めないという島々もあった。

筆者も、ミクロネシア方面に出かける際、タバコを土産に持って行くことが多かった。なんといっても軽いので助かる。一九七〇年代頃までは、旅行カバンの中に、当時、「百円ライター」とよばれてい

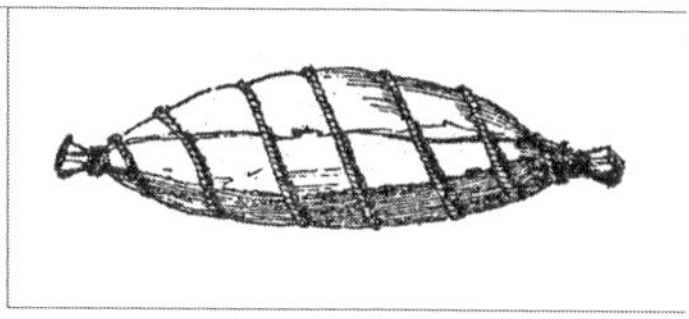

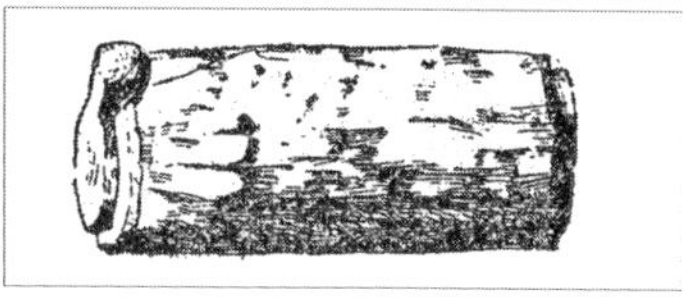

右列：タコ葉包（上）と木桶入り（下）のフハイス煙草（染木煦著『ミクロネシアの風土と民具』彰考書院，1945 年より），左上：タコ葉包のフハイス煙草（拙著『母系の島々』創造書房，1982 年より）

た着火器を大量に入れて航空機に乗っても、別にとがめられることもなかった。タバコと一緒にプレゼントすると喜ばれた。

島民の中には、「このライターは、タバコを吸う時に使うと、何回ぐらい使えるのか」という質問が多かった。そこで、「ずーっと使える」と答えると、さらに喜ばれたものだ。

そうした島々で需要の多いタバコは、ほとんどが輸入品だが、ヤップ離島のファイス島だけはちがう。

『ミクロネシアの風土と民具』の中の「フハイス島」（ファイス島）の項に、

「此の島は煙草を産する。離島中煙草を産するのは本島だけで、フハイス煙草と称され土人《（ママ）》は甚だしく愛好するが、邦人には其の味が辛過ぎると云ふ。各戸毎に自製し、乾燥して刻んだ物をタコの葉を以て三十糎位の紡錘形に包み、椰子縄を以てからげる。上製の物は椰子の木を刳つて造った木桶に入れる。

タコ葉包みの物は一本二十五銭位の価格であるが、自分はマッチ一袋に一本、赤布二ヤールに四本位の割で交換した。一本十銭ぐらいの低廉さであるが、離島航路の定期船が六箇月以上も来なかつたので煙草の価値は下落し、雑貨の価値が上がつて居るわけである。
土人(ママ)は刻んだ煙草を椰子殻製の小壺に入れ手提籠ワイの中に入れて携行し、時に応じてタコの葉に巻いて吸ふのである。」

とみえる。なお当時(昭和九年・一九三四年頃)の現状について、「民家は比較的多く百二三十戸有、男二百三十三人、女二百三人、珍しく男子に比して女子の数が少い。」と記している。

その後のファイス島の実状について、『太平洋諸島百科事典』によると、「コプラ以外の植物産品として煙草、キノコがある。一九八七年センサスでの人口は二五三人」とみえる。

ただし、これまで島嶼で暮らしてきた人々は「タバコ好き」と書いたが、多くの島の中には例外もあるのだ。

一九二八年(昭和三年)に台湾の「紅頭嶼」(現在の蘭嶼)を訪れた鹿野忠雄の記述に、「ヤミは、南洋諸島の土人(ママ)の如く、槟榔樹の実をかむが、酒や、煙草は一切知らないで、飲ませても之を排斥するのは不思議である。未開民族の生活には、酒と煙草が伴うのが常であるが、全然その俤《おもかげ》だに知らないのは、奇異に感ぜられる。」(鹿野忠雄氏稿「紅頭嶼ヤミ族の人類学的概観」一二頁、東京大学大学院・文化人類学研究室保存・鹿野氏抜刷集)とあるのを、戸山卯三郎が『ヤミ族の原始芸術』の中で紹介していることにも注目しておきたい。

V　島々の伝統（旧廃）漁法

1　佐渡島のサンマ手摑み漁

これまで、島の暮らしは自給性が高いため、農作物にしても、磯物採取をはじめとする漁撈にしても、自家消費程度の生産活動にあまんじてきた感が強い。

筆者が、昭和五〇年（一九七五年）に、両津港と加茂湖が連絡（開口）している橋の上に立っていたのは六月中旬、夕方であった。どこからともなく集まった人々が、それぞれが手にしたタモ網で、おりからの上げ潮にのって海から湖にはいってくるサヨリを掬《すく》い、バケツに一〇匹ほど入れると帰って行った。夕餉の仕度に、掬って帰るようであった。

島の暮らしの中には、厳しさもあろうが、ほのぼのとした生活があることをその時に感得した。

また、姫崎に近い椎泊《しいどまり》に滞在中、タライブネで磯漁に出かける機会があった。

その時、アブラメ（アブラッコともよぶ、アイナメのような魚）等の磯魚を捕るために使う道具を見た。筆者は、はじめて見たパチンコ（ピンヤ）のような道具を、とても漁具とは思えなかった想い出がある。

一般にパチンコというのは、二叉になった木の枝などの支軸にゴムを張り、ゴムの弾力を利用して小石などを飛ばして遊ぶ玩具をいうが、小石のかわりに鉄（太い針金）棒の先にカエシをつけ、矢と同じように射《い》て、まるで弓矢と同じような使い方で魚をねらうのである。

一緒に潜水メガネをかけて潜り、実際に使ってみると、魚に命中しない時は、矢に相当する部分の鉄棒が遠くまで飛んで行くため、探すのに苦労した記憶がある。

その時に思ったことは、矢に細紐を縛りつけておけばよいということであった。

また、この道具には特に名称がなかったことから、遊びのための道具に工夫を加えて流用しているようにも思われたが、他の島々にも「射漁《しゃりょう》」とよばれる漁法があることから、今後、注意していかなければならない伝統漁撈具である可能性もすてきれないと思ったものだ。

こうした漁は、自家消費量だけの漁獲があれば満足できるのだし、商品生産以前の暮らしの伝統を思わせた。

同じ佐渡島の小木半島から北佐渡の海岸一帯や沖にかけて、方言で「バンジョウ」とよばれるサンマの手摑み漁が、昭和三〇年（一九五五年）頃まではおこなわれていたという。

両津市郷土博物館の『海府の研究』によれば、「佐渡には〈雨イカ照バンジョウ〉という言葉があり、梅雨の頃から雨の晴れ間で風がなく、陽が照って海がドロンとして油をながしたような日にバンジョウが磯近くに寄ってくる。バンジョウが海上の浮遊物に産卵のために浮上してくるのを取るのである」とみえる。

また、バンジョウの手摑み漁をするには、「手押しの櫓こぎの船ででかけた。漁場はワカメを刈るような近いこともあれば、一時間ほど沖に出ることもあり、いずれも、山あてでだいたいの位置を決め、イカリを打って船の両側とトモへ、ワラゴモを浮べる。

右：サンマの手摑み漁
下：サンマの手摑み漁に使うコモと藻
（いずれも戸地にて．『海府の研究』両津市郷土博物館，1986 年より）

バンジョウが船の下に遊泳するようになるとコモの下に手を入れて素手で、指間や掌中に集まってくるのをつかみとる」。多いときにはタモを使うこともあったという。捕ったバンジョウはナマスにして食べた。残りはバンジョウのヌカヅケといって、塩辛くシオにしておき、秋の稲刈りのオカズにする。中にはサンショウの葉を入れておき、風味をつけたり、糠の加減を工夫して、その家の独特の味を出したとも報告している。

このように、サンマの産卵期にあわせた習性を知り、自家消費用の漁がささやかではあるが伝統的におこなわれてきた。このサンマ手摑み漁は、漁撈というよりも、採取あるいは捕採に最も近い旧廃漁ともいえよう。

2　馬毛島の射漁《しゃりょう》

馬毛島《まけ(げ)しま》は鹿児島県の種子島の西方約一一キロにある。種子島の属島で面積約八平方キロメートル、最高標地約七〇メートルの島で西之表市に加えられているが、通常は無人島。トビウオ漁や、他の漁で漁業者が季節的に入島することはある。

鹿児島県奄美群島（馬毛島）の射漁（羽原又吉著『日本漁業経済史』下巻より）

羽原又吉《はばらゆうきち》著『日本漁業経済史』（下巻）に、「鹿児島県奄美群島（馬毛島）の射漁」と題した一枚の写真が掲載されており、水産庁所蔵とみえる。

ここでは、あまり聞きなれない「射漁」という漁に注目したい。「射漁」という言葉もめずらしいが、わが国において弓矢を使っての漁の写真は大変貴重である。まず写真をみると、潜水眼鏡をかけた二人の男が、潜水した状態で弓で矢をひき、岩礁内の捕獲対象物をねらっているようだ。

さらに、写真を詳細に分析してみると、潜水眼鏡に空気袋がつけられているのもわかる。わが国で、潜水眼鏡が使用されはじめるのは、明治二〇年前後で、明治二三年に刊行された『熊本県漁業誌』にみえる潜水漁に使用する「水鏡」の図に示された皮の空気袋がもっとも初期のものであるから、この写真はそれ以降のものと思われる。

あわせて、水中の写真撮影であることからも、それほど古い写真であるとは思われない。たとえば、三重県答志島の海女さんをゴードン・スミスが撮影した明治三七年（一九〇四年）の写真に水中写真は含まれていない。この時代にはまだ、水中撮影の技術はなかったのであろう。

しかし、羽原又吉《はばらゆうきち》のように、「原始的住民」は、鳥類、小型哺乳類をはじめ魚類に対しても盛んに弓猟を行ったものではないかと想像することは可能である。氏は、「魚類の弓矢漁は、南方海は勿論のこと鹿児島・沖縄・台湾方面では今日でも行われている（諏訪湖や琵琶湖などにも古い時代に弓漁があったようなことから考えると、大量出土の小形石鏃もかような目的に使用したのではあるまいか。いずれにしても、石鏃、石銛による射漁、突漁と、後に記する舳倉蜑《あま》の潜水漁とは、南方海圏の漁民に特有な原始漁法であることと、なお重要な漁業に鵜飼があることを特に注意すべきであろう。」としている。また、『海南《はいなん》島民族誌』（スチューベル著）に、「布配黎《ぶべり》族は河川で魚をとるのに弓矢を使用している」とみえる。

3　アンダマン諸島の弓矢漁（射漁）

大林太良氏（右．1996 年）

アンダマン諸島やニコバル諸島は、今日ではインドに属している。ミャンマー連邦共和国、タイ王国、マレーシアの国々に近く、ベンガル湾の東にある列島だ。アンダマン諸島は約二〇〇の島々から形成されているとされるが、大きな島が三つある。北アンダマン島、中アンダマン島、南アンダマン島で、南の良港ポート・ブレアが中心地になっている。この島々は、インド独立以前にはイギリスが流刑の島としていた。

他方、ニコバル諸島は、アンダマン諸島の南に位置する。

大林太良（写真参照）によれば、ニコバル諸島の古くからの住民はすべてアウストロアジア語族に属しており、北ニコバル、中ニコバル、南ニコバルと三つに分けられる。大ニコバル島奥地に住む半漂泊民ともいえるショペン族が諸島内で最も古い住民の子

右：C. Boden Kloss, *In the Andamans and Nicobars* 表紙（1903），
左：アンダマン諸島民の弓矢漁（射漁．同前書より）

孫であると考えられるが、アンダマン諸島民とは同類ではないとする。

その理由の一つとして、農耕民的で、ココヤシやヤムイモを栽培し、繊維の材料などに用いるパンダヌス（タコノキ）を育成し、豚や鶏を飼育している。また、海岸に定住生活している島民は、アウトリガーのカヌーで漁撈活動もおこなっているという。

しかし、上掲したアンダマン諸島の古くからの住民は、今日では定住しているが、二〇世紀初頭以降も、南アンダマン島（エンジ族）、ラトランド島（ジャラワ族）、小アンダマン島（エン族）のように、半移動的な漁撈、狩猟、採集（取）の伝統的生活を続け、農耕技術をもたなかったとの報告があり、男性は弓矢を用いて漁撈、捕猟、狩猟を、女性は植物採取中心の暮らしであった。

熱帯雨林気候で年中高温多湿のため、密林におおわれ、沿岸地帯はサンゴ礁が発達しているので捕採対象物は豊富で、年中、裸で暮らしてきたともいう。

すくなくとも一八世紀中頃までは諸島外の民族文化の影響を受けなかったのであろうといわれる。その結果、古い時代からの弓矢による漁法の伝統が残ったのであろう（C. Boden Kloss, *In the Andamans and Nicobars. London*, 1903）。

あわせて、ラグーン（礁湖）のような浅瀬が続く海岸や河（川）口付近では弓矢漁が有効であっても、わが国のように岩礁性海岸（海底）が多い場所での弓矢漁は突漁（銛漁）に比較して効率的とはいえない。たとえ砂浜海岸であっても、カレイ、ヒラメのたぐいは仔魚のうちは渚近くでくらしていても、成長すれば深い場所へ移動してしまう。

したがって、ワニを捕猟したりするには有効なのであろう。

4　海蛇《イラブー》の手摑み漁（久高島、他）

久高島については「イザイホー」の項でも紹介した。ここでは、同島で伝統的におこなわれてきた「イラブー」の捕獲権についてみよう。

久高島でイラブーとよんでいるのは「エラブウナギ」（永良部鰻《うなぎ》、エラブウミヘビ）のことである。特産地の沖永良部島《おきのえらぶじま》の名によるが、沖縄方面に多い海産の毒蛇。普通の長さで約七〇センチ、大きいものは一メートル二〇センチにもなるという。

ところで、このイラブーにも、イラブウミヘビ、アオマダラウミヘビなどの種類があるが、いずれも捕獲後は加工され保存食材となる。

辻井善弥の「海蛇の島」(『離島と僻遠の漁村を訪ねて』所収)によると、久高島における海蛇の捕獲権は、久高祝女(ノロ)、外間根人(ニイッチュ)に限られ、他の人では村頭以外に捕ることができないという。

島にある久高殿と外間殿の二つの社殿に、それぞれ、ノロとよばれる女性の神官がいて、イラブーの捕獲権(漁業権)は、この二つの家に属している。村頭とはノロを手助けして村の祭祀の世話をするため、一年交替で順番にこの役をうけもつ者である。

前著によると、

「海蛇は泳いでいるときにはなかなか捕えられません。もっとも、久高では昼間泳いでいる海蛇を勝手に捕えることは禁止されています。夜になると交尾や産卵のため海蛇はガマと呼ばれる島の岸にある小さな穴に入ってきます。それを女衆たち〔ノロ家の人々や村頭の人々〕が手づかみで捕獲します」

「猛毒があるということですが、手を嚙まれることはありませんか」

「海蛇はハブと違って奥の歯に毒があるといわれています。ですから嚙まれても、いままで亡くなった者もおりません。島にも血清は置いてないはずです。昔は手を嚙まれたときはただちに酢につけたりしたようです。いまでは手袋をつけています」

海蛇の捕獲は七月より始まり、その年の暮れまでつづくようだが、その間、〈ガマ〉〔岩礁地帯の穴〉の近くに一坪ほどの小屋をつくり、ノロ家や村頭の女衆は夜になると、そこで寝泊りし、潮の様子をみて、〈ガマ〉に入って海蛇を捕獲するのだという。そういえば、徳仁港に入る寸前に、連絡船の中から小屋を見たが、それがそうなのだろう。〔中略〕「海蛇は一ヶ月ぐらいは餌も与えずに生きています。ですから、一五〇匹ぐらいまとまると焙乾《ばいかん》します。まず、海蛇の首をハンマーでたたき、首の骨を折って殺します。昔は頭を歯でかんで噛み殺したということです。死んだ海蛇を湯の中に入れてゆっくり洗います。つぎにクバの葉か藁《ワラ》で肌をこすって、ウロコをはぎとります。それを湯の中へ再び入れて、数分間煮ます。それを外に出して板の上で形を整えます。バイカンヤー（焙乾小屋）はノロ殿の脇にありますがバイカン棚に海蛇を並び終えると、小屋の戸を締め切って火をたきます。薪はシャリンバイやガジュマルの木を使います。三日から五日目に薪をくべ直し、火勢は徐々に小さくし、棚もさげます。六日から七日目で焙乾はおわります。」

とみえる。

イラブーの乾燥した燻製品は沖縄の高級食材として人気が高く、スープは精力剤であるため、高価で仲買人に売られるという。

以上、久高島の事例でもみられるように、祭祀組織と結びついた海蛇《イラブー》の捕獲特権（漁業権）は見方によっては特殊な例ともいえるが、わが国の民俗文化の古層を探るうえで紙幅を割いておく。

なお、海蛇を捕獲して食材に用いるのは、わが国だけではない。

以前、拙著『母系の島々』の「メラネシアの裸潜水漁」の項でも紹介したが、ニューカレドニア島の東側に位置するロイヤリティー（チー）諸島においても、裸潜水漁により「海ウナギ」の素手による捕獲がおこなわれてきた。

この地域の男たちは、三メートルほどの深さまで潜り、海亀を捕えるほかに、船で漁場まで出かけ、同じほどの深さの海底から、わきあがるように泳ぎながらあがってくる「海ウナギ」を素手で摑み捕る。両手に一匹ずつ摑んだりすると、気持が悪くなるほど腕にからみつく。中には腕よりも太そうなウナギもいる。

このようなウナギ漁場は、島の周辺でも限られているようであるが、こうした潜水作業を繰り返しているうちに、ウナギに嚙まれる仲間もいる。

このウナギは、かなりの毒があるようで、嚙まれた男は船上にあがり、摑んできたウナギの尻尾をもって、傷口をポン、ポンとたたく。こうしてウナギの尾から出る体液で毒を消してしまうのだと聞いた。

5　済州島の裸潜水漁など

海女とカジキリ網

韓国の済州島や島国日本では、女性が裸で海に潜り、アワビ、サザエ、ウニ、海藻などを採取する、いわゆる「海女さん」の存在は広く知られている。したがって、特に珍しいとは思われない。しかし、世界的に見ると、実に特殊な暮らしぶりなのだ。

韓国では「済州三多」ともいわれるように、「風、石、女」が多い。

カジキリ網と筏舟（同前書より）

カジキリ（チャリ．泉靖一著『済州島』東京大学出版会，1964 年より）

最近のカジキリ網（済州島「国際海女シンポジウム」資料より）

済州島西帰浦沖の地帰島にて（1973 年，筆者撮影）

昭和一一年（一九三六年）の統計によると、島内の漁撈（業）従業者は女性が多く、男子漁夫三九二八人にたいして、八三七三名という多数を占めていた（泉靖一著『済州島』より）。

島では裸潜水漁をおこなう女性（潜女）をヘニョ（hae-nyo）、あるいはジャムス、ジャムニュ（Jamsu, Jamnye）とよんでいる。済州島はもとより、韓半島には伝統的な男の裸潜水漁者（海士）はいない。したがって、済州島の海女だけが、韓半島や日本（竹島、鬱陵島《うつりょうとう》を含めて）に出稼ぎに出ていた。前掲書によると、当時はその数およそ三五〇〇人。

また、島には「カジキリ」（島の方言でチャリ〈Jali〉といい、長さ約八〜一二センチほどの細身の銀色をした魚）を捕えるために、伝統的な筏舟と周囲四メートル以上もある掬い網を用いての網漁が伝えられてきた。

このカジキリ網漁はチャリ・クムル（Jalit-Kumul）とよばれる。最近の網は、やや工夫、改良され、大型化もしてきた（前頁写真参照）。

済州島の女性は年間を通して潜水漁をおこなってきたが、カジキリの捕獲は男たちにより五月から八月にかけての漁で、島には六五〇もの網があったという（一九三七年統計）。カジキリの塩漬は島民に食材として好まれてきた。

今日、済州島の海女さんたちの暮らしや文化をユネスコの世界無形民俗文化財に登録しようという動きがある。もちろん日本の三重県や石川県でも連動し、準備を進めている。

わが国の「和食」が登録された時に、国民があらためて自分たちの国の文化をみなおし、驚いたのと同じく、女性の裸潜水漁は世界的にみても稼働地域が限定されているのだ。特に島国日本と済州島の両女性（海女・潜女）は注目されている。「和食」がそうであったのに似ているといえよう。

珊瑚礁の魚をパリットル（銛）で狙う（1979年，筆者撮影）

6　蘭嶼《ランユー》の裸潜水漁など

海士とトビウオ漁

台湾の台東《タイトン》から南東海上およそ八〇キロメートルに位置する蘭嶼は、「紅頭嶼《こうとうしょ》」とよばれていた時代もあった。バシー海峡に近く、台東より台湾航空公司のセスナ機で約四〇分、船で約八時間ほどかかる。

調査当時（昭和五四年・一九七九年）には六つの村があり、約三〇〇〇人のヤミ族が暮らしていた。イモの水田栽培がさかんで、イモの種類は多く、水田作の水芋、畑作の里芋、甘藷、山芋などあり、家畜は豚、鶏、山羊しかいない。したがって、漁撈活動は暮らしの中で重要な部分をしめているが、女性はいっさいかかわらないのが特徴である。

それゆえ、男性の裸潜水漁者（海士）は稼働しているが女性（海女）はいない。

男の裸潜水漁は主に珊瑚礁に生息する磯魚のパリットルとよぶ銛の突き漁、大きなイセエビのような種類の蝦、シ

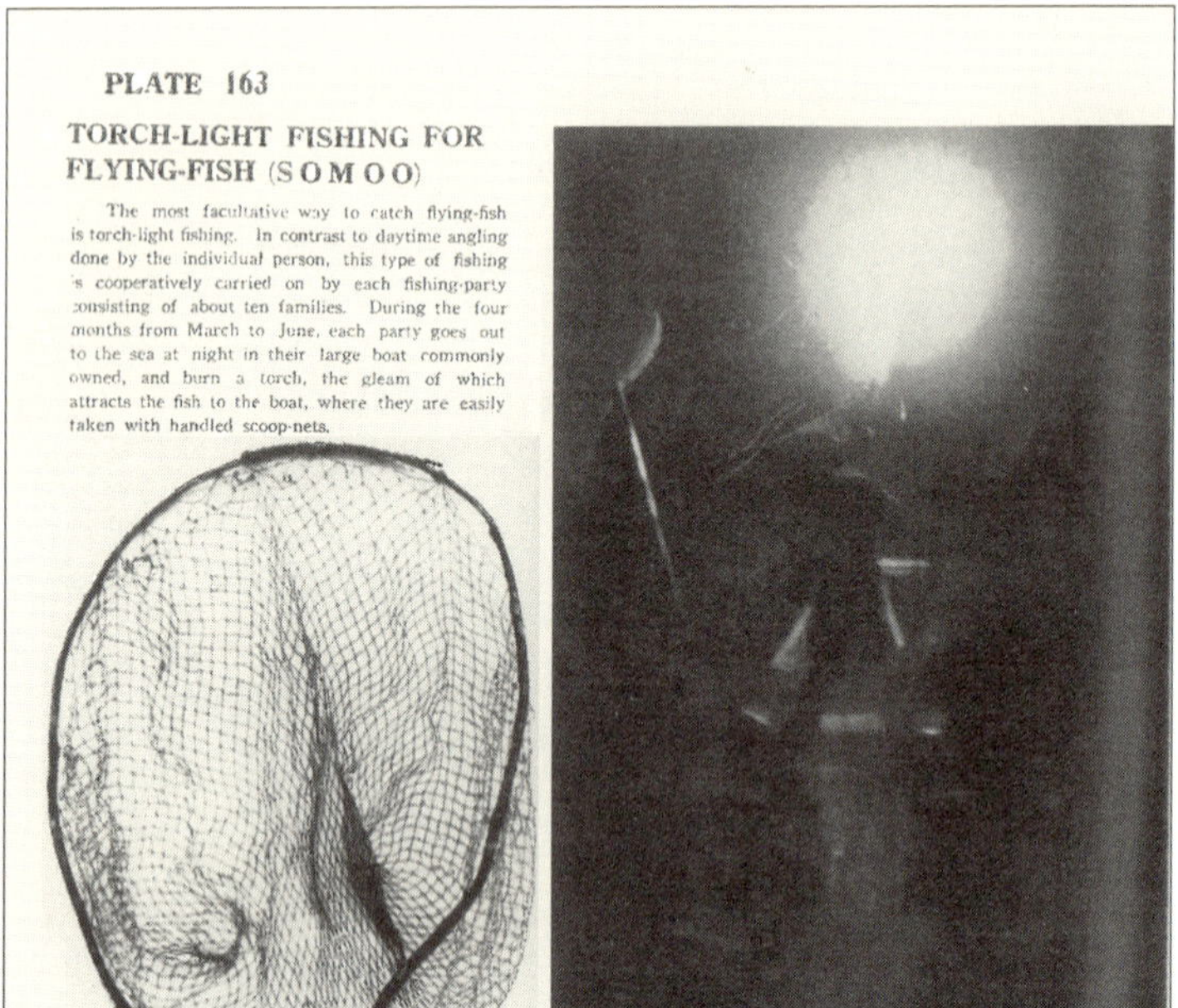

PLATE 163

TORCH-LIGHT FISHING FOR FLYING-FISH (S O M O O)

The most facultative way to catch flying-fish is torch-light fishing. In contrast to daytime angling done by the individual person, this type of fishing is cooperatively carried on by each fishing-party consisting of about ten families. During the four months from March to June, each party goes out to the sea at night in their large boat commonly owned, and burn a torch, the gleam of which attracts the fish to the boat, where they are easily taken with handled scoop-nets.

Torch-light fishing of flying-fish.

As shown in this picture, a man hoists the burning torch high up above the prow, while the remaining nine members with scoop-nets catch the flying-fish attracted by torch-light.

B a n a k a or scoop-net (1/10).

ヤミ族のソモオ．トビウオ網漁（Kano, Tadao and Kōkichi Segawa, *The Illustrated Ethnography of Formosan Aborigines. The yami Tribe.* The Seikatsusha Ltd. Tokyo, 1945.）

手前は数人で昼間の釣漁に使うタタラ．大型の舟はトビウオ漁（ソモオ）に使うチヌリクラン（筆者撮影）

ヤコ貝などの貝類採取が主なものである。海藻（草）類を採取することはないというよりも、海底にはほとんど生育していない。

この島の漁撈で最も重要なものの一つにトビウオの掬《すく》い網漁がある。「ソモオ」とよばれる「松明《たいまつ》漁法」で、三月から六月までの約四ヶ月間の闇夜を中心におこなわれる（前頁下の写真は松明用に乾燥中のトキワススキ）。

一〇人ほどが乗れる大型のチヌリクランという舟で沖合へ漕ぎ出し、乾燥させたトキワススキを束にした松明をたいてトビウオを集め、網でトンボを採るように採取したり、海中に網を入れて捕獲する。松明のあかりに誘引されて飛来するトビウオは一夜で数百匹にもなり、平等に分配する。このチヌリクランとよばれる舟は、一〇軒ごとで共有している。

また、「ソモオ」というトビウオ漁は、ハネのはえた魚の特性を知り、生態にあわせた捕獲方法を考えだしたヤミ族の知恵であり、生活文化である。漁撈というよりは、捕猟に近い。ただし、昼間には別に、小型舟（タタラ）による「マタオ」とよばれるトビウオの一本釣漁法もある。

トビウオは乾燥させて干物にしたり、燻製にして保存する。

7　ヤップ離島の凧揚《たこあ》げ漁

世界の数多い島々には、それぞれ独特の漁撈、捕猟、採取方法がつたえられてきた。その伝統は、捕採対象物に対応し、伝えられてきた知恵であり、技術であったが、今日、捕採対象物である魚貝藻をはじめとする水産有用生物が減少、あるいは絶滅したため、技術伝承も消滅の一途をたどっている。

「凧揚げ漁法」もその一つで、染木煦《あつし》は『ミクロネシアの風土と民具』中の「イフリック島」（西カロリン諸島、ヤップ島）の項で、

「此の島で始めて釣魚用の凧と云ふ物を見た。此の凧はカッチャイと云ふ特殊の漁法に用ゐられる物で、パンの樹の大きな葉を選び椰子の葉蕊《ずい》を以て縦横に骨をさし、これに糸目をつけて凧とし、此の尾に二三十尋の糸を下げ、先に鱶《さめ》の眞皮を砥石でこすつて作つたコウリウリと云ふ眞綿《まわた》の様な物径一寸位の塊りにつけて海上を漂はす。

魚がこれを喰ふとコウリウリの細小の繊維は其の歯にからまって離れず、よく尺餘の物を釣る。釣鉤は外れることがあるが、コウリウリはかかつたら絶対に離れないと云ふ。鱶《さめ》の眞皮が得難い時は鼠の尾、鶏の足、軍艦鳥の翼の腱を以てこれに代へる。凧の事はイフリックではフューチャ・イ

上：ヤップ離島のナモチック島にて（1937年，羽根田弥太氏撮影）
左：パンノキの葉でつくった凧（カッチャイゴ）．サヨリ（ターク）などを釣る．

ーク。エラート島でも同じ方法で用ゐるが、チョラカッチャイと云ひ、糸目はいづれも只《ただ》一本である。〔ルビは引用者による〕」（初出は「ヤップ離島巡航記」『民族学研究』第三巻、第三号）

と記している。

元横須賀市博物館長の羽根田弥太氏は、生前、パラオ熱帯生物研究所員やシンガポールのラフース博物館（旧昭南博物館）長を歴任したが、昭和一二年（一九三七年）にヤップ離島を一ヶ月かけて巡航したときの記録を『採集と飼育』第一巻（昭和一四年）に残している（一四四頁写真参照）。その中で、「魚釣り用の凧カッチャイゴ」と題し、

「パン樹の葉、マイで作つた凧で、魚具《ママ》の一種である。ナモチックではカッチャイゴ Gaizaig《ママ》，エラートではチョラ・カッチャイと言ふとの事。

先づカヌーにて、この凧を揚げ二・三〇尋の糸の先に鮫の腱コュルル Goilul《ママ》 をつけ海面をただよはす。

〔中略〕エラートでは写真の如き鮫の腱を用ひ、水に浸すと膨張し歯の多く小さい魚、例へばサヨリ（ターク tag）等を釣るに用ひる。偽餌釣では離れることもあるが、このコュルは一度かかれば絶対に離れないと云ふ。」

と報告している（前頁の写真参照）。

以上、ヤップ離島の西カロリン諸島（ナモチック、サテワヌ、イフリック、エラート）には二〇世紀初頭まで、空に凧をあげて魚を釣るという漁法があった。

他の島々の凧揚げ漁については、マライタ島（ソロモン諸島国）やブーゲンヴィル島の報告が秋道智彌によりおこなわれている。

「凧からたらした糸の先にクモの巣またはサメの皮をつけてダツを専門にとる漁法である。凧の形や材料となる植物の種類はマライタ島ではサゴヤシが、ブーゲンヴィル島ではパンダヌスが、サンタイザベル島ではゾウゲヤシの葉がそれぞれ用いられる。」（『ソロモン諸島の生活誌』）

とみえる。また、マライタ島のラウ地域では、この漁法をファファレハオラーといい、この漁は、南東貿易風の吹く六月から一〇月にかけて、カヌーの上からおこなわれる。凧には角《つの》のある形のものと、無いものの二種類があるとも（大島襄二編著『魚と人と海』）。

羽根田弥太氏が上述の巡航中、はじめてサテワヌ島で土方久功氏に会った時の印象を生前に伺った時に、「船上から彼がサテワヌ島の渚に立っているのを見た時、それまで、サテワヌ島に日本人が暮らしているという情報はまったく聞かなかったが、すぐに日本人だとわかった」と。そして、「南洋には頭(髪の毛)の薄い男はいないからね…」とも。

その土方氏はサテワヌに昭和六年から一三年までの足かけ八年間、滞在した。それゆえ、土方氏の民族学的調査、研究内容の信憑性は高い(一四五頁写真参照)。

以上、「島々の伝統(旧廃)漁法」に関する七事例を掲げた。この他にも、世界の数ある島々における漁撈(業)をはじめ、採集(取)や捕猟には特に注目すべき漁法によるものも多い。実は、そうした中で特筆されるべきものに、わが国の島々や各地沿岸において伝統的に展開されてきた、男女による裸潜水漁があるのだ。

前掲の済州島における女性の裸潜水漁や、台湾の蘭嶼における男性の裸潜水漁と同じ漁法が、現在でも継続して広くおこなわれているのがわが国なのである(拙著『海女』〈ものと人間の文化史73〉参照)。

しかし、日本列島に住むわれわれにとっては、あまりにも身近でおこなわれてきた伝統漁法だけに、裸潜水漁はあたりまえのものと思っているむきがある。だが、世界的視野に立ってみたとき、わが国のように、島嶼や各地の沿岸で裸潜水漁をおこないながら、生計の主要な部分をたててきた男女の漁撈(業)者が稼働している国はないのである。

これまで、そうした人々は一般に「アマ」とよばれ、男性であれば「海士」、女性であれば「海女」と表記されてきた。

上述したように、日本人にとっては、ごくあたりまえの暮らしをしている「アマ」さんだが、世界的にみた場合、アマの存在は最近になり、とても稀有な海民文化であると認められるようになった。そして二〇一四年には、三重県鳥羽市の神島、答志島、菅島をはじめ、志摩市沿岸で暮らす海女さんや、石川県の舳倉島や輪島などで暮らす海女さんは、それぞれの県により無形民俗文化財の指定をうけた。そして今後は、国の指定にむけて働きかけ、近い将来にはユネスコの世界無形文化遺産に登録されることをめざしている。このことは済州島でも同じだ。

指定をめざす主な理由は、これまで裸潜水漁のように生産性の低い漁業は、遅れた生産形態とみられ、島嶼や沿岸における後進性、遅延性とみるむきもあったが、実はそうではなく、こうした漁法は、いま世界がサステイナブル（持続可能）な未来社会の建設を志向するのに対応しているからである。資源保護の立場からすれば、手本ともなる自然環境保全にかなった漁法として「アマ漁」というキーワードが注目され、模索され始めたのである。

今日、国際社会化の傾向にある中で、世界的視野に立ち、グローバルに日本をみることも重要だが、他方で「脚下を照顧し」、自分たち島国の良さを再認識することも忘れてはならないと思う。

VI 島々の巨石文化

日本と同様、イギリスも島国なので、同国のストーンヘンジとよばれる有名な巨石遺跡についてもふれたいと思う。しかし、ストーンヘンジは紀元前二一五〇年から前一二五〇年頃の遺跡とされてわが国とは比較にならないほど古い。したがって特別あつかいにせざるを得ず、本章の末尾に簡略に記すにとどめた。ただ、夏至《げし》（太陽が最も北にかたよる日で、北半球では、昼が最も長く、夜が最も短い日。太陽暦で六月二一、二三日頃）の日になると、中央の巨石の方向から太陽が昇るなど、天体観測に関係があるとされるため、トンガ諸島中のハアモンガア（鳥居）遺跡（後述）とのかかわりで注目される。

そこで、まず、巨石遺跡のある主な島々について、太平洋に点在する島の事例を西から東方面へ紹介していくことにしよう。

ミクロネシアとは、小さな島々が点在する海域を意味し、マリアナ、カロリン、マーシャル、ギルバートの諸島がある。

わが国に近いマリアナ諸島のサイパン、テニアン、ロタ、グァムの四島には、タガの遺跡とよばれる巨石文化の遺跡が残されている（次頁の地図参照）。

一般的に太平洋諸島の先住民をカナカ（kanaka）族とよぶのは、ポリネシア語のハワイ方言で「人間」を意味した。後に、アメリカの捕鯨船員やヨーロッパ人が用いた呼称だが、せまい意味で、ハワイ諸島

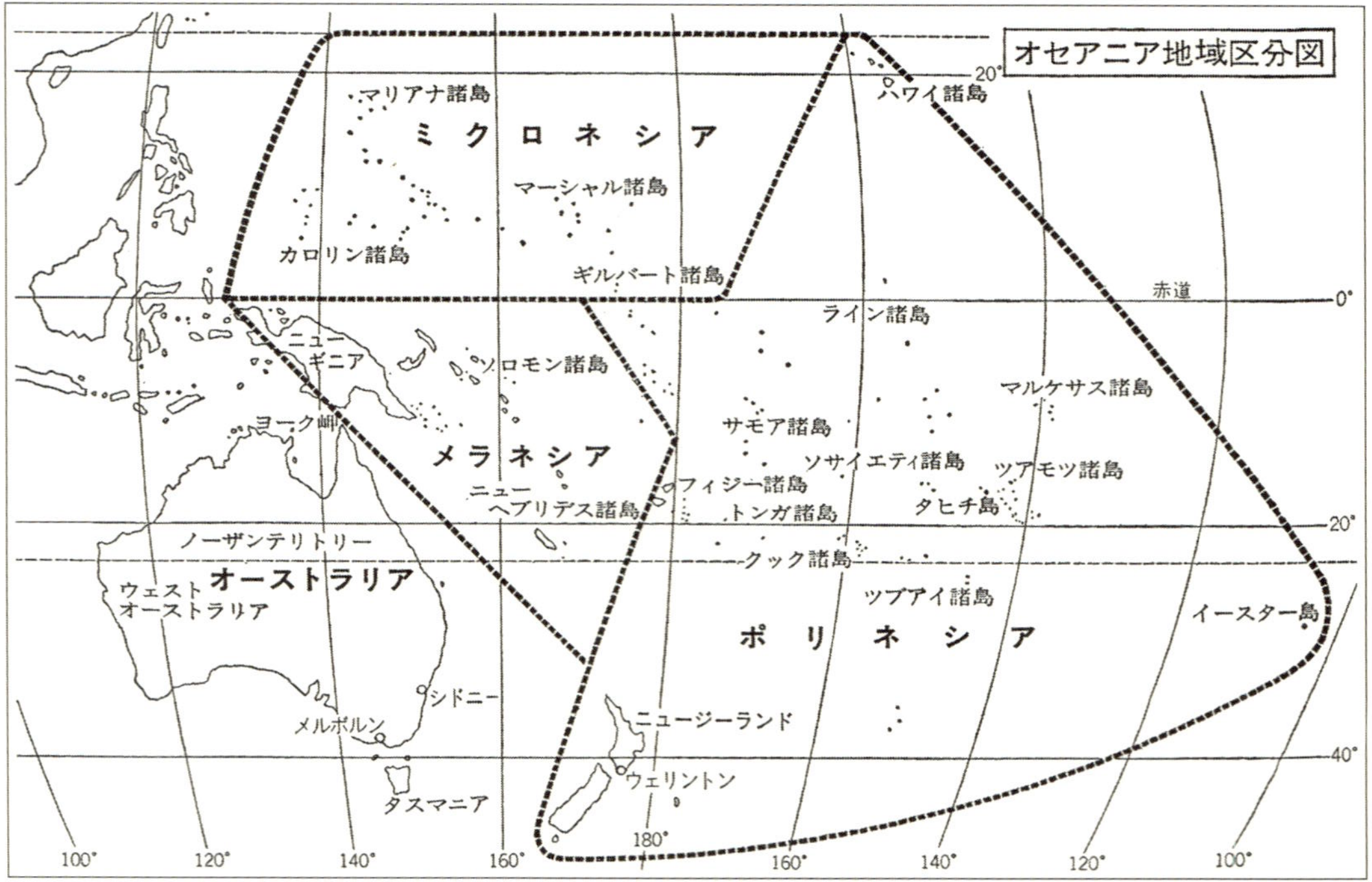

オセアニア地域区分図（石川栄吉『南太平洋の民族学』角川書店，1978 年より）

の先住民をさすこともあった。伝承によると、マリアナ諸島で暮らしていた先住民がタガ族で、のちにスペイン統治時代以降、混血による島民が増え、チャムロ（チャモロ）族とよばれるようになったとされる。

ようするに、ヨーロッパ人が来島する以前からマリアナ諸島で暮らしていた先住民（カナカ族）が「タガ族」の名を残したのだが、新しい侵入者によって全滅あるいは、駆逐されたものか、伝染病などの病気が原因で全滅したか、あるいは他の種族と同化し、チャムロ族となるに至ったのかは明らかでない。あわせて、日本では太平洋戦争中までの旧南洋委任統治領でチャムロ以外の先住民をカナカと称したこともある。

テニアン島のハウス・オブ・タガ遺跡（タガ・ストーン．太平洋学会『太平洋諸島百科事典』原書房, 1989 年より）

しかし、伝承だけがたよりの文字をもたない島人たちの世界であったが、巨石文化の遺構には、目をみはるものがある。サイパン島のアギンガン海岸やラウラウ海岸付近の報告は松岡静雄の『ミクロネシア民族誌』に詳しくみえる。

テニアン島には、全体の高さが五メートル以上もある巨石（隆起珊瑚礁の石材）が現在でも一基、立ったままの状態で残っている（写真参照）。人間《ヒト》の身長の二倍半以上にもおよぶもので、石の四角柱の上に、別の半球状椀《わん》形の石を乗せたもの。これまでの調査によると、製作年代は測定の結果、約八〇〇年前とされている。日本の歴史でいうと、鎌倉に大倉（鎌倉）幕府がひらかれた一一九二年頃にあたる。

また、ロタ島にも、巨石文化の遺構が残されており、巨石が採石なかばで放置されたものも現存している。いずれも材質は隆起珊瑚礁であることから、ロタ島で切り出された巨石はテニアン島にも運ばれたとされている。

重量も、小さい石で三〜四トンはありそうだ。テニアン島の巨石は数一〇トンはあると思う。まさに、その重さは、「計り知れない」という言葉があてはまる。

ところで、いったいどのような目的で巨石を運んだのか。その方法はどのように…。島々に残る巨石文化の遺跡は謎を深め、残すばかりだ。疑問が多すぎる。

1 グァム島のラッテ・ストーン

グァム島では、巨石文化を象徴する石柱をラッテ・ストーンとよんできた。この島のラッテ・ストーンは先述した他島の石柱に比較すると小さく、高さが約二メートル半ぐらいのものが多く、この島で四メートル以上高いものを筆者は見たことがない。

グァム島内のタロホホ山中で、「商務庁」の文化担当者とともに、一九七五年に沖縄県で開催された海洋博覧会の日本政府「海洋文化館」に出展のため調査していた時に見たラッテ・ストーンの石柱は最も大きかったと思うが、やはり四メートルはなかった。

グァム島にマゼラン艦隊（スペイン船三艘）が到着したのは一五二一年三月七日とされている。以後、

グァム島のラッテ・ストーン（安全のため現在はセメントで固定．1974 年撮影）

グァム島はスペインによってキリスト教化され、男性はほぼ虐殺され、マリアナの他島にもそれはおよんだ。

そうしたスペイン支配時代に印されたと思われる十字架を刻印した大きなラッテ・ストーンをタロホホの山中で見た記憶がある。その石柱も三メートルはなかった。ラッテ・ストーンは祭祀場所、墓地、支配階級の家の土台説など、諸説あるが、最近は、建物の土台説が有力とされているという。読者諸賢の意見はいかが。

2　ポナペ島のナンマタール

ポナペ島（ポンペイ島）の巨石遺跡ナンマタール（ナンマドール）も、今日ではよく知られている。だが、最初にクリスチャン（Christian）の『カロリン諸島』（*Caroline Islands*）中の写真を見たとき、「なぜ、こんな小さな島に、ドデカイ遺跡があるのか」と驚いたのと、見取図を見て、その規模の広さに圧倒されたのを覚えている。そして、「一度は、この目で巨石遺跡を見てみたい」と思ったこ

ポナペ島のナンマタール遺跡（1974 年，筆者撮影）

同・部分（同上）

とも。

その想いが実現したのは、三八歳になった一九七四年のことであった。

ナンマタール遺跡のある東カロリン諸島中のポナペ島は、ドイツが一八九九年に領有する以前までスペインの支配領であった。この遺構は一九世紀の終わりにヨハン・スタニスラウス・クバリー（ドイツのゴッテフロイ博物館員）によって本格的な調査が実施され、結果が公表されたことにより、広く世に知られるようになった。巨石遺構は八〇を数えるとされている。潮の干満の差で船では行けない場所も多く、水路は「迷路」のごとくであるため「水城」の名もあるほどだ。

いずれの「人工島」も玄武岩の柱状節理の石材を積みあげてできている。わが国では、福井県の東尋坊海岸や、兵庫県の玄武洞に代表される石材と同じなので黒々として見える。

五トンから二五トンもあるといわれる柱状の玄武岩を、高さ約二〇メートルほどに積み上げた遺構が現存する。よく見ると、六角形や八角形の石柱を適所に組み上げてある。「ポナペ島の名の由来である

〈POHN PEHI〉とは石を高く積み上げるという意味だ」と現地で聞いた。

そういえば、「ドルメン」はケルト語で「石卓」の意味だというし、「メンヒル」はブルターニュ語で「長い石」を意味するという。

いずれの巨石遺跡も、いつ、だれが、なんの目的で巨石を運び積み上げたのかは謎である。非文字時代の文明の謎は永遠にとけないものか。これまでの研究者による諸説はあるのだが。

ただ、ナンマタールが一三世紀から一四世紀にかけての遺跡であることだけは研究者間で一致しているという。

ナンマタール遺跡に関する調査には、上述したニュージランドのクリスチャンによる報告もある。

また、クリスチャンは、同じ東カロリン諸島中のクサイ島（Kusaie I.）の東岸にある「レレ島」の遺跡の調査結果も前掲『カロリン諸島』に城壁として記載しているので、同書中の写真のみを掲げておく（写真参照）。

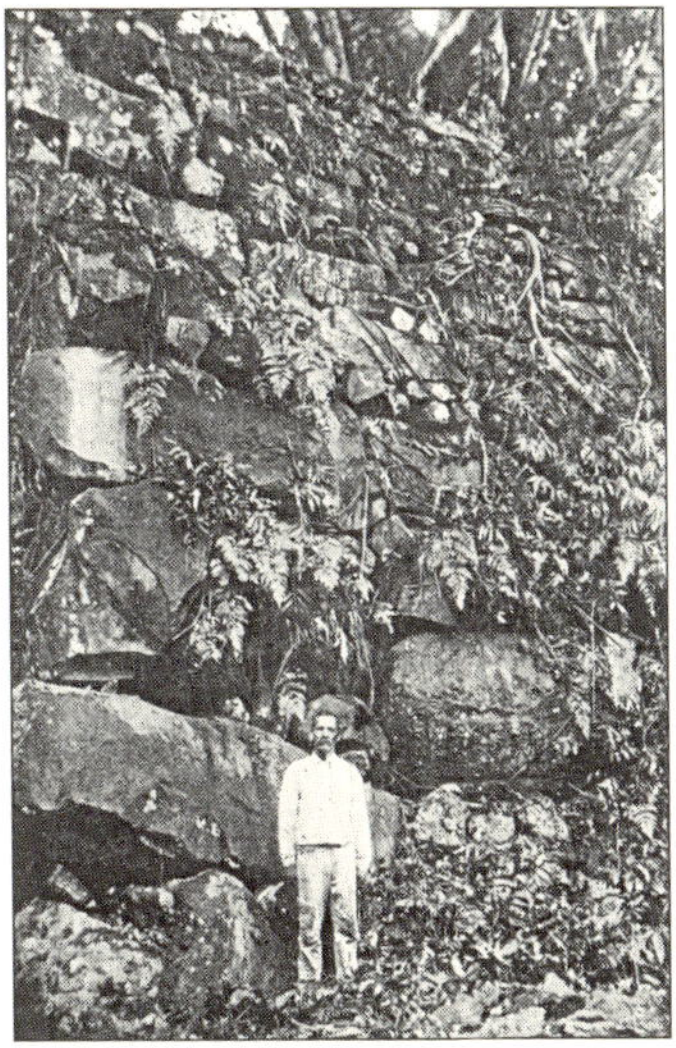

クサイ島の東岸にある「レレ」の城壁
(F. W. Christian, *The Caroline Islands,* 1899.)

口碑によれば、レレ遺跡の石材は、クサイ本島から運ばれたものだという。

次に、ポリネシアの島々に目をむけてみたい。ポリネシアとは、多数の島々（多島海域）を意味し、北はハワイ諸島、東はイースター島、南はニュージランドを頂点とする一辺八〇〇〇キ

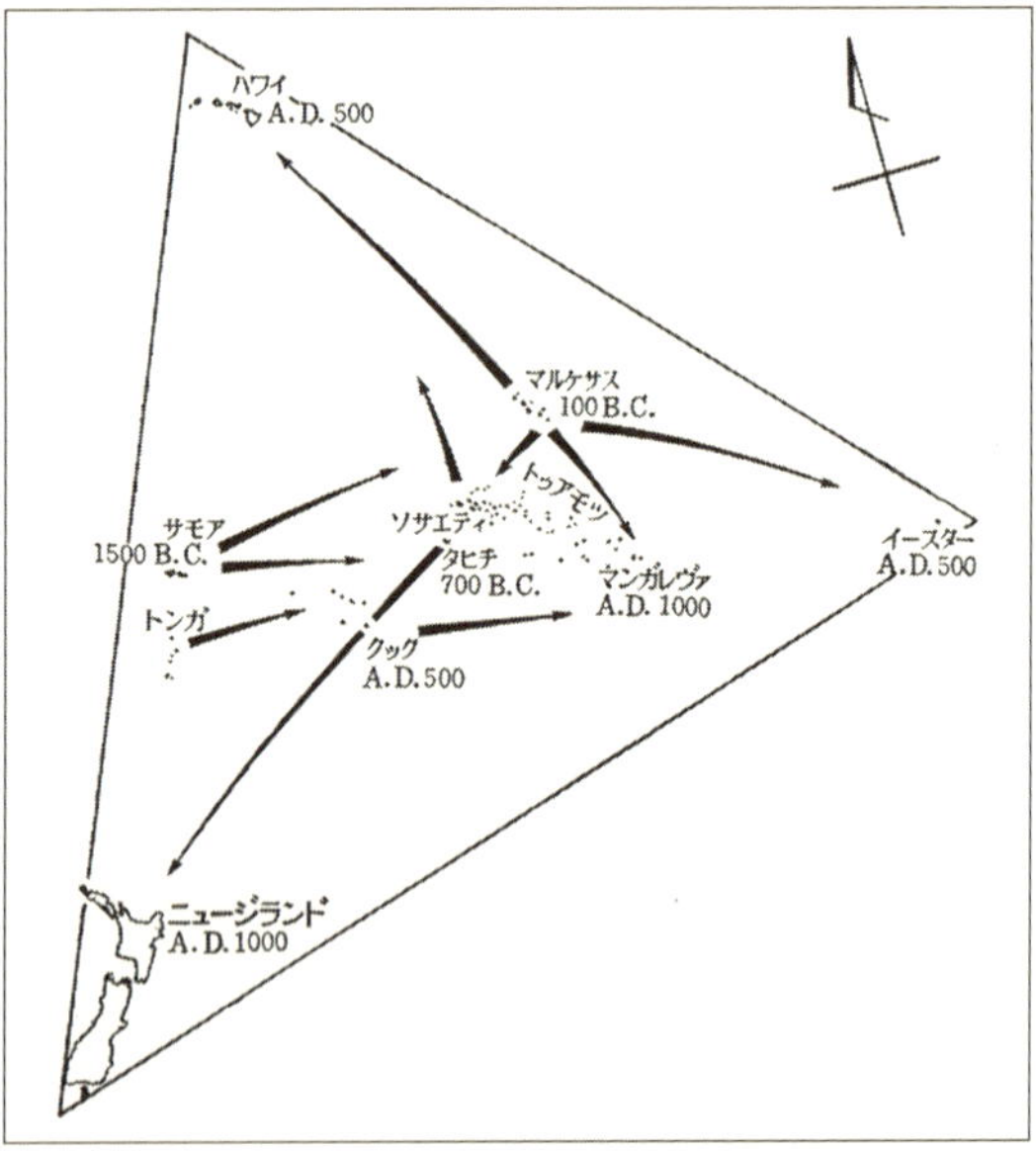

ポリネシア人の移住の過程（畑中幸子著『南太平洋の環礁にて』岩波書店，1967年より）．

定住の年代は言語年代学と放射性元素の変化率を利用してたてられた推定年代で，1961年の太平洋会議でアメリカの考古学者エモリー博士の採用した数字である．

ロメートルの三角形の中に点在する島々をいう。この中には、エリス、サモア、トンガ、クック、ソシエテ（ソサエティ）、ツアモツ（トゥアモツ）、マルケサス、フェニックスなどの諸島がある。

3　トンガタプ島のハアモンガア

トンガ諸島中の巨石建造物で有名なのは、ハアモンガ・ア・マウイ（鳥居）とよばれる遺跡である。

今日、トンガ王国でハアモンガアといえば「大鳥居状の門」のことで、知らない島民はいないといっていい。勇名にして偉大なる第一一代目のツイ・タイツ王が建てた巨石建造物だといわれる。巨大な二本の隆起珊瑚礁石柱を左右に一本ずつ立て、その上に、はさみ込むような状態に一本の横石を渡して造った鳥居のような門（塔）がそれである（次頁写真参照）。

石柱の重さは一つで三〇トンとも、四〇トンともいわれ、とにかく大きい。高さは約五メートル、横は約六メートルはある。一一世紀ごろに建造されたといわれている。

また一説によると、建てたのはトン・トウイ・タントウイという王だともいわれる。それぞれの石柱の重さも五〇トンはあるともいう。しかも、建立の目的は不明のままであった。だが近年になってハアモンガアの使用目的が明らかになったとして話題をよんだ。あわせて、トンガ王国の王様自身（ツポウ四世）が明らかにしたというのだから島民（国民）の喜びは大きかったといっていい。

ハアモンガ・ア・マウイ（鳥居状の三石塔．沖縄国際海洋博覧会「海洋文化館」資料，1975年より）

それは、先人が太陽の位置を観測して、暦をつくるために使われたもので、鳥居の上の印がそれを実証したという。ストーンヘンジ（二四一頁参照）と同様の目的である。

トンガ王国は南緯一五〜二三度、西経一七三〜一七七度に散在する約一五〇ものトンガ諸島で、トンガは「南方」を意味し、約一〇万人の人々が暮らしている王国。その主島（最も大きな島）がトンガタプ島で、首都の所在地はヌクアロファである。王宮も「ハアモンガ・ア・マウイ」も主島にある。

また、同じトンガのマラエ（神殿といわれる）には、巨石とはいえないまでも大きな石材が用いられている。

ソシエテ諸島のタヒチ島には、マラエとよばれる野外の祭壇があり、巨石とはいかないまでも、巨石文化の影響をうけたというか、ひき継いだといえる遺跡があり、タヒチの神像（チキ）の中にも石像としては大きく二メートルをこえるものがある。

4　マルケサス諸島の鳥人像、他

さらに、南太平洋の数多い島々の中でも、最も東に位置する（南アメリカ大陸の西岸よりにあたる）、マルケサス諸島（Marquesas I.）、ライババエ島（Raivavae I.）、ピトケアン島（Pitcairn I.）、イースター島（Easter I.）といった島々には、人間《ヒト》の形をした巨大な石像の遺跡や「鳥人像」が残されている（二三五、二三六頁写真参照）。

中でも、マルケサス諸島中のファッヒヴァ島（Fatu Hiva I.）やタヒチ、イースターはよく知られている。上述した島々が、それぞれ多くの人々に知られるようになったのにはそれなりのわけがある。巨石文化の遺跡があることとは別の理由なのが残念だ。

まず、ピトケアン島は、「バウンティ号の反乱」で知られる船がブライ艦長たち一九人をランチで追放したあと、クリスチャン（船長補佐。船長はフライヤーであった。一艘の船に艦長と船長がいるのは、艦長は戦闘の時に責任を負い、船長は航海上の操船責任をそれぞれ負うとされていたことによる）が、最適の逃避島として選定したのがこの島であった。

この島はクリスチャンがかねて希望した通り、「ポリネシア人の住んだ形跡はあるにしても、無人島化していたことが好都合であった。一七九〇年一月一五日夕刻、クリスチャンたちはピトケアン島を望み、翌一六日、島の北東面にある小さな湾入（バウンティ湾と名づける）に上陸地点を捜し出し、この島を植民の適地として見定めた。バウンティ号からは積載していた品々を卸し、装備の大部分を外したうえ火を放った。追手の目をくらますためである。一月二三日のことであった。反乱*以後、九ヶ月近く、八〇〇〇マイルにおよぼうという逃避行はここで終った。」（松永秀夫著『タヒチの誘惑』）

ピトケアン島はこうした実話をもとにウィリアム・ブライ著『バウンティ号の反乱』により、さらに世に広まった。

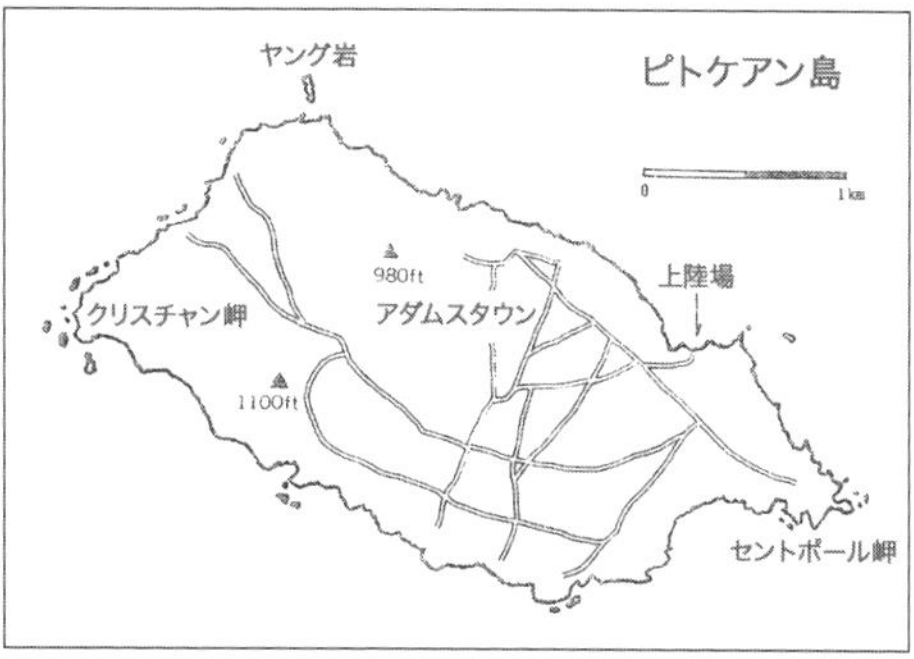

ピトケアン島（上）とその暮らし（松永秀夫著『タヒチの誘惑』創造書房，1982 年より）

* 「一八世紀後半の頃、西インド諸島を開拓したイギリス人は、西アフリカから導入した奴隷の食材としてパンの木を育成し、西インド諸島へ移植するため〈バウンティ号〉をタヒチに向かわせる。同行した植物の専門家により、半年間で苗木約一〇〇〇本、有用植物約八〇〇鉢などを積んで一七八九年四月四日にタヒチを出航した。しかし、船員の多くは島で体験した甘美な六ヶ月間の生活が忘れられ

ず、船がトンガ諸島にさしかかった四月二八日、フレッチャー・クリスチャンを首領とする一味により叛乱が起った。」（太平洋学会『太平洋諸島百科事典』による）

マルケサス諸島のファアッヒヴァ島は、人類学者のトール・ヘイエルダール（Thor Heyerdahl）の紹介で知られるようになった。

ノルウェーの小さな海辺の町（ラルヴィック）で一九一四年に生まれた彼は、オスロ大学で動物学を学んだ。卒業するとすぐに結婚後、妻と二人でポリネシアに向い、さらに、マルケサス諸島にある「ファアッヒヴァ島」で一年間近く先住民の子孫とともに暮らした。

マルケサス諸島は「一妻多夫婚」（石川栄吉の著作参照）の島々であったり、「常習的食人」の風習、巨石人物像（鳥人像）などの遺跡が残っていたため、動物学から一転して人類学（民族学）に興味を深めた。のちに『ファアッヒヴァ――自然へ回帰』（*Fatu Hiva. le retour à la nature*, 1976）を刊行し、同書出版のおかげで巨石人物像等が広く知れわたった（写真参照）。

上：ヘイエルダールの著書 *Fatu Hiva* の表紙
左：ヘイエルダール夫妻（上）とファアッヒヴァ島（同前書より）

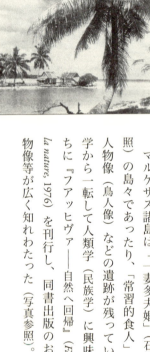

島民が「ラパ・ヌイ」という島には867体の巨石像モアイが残る（1971年，小出光氏撮影・提供）

5　イースター島のモアイ像、鳥人石

イースター島にはじめてヨーロッパ人が上陸したのは、オランダのヤーコプ・ロッヘフェーンだと伝えられている。一七二二年に島を発見した日がたまたまキリスト教の復活祭（イースター）の第一日目だったので、その日を島名にし、記念したという。

あわせて、この小さな島（面積約一七〇平方キロメートル。わが国の佐渡島〈面積約八五〇平方キロメートル〉の約五分の一しかない）に、五〇〇〇人もの人が住んでおり、巨大な石像を信仰していると報告している。

その小さな島に、約九〇〇もの巨石人物像があるといわれ、大きな人物石像は高さが一一・四メートル、石切場の未完成な像には二〇メートルにもおよぶものがあるという。

誰が、いつの時代に、何のために、モアイとよばれる立像や、オロンゴ遺跡の鳥人石を残したのか謎に包

オロンゴ遺跡の鳥人石（1971 年，小出光氏撮影・提供）

まれた島である。

ただ、ピーター・ベルウッドの『太平洋』によると、「イースター島を有名にしたあの堂々たる、しかもある程度類似した顔をもつ巨石像は、先史時代の中期（一一〇〇～一六八〇年）に建造されたものである。」としている。『大いなる海の道』の中で小出光は「鳥人の彫刻された石」にふれ、「外界から隔絶された狭い場所で、人はよく自分の想いを鳥に託したり、自ら鳥になる願望を抱いたりする。しかもここは島の西端、沈む夕陽の彼方に、人々は自分たちの祖先がやって来た原郷を想ったことだろう。そして春になると西から飛んでくる鳥の卵は、母なる国の生命を自分たちに運んでくれる貴重な象徴だったにちがいない」と述べている。

6　ヤップ島の石貨

これまで記述してきた巨石文化とはやや異なるが、巨石文化に関係するものの一つに、ミクロネシアのヤップ島で使用されてきた「石貨」がある。宝石（貴石・瑪瑙《めのう》）以外の石の貨幣は、世界的にもまれだ。大きな石貨は直径約四メートルもあり、重量も約五トンはあるといわれる。

ヤップ島では、この石貨をヤップ語で「ライ」とよぶ。また、「フェー」「ファ」ともいう。石材の質は結晶炭酸石灰岩でパラオ島（コロール島）のマラカルとよばれる地が原産地で、過去に加工した遺跡が残っている。ヤップ島からの距離はおよそ四五〇キロメートルある。

筆者がヤップ島にいた一九七四年頃、この石貨は、まだ通貨として役に立っていた。石貨を入手する際には、大きさを測って、一インチでいくらとアメリカ・ドルで交換した（買った）想い出もあるので、以下にそれを再録しておく。

大人の背丈より大きな石貨
（1974 年，筆者撮影）

「石貨は、ヤップ本島のいたるところで見ることができる。しかし、ヤップ離島にはない。民家の前庭、道路沿い、ベバイと呼ばれる男たちの集会場の周辺、なかには海岸に放棄したように置かれてあって、半分は海中に沈んでいるものすらある。しかし、どんな場所に、どのような置かれかたをしていても必ず所有者はいる。重量があるため、簡単に移動することができないのと、移動する必要がないためだ。島民は誰の所有かなどについて、実によく知っている。

現在（一九七四年当時）でも、家を新築したり、カヌーを建造するというように大きな資金が支払われる時、あるいは結婚などの儀礼に際しては石貨が通用している（口絵写真参照）。〔中略〕
だが、石貨は大きければ貨幣価値が高いというものではない。石貨の材質の良し悪しによるほか、小さくても西洋人の来島以前の古い時代に先祖が石斧や貝斧でつくり、カヌーや竹製の筏《いかだ》で苦労して運んできたものといった、石貨の履歴（史的背景）が明確なものには高価値があり、逆に、大きくても一八七一年以降、アイルランド系のアメリカ人オキーフ（O'Keefe, David Dean）が鉄の道具を使ってつくらせ、帆船や汽船で運んできたものは安い。〔中略〕
ヤップの大酋長ミスター・ロボマン（一九四頁写真参照）からも石貨にまつわる話を聞いた。
鉄器を使用しない頃、ヤップの男たちは何年かごとにカヌーの船団を組んで、パラオのコロール島へ石貨の切り出しに出かけたという。それは東風が強く吹きはじめる季節で、カヌーに帆を張り、風をとらえて出かける。父が出かけ、何年も帰ってこないことがあると、さらに息子が出かけるというように父子二代にわたっての努力もあったらしい。
切り出された石貨のうち、小さなものは、カヌーに積んで直接運んで帰ることもあったが、帰りは竹製の大きな筏をつくり、竹の浮力を用いて、石貨を縛りつけ、西風の強くなるのを待ち、筏を海に流しながら曳いて帰ったと聞いた。
竹筏に石貨をつけて流す時、筏の上に乗せて流すと転覆してしまい、せっかくの努力が海底の藻屑と化すごとく沈んでしまうこともあったので、石貨に穴をあけ、穴に丸太棒を通して、半分以上を水面下に沈めて筏に縛りつけ、カヌーで曳けば、かえって浮力もつき、重心も安定して転覆を防げたとも。

〔中略〕

ヤップ島の石貨に穴があるのは、上述のように海上運搬上の理由もあるが、なにしろ重量があるので、陸上で運搬する時も同じように丸太棒を差し込んで二人ないしはそれ以上でかついだりする。〔中略〕

ヤップ島の石貨は、どの家でも先祖代々の努力によって蓄積されてきたものだが、どこの社会にも悪党はいるようで、自分たちは石貨の切り出しにパラオまで行かず、西風が吹きはじめ、他人がパラオから石貨を運んで帰ってくる途中の海上でそれを待ちうけ、暴力で他人の石貨を奪い取るということがおこなわれたこともあったという。

努力して石貨を運んできても、途中で殺され、船を沈められてしまえば、終りで、島民は遭難したと思うしかなかった。だが、途中で待ちうけた海賊（といっても島内の男たちだから顔見知りもいただろう）を撃退できれば、持ち帰った石貨の価値はさらに高まった。こうした時の海賊は、生きのびたとしても離島に逃げるしかなかっただろう。

したがって、一見すると無造作に置かれている石貨の一つ一つにも、それなりの履歴があり、履歴しだいで高価になったり、廉価になったりもする。

文字をもたなかったヤップ島民は、そのような石貨の歴史を伝説や物語のようにして口頭伝承してきたのである。

こんな話も聞いた。海上で石貨の奪いあいをしているうちに、大切な石貨は深海へ沈んでしまった。たまたま、その戦いの結果は運んで来た方が勝利し、命だけは無事に島へ帰ることができた。敗れた方の島民は全員殺されてしまったため、運んできた石貨の大きさや質は当人たちのほかに誰も知るはずがないのだ。

だが、島民たちは、まだ見ぬ（永久に見られないであろう）海底の石貨に最も高い価値をつけ、勝者の勇気と苦労を称えたという。また、それればかりでなく、深海の石貨の存在価値を島民の誰もが認め、〈沈んでいる石貨〉という愛称で、その石貨を通用することもできるようにしたという。

ヤップ島における石貨をもって売買がおこなわれても、石貨の置いてある場所を移動することはほとんどない。置きっぱなしになっていて所有権だけが変わるわけだ。したがって、海底深く沈んでいても通用するということになるのだろう。」（拙著『母系の島々』より）

その他にも、太平洋はもとより、世界各地の島々には巨石文化の遺跡や、特色ある文化的遺産が数多く残されている。

たとえば、ヨーロッパ（地中海方面）の島々に眼を注げば、イタリアのシチリア島南部に近いマルタ島とゴツォ島（いずれもマルタ共和国。ゴツォ島はマルタ島からフェリーで約二〇分）の巨石神殿もよく知られている。

島々全体が石灰岩（サンゴ質石灰岩で、マルタ・ストーンとよばれる）の島である。したがって石材は豊富で、両島には約三〇ほどの巨石神殿が発見されている。その代表格がマルタ島のタルシェン神殿であり、ゴツォ島のガンティヤ神殿である。

これらの神殿は、紀元前三六〇〇年頃から前三〇〇〇年頃の建造物で、ピラミッド（エジプトの古王朝時代＝紀元前二六八六～前二一八一年）より古いとされているが、建てた古代人についてはまったく不明だ。

神殿の壁に使用されている石材は高さ六メートル、重さ数トンにもなる。この巨石神殿からは、母神の彫像（豊穣《ほうじょう》のシンボルとみなされている）が数多く発掘されていることや、両島に共通して、「巨人女性がこれらの巨石神殿をつくり、女性の死後、島民たちが母神として祀った」という巨人伝説があることなどから、女性崇拝にかかわる宗教心をもっていた島民たちが建てたのでは、といわれるが詳細はまったく不明である。

ただ、この島の古代人が家畜を飼育して暮らしていたことはわかっているし、太陽が昇ると巨石神殿の入口に光がさし込むため、季節を知るための役割をはたす神殿でもあったのだろうとされている。

これらの遺跡は今日、「マルタの巨石神殿群」という名称でユネスコの世界遺産に登録されている。


さらにもう一例、上述したイギリスのストーンヘンジについて、みてみよう。この巨石遺跡は南部のソールズベリー近郊にある（二二三頁参照）。直径三〇メートルの円周上に、高さ四メートルほどの巨石の柱が並んでいる。これらの石柱は三〇本あったらしいが、今日では一七本しか残っていない。また石柱の上に横置きの石がリング状にあったとされている。内側には二メートルほどの石柱が並び、巨石の四重環列をつくりあげている。新石器時代の遺跡とされる。ヒールストーン（中央石）のある場所から、夏至になると太陽が昇り、祭壇石（といわれる）を照らすことなどから、天体観測に使われたらしい。そのため「太陽巨石文化」の遺跡ともよばれ、太陽崇拝の神殿で、紀元前二一五〇年から前一二五〇年頃にかけてつくられたと考えられている。

わが国からでも比較的交通の便が良い韓国済州島（Chejudo）には、トルハルマン（バ）といわれる溶岩を彫刻した石人（守護神。子宝の神といわれる）で二メートルを越す立像が多くある。

また、ハワイ諸島中のハワイ島にはペトログリフ（岩石彫刻文字や彫刻像。考古学用語）が多く存在し、ハワイアン・ペトログリフ（Hawaiian Petroglyphs）の名で知られる岩石彫刻はその代表例である。

先に述べたイースター島のロゴン・ロゴンとよばれる文字など、巨石文化の遺跡以外にも、いまだ謎に包まれた不思議な遺跡は多くの島に残されている。

さらに巨大遺跡は海中にも存在する。わが国の与那国島の南岸約一〇〇メートル沖にある「遺跡ポイント」とよばれる岩礁には、東西二五〇メートルほどの人工海底遺跡といわれる痕跡があり、かつては陸上にあったが、地球温暖化による海水の上昇あるいは地殻の変動で海中に没したと考えられている。

第二部 ― 島に関するマニュアル

I　島のマニュアル・データ

島について気になることといえば、その島がどうしてできたのかという成因（前掲）や、有人島ならば、そこに人が住みついた理由や歴史、無人島ならば、人が住まない（住めない）理由など、人により、さまざまであると思う。

また、直《じか》に島をみなくても、成因の理由や種類、その数、大きさ等、知りたいことも多い。そこで次に、こうした島々にかんする若干の内容を選び、便覧的に掲げてみることにした。

したがって以下は、「島に関するデータ」、手引ということになる。

1　島の数

島について最も気になることの一つは、その数であろう。いったい、地球上には六つの大陸をのぞいて、どれほどの数の島があるのだろうか。世界中の島数をかぞえた人間《ヒト》はいるのだろうか。また、わが国には、いくつの島があるのだろうか。そして人間《ヒト》が住んでいる島（有人島）の数は？　島には気になることが多い。

そのためか、昭和八年（一九三三年）に刊行された雑誌『嶋』の第一巻第二号の巻頭には、「島の数」

と題して、以下の記事が掲げられている。入手しにくい古い雑誌なので、全文を引用しよう。

「日本に島の数は全体幾つほど有るのか。帝国統計年鑑には属島の数、総計で二千三百七十二と報ぜられて居るが、是がまだ頗る心もとない。先づ南洋の委任統治領が六百二十三、関東州の租借地に百二十八、其大部分は名も知らぬから、我々は勘定して見ることが出来ない。是を除くと残りは千六百二十一、内樺太が二つに台湾澎湖に属するのが七十七、朝鮮半島を繞《めぐ》つて一千十八の島が有るということも意外である。

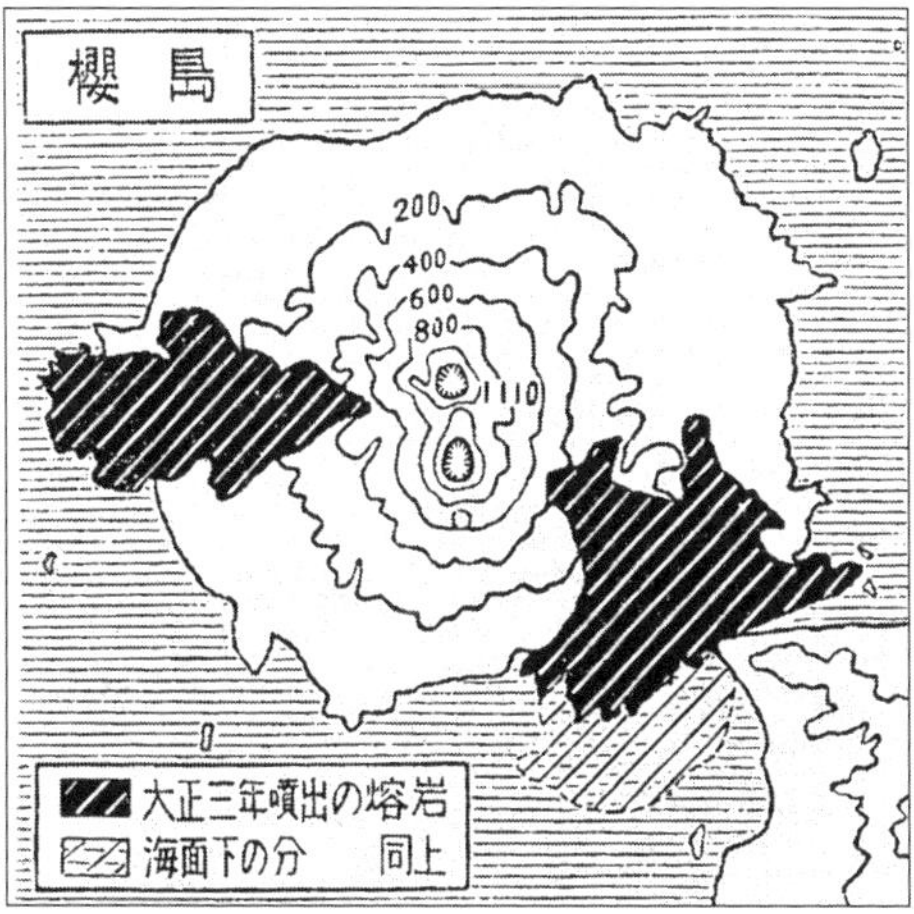

櫻島噴火の溶岩流　大正三年（1914年），櫻島噴火の際には，西腹（図の左側）から出た溶岩流は烏島（標高22m）を埋没させ，南原（右下）から出たものは瀬戸海峡（深度70m）を埋め，半島にしてしまった（図は三省堂編輯所編『学生の鑛物』1935年より）

是を列挙して数字の精確と否とを検することは、恐らくは容易であるまい。所謂旧日本の属島五百二十四、是だけは五十年来の踏襲だから、略根據が有るものと認められるのだが、実は只まあさう思つて居るといふに過ぎない。言はゞ此数よりも少ないことはないといふ位の話であつた。第一に周囲が三・九二七粁《キロメートル》以上のものといふのも、実は昔の一里以上の換算であつて、是が既に目分量であつた。次に周囲一里以内の島でも、人が住み又は望標の用を爲すものは算へるとあるが、斯んな標準は時と共に変るのみか、近年薩摩の櫻島の如く、島で無くなつたものも時々はあると同時に、新たに人が入つた小島なども加除せられず、この範囲は誠に漠として居る。我々が日本の島を綜覧する爲には、斯ういふ計数を離れて箇々の島の名を知り、又其存在と実況とを明かにして置く必要がある。高頭氏の日本山嶽志が三十年以前に、日本の山々に就いて企てたことを、新たに遠近の島に試みなければならぬ。島は山よりも、形と大小との差が更に著しく、其上に人が住み且つ複雑に利用して居る。それを此様な空疎なる計数に、一任してあつたのは誤りであつた。我々は先づ日本の幾つほどの島が、既に世に知られて居るかを尋ねて見る義務があつたのである。〔ルビは引用者による〕

と記している。

次に、日本における島の数についてみていくことにしよう。

総理府統計局編集による『日本統計年鑑』によると、わが国の構成島数は、海岸線一〇〇メートル以上の島として三九二二島となっている。したがって、海岸線というか、周囲が一〇〇メートル以下の水界でかこまれている小さな島を含めると、かなりの数になるはずだ。

これまでもみてきたように、統計上で島数がさまざまなのは、島の大きさ、基準を決める基本となる定義とのかかわりにある。

一般に、島、礁、磯などの他に、島にはさまざまな名称がつけられ、よばれており、「島」とよばなくても、島以上（前掲の海岸線一〇〇メートルより大きい）に周囲の長いものや、面積的に大きなものも、現実に存在している。

それゆえ、いくつかの統計数字を比較してみるしかない。

『海上保安の現況』（海上保安庁、一九八五年）によれば、北方領土、北海道、本州、四国、九州、沖縄本島、竹島ならびに無人島を含む全国の島数は六八五二となっている。そして、有人島の数は三二六島（一九九六年）とみえる。

海上保安庁の統計なので、たぶん内水面における島数は含まれていないのだろう。

以上のごとくに、「島の数」を数えるのは簡単に思えても、かなり大変である。その大きな理由の一つは、基準設定をどうするかによるためだ。

まず、①島、嶼、岩、瀬、根、礁、磯といった名前を、どう分類し整理して数えるか、②どの大きさまでを島とよぶか（面積か、外周か、標高かなど）、さらに個人的な見解の相違をどう調整するかという問題もある。

平成二六年（二〇一四年）八月一日、日本政府は「国内二二都道府県の一五八の島に、あらたに名称をつけた」と発表した。「いまさら、なぜ」と思った読者諸氏も多かったのではなかろうか。筆者もその一人である。

こうしたことからも、わが国には、まだ正式に名前もついていない島の数が、こんなにたくさんあったのかと驚かざるを得ない。

さらに、島の数のうち、有人島の数、無人島の数を仕分けするとなれば、内容はさらに複雑である。

たとえば、岡山県倉敷市に属する瀬戸内海の「釜島《かま》」についてみると、昭和三三年頃までは一六世帯、

架橋前の鷲羽山より

八五人が暮らしていたが、以後、過疎化が進み、近年は一世帯二人のみが住んでいる島となった。その後、男性一人が暮らしていると伺ったが健在かは不明だ。

釜島は、田之浦港より東二・五キロに位置し、それほど不便な島ではない。今日では瀬戸中央自動車道（ＪＲ瀬戸大橋線）が児島半島の鷲羽山から櫃石《ひついし》島、岩黒島、羽佐《わさ》島、与《よ》島、三ッ子島、沙《しゃ》弥《み》島を通って四国の坂出への道筋に近い。それなのに情報はなかなか入手しにくい現状にある。

他にも、こうした島はある。

長崎県壱岐島の印通寺港の沖約五〇〇メートルにある妻ケ《つまが》島も同じで、一世帯だけが江戸時代から一三代にわたって暮らしてきたが、島民が高齢化したため平成一四年に無人島となった（一八八頁参照）。

また、島によっては、東京都の八丈小島のように、行政指導もあり、昭和四四年六月、八丈島（町）に集落移転をして無人島になったという例もある。

したがって、島の数はもとより、有人島か、無人島か、またその数となると、実に流動的で実態を把握するのに手間がかかる。

それゆえ、本稿では『日本島嶼一覧』（財団法人日本離島センター、昭和五七年・一九八二年）による「島嶼総数は四九一七島」、うち有人島数四二五島を掲げるにとどめる。

小括として、わが国には有人島・無人島を含めて約五〇〇〇の島嶼があり、そのうち人が暮らしている島は約四三〇島ほどあるということになる。

そして今後の島嶼社会は住民の高齢化がさらに進み、島から人間《ヒト》が消え、無人島が多くなることは確実である。したがって『島嶼大事典』（日外アソシエーツ編）の内容も大きく変わるであろう。

離島振興法により、島のなかには水道、電気ばかりか、立派な橋がかかって交通の便もよくなり、医療や教育、文化、スポーツ施設など、あらゆる面で改善がはかられてきたのだが。

2　世界のおもな島と大きさ（位置、面積）

島という言葉や表記を、地理学的に相対的概念として、大陸より小さな陸塊の総称で使うことを前提とすれば、全世界の六つの大陸（ユーラシア大陸〈アジア・ヨーロッパ〉、アフリカ大陸、オーストラリア大陸、北アメリカ大陸、南アメリカ大陸、南極大陸）に相対する主な島は表6に示した如くである。

また、島と大陸のちがいを具体的に仕分けするために、グリーンランドより小さな陸地を島とよび、オーストラリアよりも大きな陸地を大陸とよぶのが一般的である。また、こうした基準にあてはまらない、まぼろしの島とも大陸とも知れぬ伝説もある。「ムー大陸」や「レムリア大陸」がそれだ（六八頁

世界のおもな島と位置，面積

位　置（所在場所，国名，他）	面　積
北アメリカ大陸の北東に位置し，北大西洋にある．世界最大の島．全島の約8割以上は氷で閉ざされている．デンマーク王国．	約218万km²
オーストラリア大陸の北方．アラフラ海とトレス海峡をへだてた位置にある．世界で第二に大きな島．パプア島。パプアニューギニア独立国．インドネシア共和国．	約77万km²
ジャワ島の北，セレベス島の西に位置する．世界で第三に大きな島．インドネシア共和国．マレーシア．ブルネイ．ダルサラーム国．	約74万5000km²
アフリカ大陸の南東方向，インド洋の西部に位置する．マダガスカル共和国．	約59万km²
北アメリカ大陸のカナダにあるハドソン湾と，グリーンランドの間に位置する．カナダ．	約47万6000km²
東南アジア，大スダン列島の西端に位置する．赤道をはさむ．インドネシア共和国．	約43万km²
アジア大陸の東側に位置する．日本国を構成する諸島中の主島．	約22万8000km²
ヨーロッパ大陸の西側に位置する．イギリスを構成する諸島中の主島．大ブリテン．イギリス．	約21万8000km²
フィリピン群島の南側，ボルネオとモルッカ諸島との中間に位置する．赤道にまたがり，西はマカッサル海峡をはさんでボルネオ島．インドネシア共和国．	約17万9000km²
オーストラリア大陸の東方約2000キロに位置する．南太平洋上の島．南北両島より成る．ニュージーランド．	約15万km²
東インド大スダン列島の南東に位置する．首都ジャカルタがある．インドネシア共和国．	約12万6000km²
中部アメリカの西インド諸島に位置する．諸島中最大の島．キューバ共和国．	約11万4500km²
ニュージーランド．	約11万4200km²
北アメリカ大陸のカナダ東海岸，セント・ローレンス湾に位置する．カナダ．	約11万km²
フィリピン群島中の主島．フィリピン共和国．	約10万6000km²
大西洋の北極圏に近い位置にある．首都レイキャビーク．アイスランド共和国．	約10万3000km²

注）国立天文台編纂『理科年表』2014年版（2013年発行）をもとに作成した．

表6

No.	島　名
1	グリーンランド (Greenland)
2	ニューギニア島 (New Guinea)〔イリアン〕
3	ボルネオ島 (Boruneo)〔カリマンタン〕
4	マダカスカル島 (Madagascar)
5	バフィン島 (Baffin Island)
6	スマトラ島 (Sumatra)
7	本州 (Honshu) (Honshiyu)
8	グレートブリテン島 (Great Britain)
9	セレベス島 (Celebes)〔スラウェシ〕
10	ニュージーランド南島 (South I., New Zealand)
11	ジャワ島 (Java)
12	キューバ島 (Cuba)
13	ニュージーランド北島 (North I., New Zealand)
14	ニューファンドランド島 (Newfoundland)
15	ルソン島 (Luzon)
16	アイスランド (Iceland)

「アトランティス」参照)。

この表では、世界に点在する島々の中で、大きさが一〇万平方キロメートルを超える一六島をあげてみた。その意図というか理由は、島国である日本国が、世界の中でどのくらいの大きさの島なのかを確認し、位置づけてみたいと思ったからにほかならない。

その結果、世界で七番目に大きな島が本州で、八番目のイギリス（大ブリテン島）と、ほぼ同じ大きさであることがわかった。したがって、目的は達成したし、これだけの数を表に掲げれば筆者としては気が済むので他に特別な理由はない。

なお、日本とイギリスを国全体の面積で比較したばあい、日本は北海道、四国、九州等を加えると総面積は約三七万八〇〇〇平方キロメートルあるのに対し、イギリスは北アイルランドを加えても約二四万三〇〇〇平方キロメートルなので、全体面積は日本よりかなり小さい。

表7　その他の，よく知られた島の大きさ

島　名	位置（所在場所，国名，他）	面　積
ミンダナオ島 (Mindanao)	フィリピン群島の南東部に位置する．フィリピン共和国．	約9万6000km²
アイルランド (Ireland)	イギリスの主島，グレートブリテン島の西側に位置する．アイルランド共和国．イギリス．	約8万3000km² このうち，アイルランド共和国の面積は約7万km²．他はイギリス
北海道 (Hokkido)	日本．	約7万8000km²
イスパニオラ〔ハイチ〕 (Hispaniola)	西インド諸島のほぼ中央に位置する．東部はドミニカ共和国．西部はハイチ共和国．	約7万7000km²
樺太〔サハリン〕 (Sakhalin)	東はオホーツク海，西側は間宮海峡に位置する．ロシア連邦．	約7万6000km²
タスマニア島 (Tasmania)	オーストラリア大陸の南東に位置する．オーストラリア連邦．	約6万8000km²
セイロン島 (Ceylon)	インド半島の南東に位置する．セイロン島は旧称。スリランカ．スリランカ民主社会主義共和国．	約6万6000km²
スピッツベルゲン島 (Spitsbergen)	北極海にあるノールウェー北部に位置する諸島（主島）．ノールウェー王国．	約6万1000km²
シチリア島 (Sicilia)	イタリア半島の南端に位置する．イタリア共和国．	約2万6000km²
サルディニア島 (Sardinia)	地中海西部にあるコルシカ島の南に位置する．シチリア島につぐ地中海で二番目に大きな島．イタリア共和国．	約2万4000km²

注）表6に同じ．

あわせて表7に、観光で有名な島以外で、よく知られた島に関する若干のデータを参考に付しておくことにした。

ただし、島の面積を記載することに関して考えなければならないこと、注意しなければならないことは、世界のおもな島の大きさ（面積）だけを順番に記載しても、人間にとって、あまり意味をもたないということである。

というのも、それだけでは、「島と人間とのかかわり」が見いだせないためだ。

たとえば、わが国の九州は面積が約三万七〇〇〇平方キロメートルほどあり、世界で二七番目の大きな島に数えられる。そして次の二八番目は、ノルウェーのスバールバル諸島の主島、スピッツベルゲン島（Spitsbergen）がほぼ同じ面積として位置づけられている。

しかし、スバールバル諸島は北極圏（北極海）に位置し、生き物にとって、地球で最も過酷な自然環境といわれる通り、ホッキョクグマとアザラシていどが棲んでいるにすぎない。島内は年中、岩と氷雪に閉ざされている。人間《ヒト》の暮らしがないといっても過言ではない島なのである。こうした島を、面積の大きさだけで九州と比較しても、まったく無意味だといわざるをえない。

3　日本のおもな島と大きさ

島国である日本には「公益財団法人日本離島センター」や「全国離島振興協議会」という組織がある。そして、『日本島嶼一覧』や『全国離島人口総覧』といった刊行物等も作成している。

表8　日本のおもな島

名　称	所　属	面　積（km²）
本　州		227,976
北海道		77,984
九　州		36,753
四　国		18,301
択捉（えとろふ）島	北海道	3,183
国後（くなしり）島	北海道	1,499
沖縄（おきなわ）島	沖　縄	1,208
佐渡（さど）島	新　潟	855
奄美大（あまみおお）島	鹿児島	713
対馬（つしま）（島）	長　崎	697
淡路（あわじ）島	兵　庫	592
天草下（あまくさしも）島	熊　本	574
屋久（やく）島	鹿児島	505
種子（たねが）島	鹿児島	445
福江（ふくえ）島	長　崎	326
西表（いりおもて）島	沖　縄	289
色丹（しこたん）島	北海道	250
徳之（とくの）島	鹿児島	248
島後（どうご）	島　根	242
天草上（あまくさかみ）島	熊　本	225
石垣（いしがき）島	沖　縄	223
利尻（りしり）島	北海道	182
中通（なかどおり）島	長　崎	168
平戸（ひらど）島	長　崎	164
宮古（みやこ）島	沖　縄	159
小豆（しょうど）島	香　川	153
奥尻（おくしり）島	北海道	143
壱岐（いき）島	長　崎	134
屋代（やしろ）島	山　口	128

注）面積 100km² 以上のもの．面積は本島のみの値．国土地理院「平成 24 年全国都道府県市区町村別面積調」による．国立天文台編纂『理科年表』2014 年版（2013 年発行）より．

その他に、総理府統計局編による『日本統計年鑑』『島嶼大事典』もあるため、表題に示した「日本のおもな島と大きさ（面積）」を調べたいと思えば、たちどころに詳細を知ることができる。

しかし逆に、この方面の資料は豊富すぎて、その紹介をするとなれば紙幅がいくらあってもたりない。

それゆえ、『理科年表』による表8を示すにとどめた。

4　長い島名、短い島名

地球上の数多い島の中で、島名が最も長いのは、エーゲ海にある「アイオスエフストラチオス島」(Άγιος Ευστράτιος, Ayos Evstratios I.) で一四～一五文字を並べなければならない。エーゲ海といっても広い。この島はギリシアの首都アテネの北東に位置する北スポラデス諸島の、さらに北東にあたり、リムノス島の南にあたる孤島である。たどりつくまでの位置説明をするにも、長くかかる島だ。なぜ、このように長い島名がついたのだろう。文化史の記述なのだからと思いなおし、各国で刊行されているエーゲ海にかかわる本で調べたが、まったく手がかりがつかめず、有人島であるかもわからない。あとは、ギリシア大使館に依頼して情報を得るしかないと思いつつ、まだ聞いていない。

それでは日本で最も長い島名はと探してみると、沖縄県の名護市に属する「屋部阿旦地島《やぶあだんじじま》」を見つけた。琉球列島の一部に属する、東シナ海の無人島である。同じく無人島の「鰹平瀬島《かつおべらぜいじま》」(三重県度会郡大紀町) も長い名前だ。

その他に、北海道根室市 (北方領土) の「ハルタカリモシリ島」や、北海道野付郡別海町の「キモッペモシリ島」「ハルタモシリ島」(いずれも無人島) も長い。次に、「九兵衛小島」(愛媛県松山市、無人島)、「寒戸玉理島《かんどぎょくりとう》」(愛媛県北条市、無人島)、「地自津留島《ぢじつるじま》」「外自津留島《ほかじつるじま》」(沖縄県島尻郡渡嘉敷村、無人島)、「伊釈迦釈島《いじゃかじゃじま》」(同座間味村、無人島) とつづく。

以上のように、わが国における島で、名前が長いのは無人島に限られているようだ。

それにしても、エーゲ海の「アイオスエフストラチオス島」が有人島だったら、島民は、あるいはギリシアの国民はどうしているのだろうか。他国のことながら、気になることだ。ことによると、異名があるのかも知れない。

次に、短かい島名についてみると、日本をはじめ、中国や朝鮮の島嶼地名をのぞけば、外国語の島名に短かいものはほとんどない。アテネの近くにある「ケア島」(Kea)、インドネシアのバンダ海に位置する「モア島」(Moa)など短いほうだ。ダーウィンの『ビーグル号航海記』の中に「ロー群島」(Low Archipelage)の「バウ島」(Bow I.)とみえるが、ロー群島は太平洋中のツアモツ諸島(トゥアモトゥ諸島、フランス領)の異名だから、短いともいえまい。バウ島も同じだ。

それに比較して、日本には短い名前の島がやたらに多い。「い島」(山口県、無人島)、「井島」(香川県、無人島)、「伊島」(徳島県、有人島)、「同」(長崎県、無人島)、「う島」(和歌山県、有人島)、「鵜《う》島」、あとの四島の「鵜島」は無人島で、宮城県、山形県、千葉県、島根県にある。「家《え》島」(香川県、有人島)、「絵島」(宮城県、無人島)、「同」(兵庫県、無人島)、「江島」(島根県、有人島)、「同」(鹿児島県、無人島)、「小《お》島」(愛媛県、有人島)、「雄島」(福井県、無人島)など、「あ行」だけみても、頁数が増えていくばかりである。

朝鮮半島にも短い島名があり、朝鮮民主主義人民共和国(北朝鮮)の黄海側の西朝鮮湾に位置する

「椵《カ》島」、済州島《チェジュド》の属島である「牛島《ウド》」、黄海に面した全羅南道の「蝟島《ウィド》」など、短かい島名だ。思うに、島名が長いか、短かいかという問題は、意識するかしないかにかかわっているにすぎない。命名の理由は、それぞれの理由があったり、伝承があるのだろう。

5　その他の「島名考」

鈴木勇次が日本離島センターの調査研究主任の頃に調べた資料に「島名考」と題するデータがある。内容は、①動物・植物の名がつけられている島、②色名のつけられている島、③数字が加わっている島などである。その他にも、島の大きさが名称となっている島もある。

①に関しては、貝島（岩手県大船渡市）、魚島（愛媛県魚島村）、鳥島（東京都）、草島（長崎県福江市）、木島（熊本県芦北町）の五島を掲げている。

そのほか、動物関係の名前の島として、牛島、馬島、猿島、猫島《（ママ）》（岩）、犬島、竜《たつ》島、獅子島、鼠《ねずみ》島、山羊《やぎ》島、虎島、蟻《あり》島、兎《うさぎ》島、鹿《か》島、海馬《とど》島。蛇島、大蛇島、蛙島の一七島（いずれも所在地省略）をあげている。

また、鳥関係として、雀《すずめ》島、鳥島、鳶《とび》島、鴨島、鳩島、鷹島、鷗《かもめ》島、鵜島、鶴島、千鳥島、鷺《さぎ》島の一一島をあげている。

次に魚（水産生物）関係として、鱈《たら》島、イルカ《（ママ）》島、鰹《かつお》島、鯨島、鯖《さば》島、海栗《うに》島、海老《えび》島、鮫《さめ》島、螺蠑《さざえ》島、亀島、鮹《たこ》島の一一島。

草木関係として、蔓《つる》島、樺《かば》島、笹《ささ》島、竹島、竹ノ子島、桜島、松島、柏《かしわ》島、桃島、瓜《うり》島、人参島、大根島、枇杷《びわ》島、榎《えのき》島、椎《しい》島、桑《くわ》島、柴《しば》島、蕨《わらび》島、米島、麦島、枇榔《びろう》島、椿島の二二島があげられている。

わが国には約四五〇島ほどの有人島があり、その数も、時には無人島になるなど流動的である。無人島を含めると六九〇〇島にもなる。しかも、見方（基準）を変えれば、その数は多くなったり、少なくなったりもする。

したがって、同氏が掲げた島は、あくまでも主なものということである。それゆえ、読者諸氏が、上掲した以外に別の島の名前を地図上でみつけたり、身近な島で、これ以外の動植物の名前がついた島を知っていても他言、吹聴は無用である。鬼の首を取ったように思ってはならない。

あわせて、島名に表記のしかたや別名もある。読み方も異なる場合がある。たとえば小豆島《しょうどしま》を「あずき島」とよんでいたこともある。また、「アブ岩」は沖縄県うるま市にある無人島で、面積は〇・〇三二二平方キロメートルだが、他方「虻《あぶ》が島」は富山県の氷見市の東一・八キロメートルの富山湾にある無人島で面積は〇・〇〇一三五平方キロメートルしかなく、「アブ岩」よりもさらに小さい。しかし、大きくても「岩」とよび、小さな面積でも「島」とよぶことがあるのだ。

次に、②の色名のつけられている島についてみよう。赤島（長崎県福江市）など、白島（島根県隠岐の島町）など、黒島（山口県岩国市）など、青島（長崎県松浦市）など、蒼島（福井県小浜市）、藍《あい》島（福岡県北九州市）、黄《おう》島（長崎県福江市）、金《かな》島（岩手県釜石市）、白銀《しろがね》島（長崎県豊玉町）とみえる。

筆者の調べた結果では、赤島は二七島、黒島六七島、青島一七島あった。

③の数字が加わっている島は、(1)一子島《ひとこ》（香川県白鳥町）、一里島《いちり》（新潟県佐渡市）、(2)二神島《ふたがみ》（愛媛県松山市）、二子島《ふたご》（長崎県福江市）など、(3)三栗島《みつくり》（大分県佐伯市）、三宅島《みやけ》（東京都三宅村）など、(4)四坂《しさか》島（愛媛県今治市）、四双島《しそう》（和歌山県白浜町）、(5)五色島《ごしき》（熊本県本渡市《ほんど》）、五貫島《ごかん》（長崎県平戸市）、(6)六《む》島（長崎県小値賀町《おじ(ぢ)か》）、六口島《むくち》（岡山県倉敷市）、(7)七ツ島（宮崎県延岡市）ほか、七日島《なのか》（三重県南伊勢町）、(8)八《や》島（山口県上関町）、八丈島《はちじょう》（東京都八丈町）、(9)九島《く》（愛媛県宇和島市）、九頭島《くず》（長崎県佐世保市）、(10)十九《つる》島（和歌山県由良町）、四十島《しじゅう》（愛媛県松山市）、四十ヶ島《しじゅうが》（長崎県松浦市）、四十四島《しじゅうし》（兵庫県たつの市）、九十島《くそ》（長崎県対馬市）、九十九島《くじゅうく》（長崎県佐世保市）、同（愛媛県今治市）、百島《もも》（広島県尾道市）、五百島《ごひゃく》（熊本県天草市）、七百島《しちひゃく》（長崎県長崎市）、千島《ち》（福井県若狭町）、千束島《せんぞく》（新潟県糸魚川市）を掲げている（『離島の四季』より。市町村名は現行のものに改めた）。

このうち、筆者が気にしている島は、「九十九島《くじゅうく》」（つくも島とも）である。『島嶼大事典』によると、文政五年（一八二二年）に伊能忠敬が測量した時は五九島であったという。しかし、同書によると九十九島の数は有人島二、無人島八八の、九〇島であることがわかる。全ての島名も記載されている。

6　高い島、低い島

現在、わが国で自由に出かけられる島の中で、最高標高地（最高地点）一〇〇〇メートルをこす海抜

表９　最高標高地が高い日本の島

島　名	最高標高地	最高地点・海抜
択捉（えとろふ）島	チリプヤマ（散布山）	1,587m
	西ヒトカップ山	1,566m
	カミイダケ（神威岳）	1,317m
	ベルタルベ山	1,222m
	タモエ山（田萌山）	1,208m
	アトサ岳（アトサヌプリ）	1,198m（1,206m とも）
国後（くなしり）島	チャチャ岳（爺爺岳）	1,822m
	ルルイ岳	1,486m（1,456m とも）
利尻（りしり）島	利尻山（利尻富士）	1,721m（1,719m とも）
佐渡島	金北山	1,173m（1,172m とも）
屋久島	宮之浦岳	1,936m（1,935m とも）
	永田岳	1,886m（1,890m とも）
	太忠岳	1,511m
	七五岳	1,492m
	割石岳	1,410m
	国割岳	1,328m
	吉田岳	1,165m

がある高い島は、屋久島《やくしま》、利尻島《りしりとう》、佐渡島《さどがしま》だけである。というのも、千島《クリル》列島からアレウト列島にかけては火山島が多く、山も高い。北方領土の択《えと》捉島《ろふとう》、国後島《くなしりとう》には一〇〇〇メートル以上の高さがある山が多数あるためだ。

山好き以外の日本国民にとっても残念なことだが、今日、自由に登れる標高の一番高い島は、鹿児島県に属する屋久島の宮之浦岳で、一九三六メートルだ。九州の最高峰でもある。

標高が一〇〇〇メートルを越せば「お花畑」とよばれる高山植物の群落も多く、観光客の人気も高い。ただし、北に位置する礼文島《れぶんとう》の礼文岳は標高四九〇メートルだが緯度が低いため高山性の植物が多くみられる。上述の三島については北方領土の島々にあわせ、表9に示した。なお、北方領土を含めて、北海道にはクナシリ、リシリ、ヤギシリ、オクシリ、ハルカリモシリなど、「シリ」のつく島が多いのは、アイヌ語でシリ、シリ（sir,

表10　わが国の低い有人島

島　名	所在場所	最高標高地　面積 世帯数　人口
舳倉島（へぐらじま）	石川県輪島市沖約50キロメートルに位置する，海女さんたちが多く暮らす島．	12m　1.03km² 66世帯　228人 （17頁地図参照）
上地島（かみぢじま）＝新城島（あらぐすくじま）上地	沖縄県八重山郡竹富町にあり，石垣島より南西約25km，西表島の南東7kmに位置する．隆起珊瑚礁の島．	12m　1,79km² 3世帯　5人
黒　島（くろしま）	沖縄県八重山郡竹富町にある．隆起珊瑚礁（石灰岩）の島．わが国には同名の島が多く，67を数える．	約14～15m　10.04km² 101世帯　206人
久高島（くだかじま）	沖縄本島の南部にあたる南城市知念の沖合約5.6kmに位置する．「神の島」として知られてきた（209頁参照）．	17m　1.38km² 110世帯　285人

注）世帯数・人口は平成元年（1989年）の『島嶼大事典』をもとに作成した．

Siri）は島や地（天地）を意味する。レブン（レブンシル）は沖の島、リシルは海上で目標になれる山の意をいう（赤羽正春著『鱈』〈ものと人間の文化史171〉一八四頁「北洋の図」参照）。

次に、低い島についてであるが、こちらは少々面倒だ。というのは、平均海面を基準にした海抜といっても、干満の差は世界各地で異なるし、それに、名前だけは「島」とよばれていても実態は磯や礁よりも小さなものがあるため、その区別がつけにくい。

したがって、低い島の基準を決めたとして賛否両論がでるのは必至である。厄介な問題なのだ。

それに、宮崎県宮崎市の日南海岸の観光島として有名な青島のように、最高標高地は約六メートルと、わが国の中では低い島であっても、無人島（神社関係者は在島）であったり、干潮時には地続きになる陸繋島で、架橋されている島もある。

あるいは同じように、沖縄県八重山郡竹富町の

西表島より由布島へ渡る観光用の水牛車

西表島東海岸《いりおもてじま》に接した由布島《ゆふじま》も低い島だが、干潮時には西表島と陸つづきになり、歩いて渡れる。今日では観光用の水牛車が一役かっている島として有名だ（写真参照）。しかし、こうした島を最高標高地（最高地点の海抜）だけで判断することは、さきにも述べたように賛否が分かれることになるので、本稿からはずした。

したがって、ごく一般的に、有人島の中から低い島を掲げると前頁の表10に示した如くである。

7　湖中の「浮き島」とリトル・ガラパゴス

南米アンデス山脈の標高三八〇〇メートルにあるティティカカ湖で使われてきた葦舟や浮き島に住む人たちの暮らしは、テレビの旅番組で放映されることも多い。

ティティカカ湖はペルー（六〇パーセント）とボリビア（四〇パーセント）の両国境にまたがり、面積はおよそ東京都の四倍、琵琶湖の一二倍もあるという。湖にはトトラとよばれる葦に似た植物が群生しているので、刈り取ったトララを積み上げて人工の浮き島をつくり、家を建て、舟もつくっての暮らしが観光資源になってきた。目的地の「ウロス島」へ行くには、ペルーの古都クスコから約一〇時間の列車の旅を楽しみ、プーノの駅で下車したのち、モーターボートで約三〇分。付近には大小約四〇島の浮き島があり、小さなものは三坪ほどのものから、大きな島は三五〇人が暮らしているものまである。学校や教会も浮き島上にあるという。

この浮き島の住民は、ウル族とよばれ、約七〇〇人が暮らしているとも。湖に自生するトトラを刈って三メートルほどの厚さに積み重ねれば人工島となり、腐った部分の手入れを半年ごとにすれば一〇年は暮らせるらしい。風により、あまり流されないように、築いた下部に錘りをつけたりの工夫もほどこされているという。

筆者は、本書テーマの執筆にあたり、トトラとよばれる葦が、島民が住む家ばかりでなく、大人が一〇人以上も乗れてマス釣りもできる「バルサ」とよばれる葦舟、さらには住むための浮き島から、畑や家畜の餌、燃料にまでもかかわっていることを知り、その生活文化の足どりを知りたいと思い、ウロス島へ出かけた。ところがクスコまで行くと、「プーノ（終点の町）とフリアカ（一つ手前の駅）で地元の教職員たちの大規模なストライキがあり、プーノの駅舎は炎上中」だと、まさかの情報が伝えられた。「大変残念ですが、皆様の命が一番大切です。安全をとり代替観光とさせていただきました。皆様のご協力とご理解を頂き、〈バジェスタス島〉（パラカス）への変更となりました」という添乗員さん。平成一九年（二〇〇七年）七月のことであった。

ペルーのピスコからおよそ一五キロメートル。パラカス半島の沖に「バジェスタス島」はある。日本

バジェスタス島（パラカス）は野生動物の天国

ではあまり知られていないが、「リトル・ガラパゴス」の別名をもっほどの野性動物の宝庫で、アシカ、ペンギン、海鳥の種類と数の多さで知られる自然動物の別天地だ。気候が温暖なこの地にフンボルトペンギンやオタリアが多く生息しているのは、冷たいフンボルト海流がペルーの海岸近くを流れているためだという。海鳥の堆積した糞を肥料に採取する業者以外に住民はいない。ペルーではグアノ（Guano）といい、燐肥料として重要な財源としてきた島の一つがバジェスタス島である。

なお蛇足ながら、ティティカカ湖では「浮き島」が有名すぎて、実在する湖中自然島の影はうすい。しかしこの湖には、「アマンタニ島」という人口三八〇〇人を数えるれっきとした伝統農業で暮らす島があり、アンデス原産のキヌアとよばれる穀物を栽培している。主食はキヌアのスープで、これまた、観光客に人気だという。

II 島で暮らす動物たち

1 世界自然遺産と動物

「文化史」を主題としている本書であるゆえ、島嶼に生息する動植物や、他の生物にふれることは、人間《ヒト》に関係があっても、できるだけ避けたい。しかし、一つだけ記載しておかなければならないことがある。それは、人類にとって、かけがえのない共有の財産として、今後も大切に保護していかなければならないユネスコの世界自然遺産にかかわる島々や、そこに生息する動植物等についてである。以下、人間に負わされた自然遺産の保護という観点から、島と、そこに生きる生物とのかかわりをみていく。

まだ、ユネスコの世界自然遺産のことなど、話題にならなかった学生の頃のことだ。山形県酒田市沖の北西約四〇キロメートルにある「飛島」に、「トビシママイマイ」という名のカタツムリがおり、本土とは別の固有種だと聞いて、大変興味をいだいたことがあった。その後も、カタツムリについて、あれほど「のろま」（動作がおそい）で、しかも泳げないというのに、どうして離島へ渡ったのだろうと、ささやかな疑問をもちつづけ、不思議なことに愛着をもつようにも。

そこで、島に行く機会さえあれば、必ずカタツムリの殻を探し、拾って、自分の土産（記念）に持ち

イソフジ（父島の二見港海岸）

帰り、コレクションは増えはじめた。

ところがある時、新聞の人物欄の紹介に、「デンデン虫の収集という、変わった趣味もある」と書かれたことがあり、自分では、変わっていると思わなかったのだが、コレクションは以後、中止してしまった。

ところが、それから四〇年も過ぎた平成二五年一一月、拙著『磯』を執筆するための取材で、小笠原諸島のイソマツ（南島）、イソフジ（父島）の撮影に出掛ける機会を得た。その際、南島にヒロベソカタマイマイという固有の陸産貝類の半化石があることを知り、昔のことを思い出したしだいである。

そこで、さらに調べてみると、小笠原諸島は、東京から約一〇〇〇キロメートル（直線距離にして北海道の札幌や、九州の鹿児島とほぼ同じ）の海上にあり、島の成因は海底火山の噴火によるため、誕生以来、一度も他の島や陸地と接したことがない。

というのに、かなりの種類のカタツムリがいるのだ。

カタツムリにかぎらず、小笠原諸島の生き物は、日本全土をはじめ、東南アジア、ミクロネシア、ポリネシア等のオセアニアが起源とされているらしい。鳥類や魚類ならともかく、カタツムリなどは、枯木のイカダに乗って渡ってきたのだろうか。しかし事実なのだから、眼をつぶって、「ハイ、分かりました」というしかないが、どうも納得がいかない。

しかも、小笠原の父島には、樹の上に登るキノボリカタマイマイ、半樹上性といって、樹の中ほどで暮らすアナカタマイマイ、地上で暮らすカタマイマイがおり、母島には樹の上で暮らすメカタマイマイ、樹の中ほどで暮らすオトメカタマイマイ、樹に登らないで地上で暮らすコガネカタマイマイやアケボノカタマイマイ（父島にもいる）など、カタツムリだけでも数えれば驚くほど多い。

樹上性の種は、殻の背が高く、軽くて小型。葉に似た色をしているとも。半樹上性の種は扁平であり、地上性の種は背が高く、地面に似た色をしているらしい。それぞれが生息場所に適した進化をとげた結果だとする。

「小笠原にたどりついた陸産貝類は、天敵や競争相手が少なかったため、島の様々な場所に広がり、生息場所に適した形へと進化しました。そのため、小笠原で確認されている在来陸貝一二〇種のうち九五パーセントにあたる一一四種（平成二三年七月時点）が固有種です」（「東京都小笠原支庁土木課発行のパンフレット」より）

とみえる。

以上のように、生息場所に適した進化をしている生物は、小笠原でしかみることのできない固有種の割合が高いこと、特に陸産貝類や植物において、進化の過程を知る貴重な証拠が残されていることが評価され、小笠原諸島は平成二三年（二〇一一年）六月、ユネスコの世界自然遺産として登録された。

進化論を唱えたダーウィンに、ぜひ見せてあげたかった思うのは、筆者だけではあるまい。彼はきっと、眼を細めたであろう。

わが国で、「島」が世界自然遺産に登録されたのは、鹿児島県の「屋久島」（平成五年・一九九三年）についで二島目である。屋久島といえば「縄文杉」があまりにも有名すぎて、他の植物は日陰物。ヤクシマリンドウは、この島の貴重な固有種で宮之浦岳の山頂付近に三〇〇株ほどしかないといわれるがあまり知られていない。

以上、小笠原諸島における、ささやかなカタツムリ（マイマイ）の事例をあげたが、地球上の数多い島々には、生物進化の痕跡が色濃く残っている。ダーウィンの進化論もガラパゴス諸島やタスマニア諸島など、島からはじまったといっても過言ではない。

特にタスマニア島は、世界でもめずらしい動植物の多い島として知られている。たとえば、わが国で一般的に知られているカモノハシは哺乳動物だが、タスマニアのカモノハシは卵を生み、かえった仔を乳で育てるというし、その他にもタスマニア・デビルやハリモグラなどが棲んでいる。

こうした事例は、わが国周辺の島々にもあり、奄美大島や徳之島に生息するアマミノクロウサギ、対馬のツシマヤマネコや西表島のイリオモテヤマネコ、屋久島のヤクシカなど、こうした事例を挙げれば、紙幅がいくらあってもたりない。

あわせて、島々には風土病をひきおこす「赤虫」のような病原体も多いし、菌類もいる。したがって、本書では、世界的視野から、ダーウィンに見せたかった島を一つ紹介するにとどめたい。

ダーウィンに見せたい「島」

その島は、わが国の屋久島が世界自然遺産に登録される二年前の一九九一年に登録された「オオトカゲ」が生息する島だ。インドネシア共和国の「コモド島」である。「小スンダ列島」に属する。

スンダ列島のジャワ島にある首都ジャカルタから東へ一五〇〇キロほどに位置する。小さな島なので、ほとんどの世界地図帳に島名が記載されていないのは、残念といわざるを得ない。現在、コモド島と周辺のパダル島、リンチャ島が共にインドネシア共和国の「コモド国立公園」の名のもとに「コモドオオトカゲ」保護区になっている。出かけるには、バリ島からスンバワ島へ飛行機で渡り、約半日の船旅となる。近くには、観光地のフローレス島もある。

コモドオオトカゲ

日本の多くの観光客も、コモド島にかなり近い「バリ島」までは出かけるが、この島の名前を知っている人は少ない。

地球上には約三一種類のオオトカゲが確認されているそうだが、コモドオオトカゲは最も大きく、中でも雄は体長三メートル、体重一三〇キログラムになるという。その風貌はまさにドラゴンという異名にふさわしい（写真参照）。

専門家の調査によれば、雌は一度に二〇個から三〇個の卵を生む。この卵の大きさは直径一〇センチもあり、おそくても八週間もあれば、孵化するという。孵《かえ》った仔は、すぐ、樹に登って暮らす。そうしないと、親にも共食いされてしまうからだと聞いた。

地球（質）年代でいうジュラ紀から白亜紀（およそ一億四五〇〇万年前から、六六〇〇万年前）の遠い昔にその祖先が誕生し、今日まで子孫が生き続けているというのだから驚かざるをえない。

現在、五七〇〇頭ほどが生息し、そのうち約三〇〇〇頭たらずが国立公園内で暮らしているというが、コモド島内には島民約一七〇〇人も一緒だ。この島には、「オオトカゲと俺たち人間の祖先は、もとは兄弟だった」という伝説があるという。

しかし、時には人間《ヒト》を襲うこともあるので、住民はすべて高床式の住居を建て、用心しながら暮らしている（ソニープレゼンツ「世界遺産」による）。

オオトカゲは、その風貌に似ず、普段の性格はおとなしいとされているが、身に危険を感じると、なにをするかわからない。食性は肉食のみで、仔の頃は小動物を餌にしているが成長すると、野生のブタ、シカ、スイギュウ（水牛）、ウマも食う。動物の通り道に身をひそめ、獲物がやってくると、するどい手足の爪で襲いかかる。顔つきのわりに歯は小さいが、特殊な毒をもっているといわれている。歯で噛んで、口から毒を注入されると噛まれた傷や爪跡からの出血が止まらなくなる。「特殊な毒」とはそのことだ。大きなスイギュウでも、一ヶ月も過ぎれば、血液は少しずつ流れ出て死んでしまう。そこに仲間が群がって、満腹になれば、その後一ヶ月間は餌を獲らなくても寝て暮らせる。結構な「人生」ならぬ「動生」である。

恐竜の時代を思わせるコモドオオトカゲは、今からおよそ一〇〇年まえに、その存在が知れわたった。一般的には「発見された」ということなのだが、コモド島の村民からすれば、昔から兄弟なのだ。

その、きっかけは偶然のことで、一九一〇年に、当時、オランダ領であったコモド島に飛行機が不時着したことによる。

その搭乗員による「コモド島にはドラゴンがいる」という噂話《うわさ》は、やがてジャワ（ジャヴァ）島のボゴール植物園にまで知れわたり、オーエンス園長による調査の結果、一九一二年に正式発表されて、存在が確認されたという（ジャワ島は一六世紀にポルトガル人が占領し、一七世紀以来はオランダ領であった）。

小スンダ列島の中でも、コモド島の周囲は、世界でもまれにみる潮流の速い海として知られている。こうした自然的条件もコモドオオトカゲの外敵を寄せつけない条件の一つになり、種の保存に結びついたのだろう。世界の島々には貴重な動植物をはじめとする「種」が多い。

2　島と動物

ネコの島

ネズミが群で海を泳ぎ、島に上陸したという話は全国各地に多い。その結果、伝説として語られたり、『海の鼠』という小説にもなっている。まず、卑近な例をいくつかあげてみよう。

静岡県熱海市の南東約一〇キロメートルの海上に見える初島《はつしま》（外周一・六キロ、人口約一七〇人、長いあいだ戸数は四一戸であった）は小島だ。

熱海市沖の初島

同島の進藤幹夫氏から聞いた話によると、冬の満月の夜は潮がよく引くので、ヒジキ採取に出かけていた時、何千匹ものネズミが泳ぎ渡り、ザワザワと上陸してきたのを島民が目撃したことがあったという。濡ネズミの背は月光に照らされ、ネズミの行列は大蛇のウロコのように青白く輝き、本物の大蛇が渡ってきたように見えたとも。また、何千匹ものネズミが上陸し、行進した跡は草がなぎ倒されて長い道のようになっていたため、「大蛇が上陸したという伝説」が島に生まれたと。

その結果、畑で育てていた落花生は全滅にちかい状態に食いあらされたので、ネコを飼う家が急増したという。

同様に、沖縄県の石垣島ではネズミのために主要産業であるサトウキビの被害が多かったので、ネズミを駆除するためにネコ以外に天敵のイタチが導入されたこともある。

今日、「ネコの島」として「ニャンコ好き」に知られている島といえば、宮城県石巻市の田代島であろう。島の外周は約一一キロメートル。その人口はおよそ二〇〇人。「住民よりネコの数が多い」とうわさされている。

この島の名前の由来は、この地で、田代角左衛門（天明五年

〈一七八五年〉陸中閉伊《へい》郡の船越村・現在の岩手県下閉伊郡山田町船越生まれ）による「田代式鮪《まぐろ》建網」の開場にはじまると伝えられる（拙著『鮪』〈ものと人間の文化史158〉参照）。

　それ以前は、「遠嶋」の名でよばれていたらしい。しかし、角左衛門によるマグロ漁場の開発により、地元に多大な経済効果をもたらしたため、田代漁場（田代式大網）が定置されているこの島は「田代島」の名でよばれるようになる。それは、今からおよそ二〇〇年ほど前の文政年間（一八一八〜二九年）頃のこととされるが、江戸期のたしかな史料は今日までのところまだ発見されておらず、詳細は不明である。

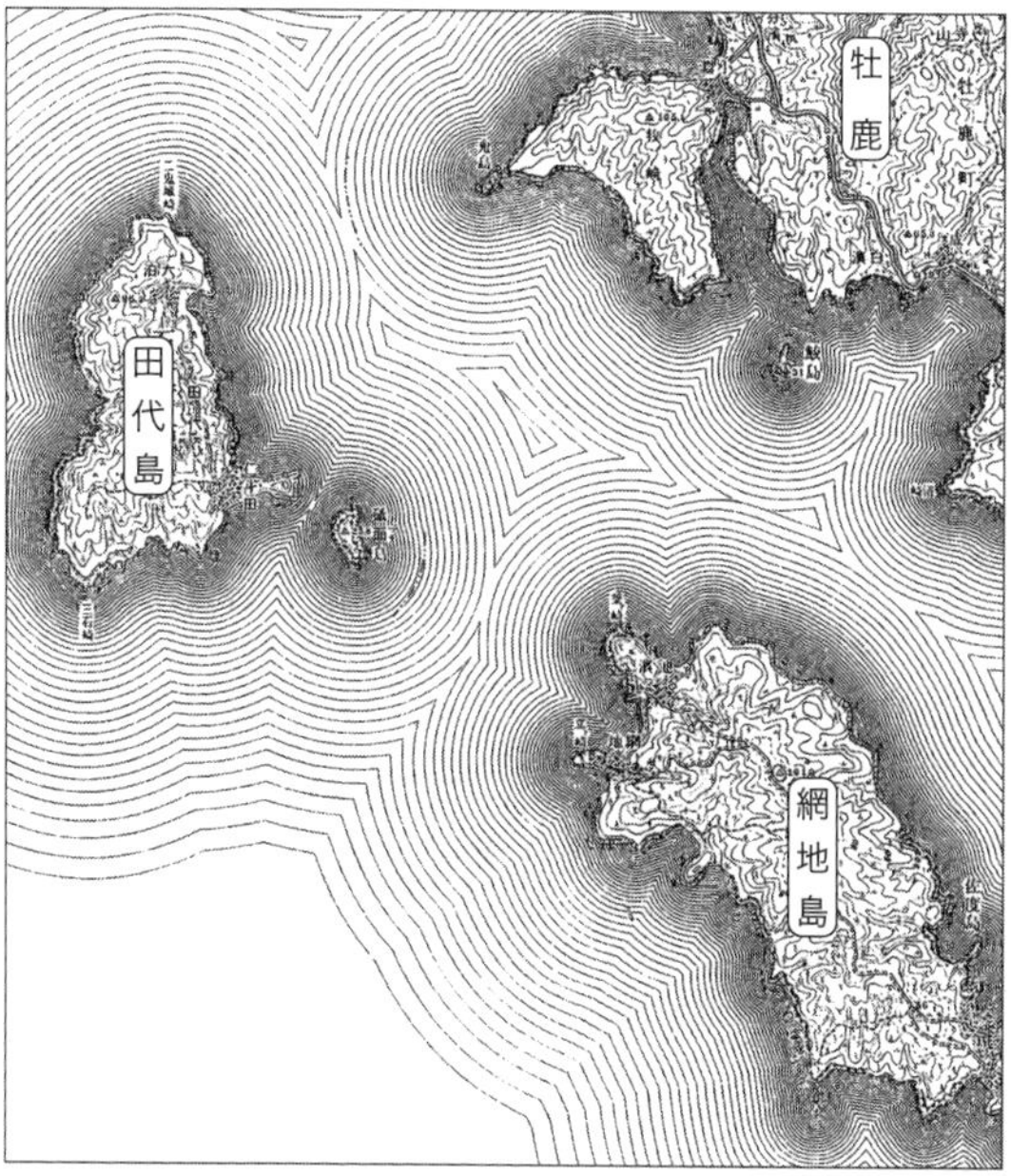

田代島・網地島付近（国土地理院発行「網地島」）

　最初は魚（漁）網をネズミの被害から守るためにネコを飼うようになったが、江戸時代後期からはじめられた養蚕ブームにより、カイコをネズミの害から守るためにもネコの数はさらに増えたらしい。「ネコ神社」まである島だ。

　今日では近親交配が問題視されるようになったネコの島だが、平成二三年（二

○一一年）三月一一日に発生した東日本大震災の津波後は、全国区的な「ニャンコ好き」による復興支援をうけて、ネコが観光資源に一役かうようになってきた。なお、蛇足ながら、この島でのイヌの飼育はご法度である。

わが国の数ある島の中で「ネコ島」とよばれる島名は今日のところない。だが、「猫岩」はある。それとは別に「ネズミ島」（鼠島）の名は多く。七つほどある。以前は長崎県長崎市の皇后島《こうごじま》もそうよばれた。いずれの島も無人島だ。

他方、「猫ノ島」というのは『今昔物語集』の中にみえる。この作品は作者、成立年時ともに定かでないが、別名を「宇治大納言物語」というところから「宇治権大納言源隆國（承保四年・一〇七七年歿）」撰説があり、とすれば、およそ九四〇年も前に成立したということになる。

同書、巻第三十一中の「本朝付雑事」に「能登国鬼寝屋島話《おにねやのしまのこと》」という話があり、その内容は、

「今昔、能登ノ国ノ奥ニ寝屋ト云フ島有ケリ。其ノ島ニハ、河原ノ石ノ有ル様ニ、鮑《あわび》ノ多ク有ナレバ、其ノ国ニ光ノ島ト云フ浦有リ、其ノ浦ニ住ム海人《あま》共モハ、其ノ鬼ノ寝屋ニ渡テゾ鮑ヲ取テ国ノ司ニハ弁《べんじ》ケル。其ノ光ノ浦ヨリ鬼ノ寝屋ハ一日一夜走テ人行ケル。

亦其ヨリ彼ノ方ニ猫ノ島ト云フ島有ナリ。鬼ノ寝屋ヨリ其ノ猫ノ島ヘハ亦負風一日一夜走テゾ渡ルナリ。然レバ程ヲ思フニ、高麗ニ渡ル許カリ程ノ遠サハ有ニヤ有ラム。然ドモ其ノ猫ノ島ヘハ（ママ）□ニテ人不行《ひとゆか》ザルナリ。

然《さ》テ光ノ浦ノ海人ハ彼ノ鬼ノ寝屋ニ渡テ返ヌレバ、一人シテ鮑万《よろず》ヲゾ国ノ司ニ弁ケル。其レニ一

> 度ニ四五十人渡ケレバ、其ノ鮑ノ多サヲ思ヒ可遣《やるべ》シ。
> 而《しか》ル間、藤原ノ通宗《みちむね》ノ朝臣ト云フ能登ノ守ノ任畢《にむはて》ノ年、其ノ光ノ浦ノ海人共ノ、鬼ノ寝屋ニ渡テ返テ、国ノ司ニ鮑弁ケルヲ強《あながち》ニ責《せめ》ケレバ、海人共侘《わび》テ、越後ノ国ニ返テ渡ニケレバ、其ノ光ノ浦ニ一人ノ人無クテ、鬼ノ寝屋ニ渡テ鮑取ル事絶ニケリ。
> 然テ人ノ強ニ欲心有ルハ弊《つたな》キ事也。一度ニ責テ多ク取ラムトシケル程ニ、後ニハ一ツダニ否《え》不取《とら》デ止ニケリ。于今《いま》モ国ノ司其ノ鮑不取《とら》ザナレバ、極テ益無キ事也トゾ、国ノ者共モ彼ノ通宗ノ朝臣ヲ謗《そしる》ナル、トナム語リ伝ヘタルトヤ〔傍点とルビは引用者による〕

とある。内容には、光の浦の海人《あま》たちは、鬼の寝屋島に渡り、アワビを採っていたが、能登の国司であった藤原通宗が任期をおえて都に帰るにあたり、海人たちにアワビを多く貢納するように強要したことに怒り、越後の国へ逃げてしまったため、以後、この島へ出稼ぎで渡る人が絶えてしまったなどのことが記されている。

この話に出てくる「鬼ノ寝屋」島というのは、石川県輪島市沖二四キロメートルほどにある「七ツ島」で、「猫ノ島」はさらに北へ二五キロメートル行ったところの「舳倉島《へぐらじま》」にあたるとされている。しかし、島名の由来について言及した先行研究は不明である。

筆者は舳倉島に二回、お邪魔したことがある。最高標高一二メートルという平坦な島なので、島影がネコの姿にみえるどころではなかった。この島を「猫の島」とするネーミングのいきさつを知りたいと思う（二六一頁参照）。

島によってはネコが多いと思った島もある。その一つが山口県下関市の蓋井島《ふたおいじま》であった。七年に一度おこなわれる「山の神」神事（一六七頁参照）参観のために出かけたが、島に食事をする店も場所もないことは承知していたので、あらかじめ用意していった昼食をつかっていると、ネコの集団に囲まれてしまった思い出がある。

三重県鳥羽市の神島で聞いた話だが、「離島にはネコが多いので、そのことに眼をつけた関西方面の〈三味線屋〉が、ネコの皮を使うために野良ネコを買いにくるというので、子どもたちが小遣いほしさに、一匹百円で売れるネコを捕まえようと、木に逃げ登ったネコが降りるのを半日でも、一日でも待っているのだ…」とか。

ネズミと島

島のネズミはよく取沙汰される。「初島」の項でも書いたが、柳田國男も『海上の道』で「鼠の浄土」と題して、いろいろな文献を引用し、かなりの紙幅をさいているので参照されたい。

その中で、「鼠は一年に五六度も子を産み、その子が数ヶ月で又親になる」から、繁殖が盛んなため群をなして島々を渡り農作物に多大の被害を与えてきた。島人の中には、ネズミによる食害の結果、島を離れなければならなかったとか、ネズミの群が島に上陸するのを防ぐために、漁師が海上でネズミを見つけると村人に知らせ、浜で焚火をたき、上陸を防ぐとか、海上で魚群を見つけ、漁（魚）網を入れたところ、網にかかったのはネズミの群であったなどの話は多い。

世界各地の島々で、ネズミの被害をうけなかったところはないといっても過言ではない（一五二頁

「高倉建築」参照)。だが、ネズミは多くの物語や民話、伝説で主人公になれる。ディズニーランドでも。

イヌを飼わない島

太平洋の島々の中には、イヌを食用にしてきた島は多い。驚くことはない、なにしろ人間《ヒト》まで食べてきた風習も過去には、かなり広く島々に分布していることがあったのだから。

田代島(「ネコの島」の項)でも述べたが、同島ではイヌの飼育を禁止してきた。理由はいろいろあるようだが巷説、風評の域をでないように思う。

同じような島が女川港沖にある。陸前江ノ島だ。千葉徳爾による「離島調査報告(陸前江の島《ママ》)」の中に、「犬を飼ってならぬという島のおきてにも、古く風葬があったのではないかという考えがうかぶ。」としているが、この理由づけも、いかがなものか。

その他にも、野間吉夫の『玄海の島々』によると、佐賀県の唐津市沖に位置する筑前姫島では、「氏神さま(姫大明神、祭神豊玉姫ほか)が嫌われるといって犬をおかなかった。もし、おいたらハシカ犬になるといっていた。猫はいる。」とみえる。

福岡市に近い「相ノ島でも犬を飼うと海が荒れるといっていた。これは島の氏神様(若宮神社・祭神豊玉姫、玉依姫ほか)が犬を嫌われるからだそうで、どこの神社にでもある狛犬がこの若宮神社にはおかれていない。」(同前書)という。

わが国には、以上の事例に掲げた「イヌを飼わないという島」がある。他島にもあるだろう。しかし、世界の島々の中に同じ事例があるかどうかは、今後とも調べてみる必要がある。あるいはすでに調査済みで、筆者が知らないだけかも知れない。

太平洋の島々で飼育しているイヌは食用であったが、近年は食べ物が豊富になったため、イヌを食べなくなったと聞いたことがある。

筆者が見たかぎり、南太平洋のどこの島のイヌも、痩せっぽちで、けだるそうに暮らしている様子から、とても上等な食材にはならないのではと思う。

なお、わが国には岡山県岡山市に「犬ノ島」という名前の島があり、「犬石宮」とよばれる巨大な犬の顔に似た石が御神体になっているという。筆者は行ったことがないが、会社（企業）所有の島なので、渡島には許可が必要になる。しかし、毎年、五月三日の例大祭には一般参詣者の入島も可能だと聞いた。犬が暮らしているかどうかも確認していない。

付　探してみたい島々と行ってみたい島々

まず第一は、日本誕生における最初の島である。なにしろ、『古事記』の「天地のはじまり」に次ぐ、「島の生成」において、伊佐邪岐《いざなぎ》の命と伊邪那美《いざなみ》の命の二神により、最初に生みだされた島だから、日本人なら、だれでも所在を知りたいと思う気持は同じだろう。

ところが、島名は「淤能碁呂島《おのごろじま》」とはっきりしているのだが、名前は島でも、島であったのか、あるいは消滅したのかも不明である。存在するとすれば、今日の大阪湾周辺にあってよさそうに思われる。あるいは、後の世に、島名変更したのかもしれない。探すのには、海域をすこし広げ、淡路島方面まで調べてみる必要があるのかとも思うがいかがなものか（八九頁の地図参照）。

第二は、同じく『古事記』（中巻の応神天皇の項）にみえる「伊知遅島《いちぢしま》」（伊知遅志麻）と「美島《みしま》」（美志麻）である。『古事記』の文面からすると、琵琶湖にある島名らしいのだが。あるいは湖の近くの地名で、必ずしも島とは限らないとする研究者も中にはいる。ことによると、琵琶湖にあったが沈んでしまったのか、湖の周辺にあった地名なのか、いずれにしても、もう少し特定できないものか。

そして第三は、『肥前國風土記』に記載されている「値嘉《ちか》の郷《さと》」の、「二つの嶋には、嶋別《しまごと》に人あり。第一《はじめ》の嶋は小近《をちか》、土蜘蛛《つちくも》大耳《おほみみ》居み、第二《つぎ》の嶋は名は大近《おほちか》、土蜘蛛《つちくも》垂耳《たりみみ》居めり」と記されている二つの島である。

また、「此の嶋の白水郎《あま》は、容貌《かたち》、隼人《はやと》に似《に》て、恒《つね》に騎射《うまゆみ》を好《この》み、其の言語《ことば》は俗人《くにひと》に異《こと》なり」とも。

この二島に関しては、最近、特定できる可能性が高くなってきた。

森浩一は、「値嘉島を、現在の五島列島の大きい島だろうと推定していたのですが、五島列島のいちばん北の端に小値賀《おじ（ぢ）か》という島があって、そこに熱心な考古学の方がおられるんですが、その島をずっと研究していると、もとは二つに分かれていた島だけれども、真ん中を中世に干拓で一つにしてしまったんで、その地形を復原してみると、『肥前國風土記』にも、大近《おおちか》、小近《おちか》の二つの島に分かれていたというのとピッタリだと、おっしゃるんです〔ルビの一部は引用者による〕」（日本民俗文化大系13・月報10座談会・一九八五年）という。そのことをみても、前掲のことがいえる。

さらに「大家嶋《おほやしま》」については、「郷《さと》の南に窟《いはや》あり。鐘乳《いしのち》」と記されていることから、これまで、平戸島やその北の大島、さらには北方の馬渡島とする説もあった。しかし、『風土記』が和銅六年（七一三年)、元明天皇の詔《みことのり》により完成した古いものだとしても、窟《いはや》は残り、鐘乳《いしのち》(鐘乳洞か)の場所は残るだろうから島は特定できるのではないかと思う。

次に、「行ってみたい島」についてである。読者諸賢が行ってみたいと思う島はどこであろうか。

筆者が行ってみたい島は四つある。これぱかりは、欲ばればきりがないので最小限にとどめた。

一つは、南米大陸の最南端にあたる大西洋から太平洋にぬけるマゼラン海峡に面したフエゴ島(諸島)である。今日は、アルゼンチンとチリの二国に分割統治されている。

行きたい理由となると、これまた、まったく個人的ゆえ、恐縮だが、学生の頃に読んだダーウィン著『ビーグル号航海記』や『種の起源』のガラパゴス諸島とともに、深く印象に残っており、今でも、その興味や関心が変わらないからである。

特に『ビーグル号航海記』の、当時の「読後感」に、「ダーウィンは二二歳でビーグル号に乗り、世界周航に五年かけて出発した。自分は一八歳で大学という船に乗り、五年間、真理探求の世界を周航するつもりだ。現在はもう二年目の航海を続けているのだから、ホーン岬付近のセント・マルティン近くまで来ているはずである。あと三年…。」とある。

そして、フエゴ島での少年の証言として、「冬、飢饉にせまられると、彼らが犬を殺す前に老婆を殺してその肉を食うのは確かなのだ。少年はなぜそういうことをするのか聞かれると、〈犬はカワウソをつかまえるけど、お婆さんはつかまえないもの…〉と答えた」という文を読んで驚いたことが琴線にふれたりもした。

それ以来、ずっとフエゴ島のことが気になり、機会あるごとに資料を集め、できれば行って見たいと思いつつ今日に至った。

また、その後、『火の国・パタゴニア』（津田正夫著）を拝読し、書中に「真夏とはいえ、外はもう摂氏零下二度か三度か。いまでさえこんな温度なら、冬はどんなにきびしい寒さだろう。零下二〇度はごくあたりまえの温度だそうだ。そんな酷寒にも原住民は裸身にわずかの獣皮をまとっているばかりで、女たちは夫の操るカヌーからざぶんと凍る海に飛びこんで貝類を漁るという。彼女らだって寒さを感じないわけではなく、がくがく震えながらカヌーの上にともされているわずかの火で身体を暖めるのだ。」という女性の裸潜水漁の実態があったことや、『マゼランが来た』（本多勝一著）の中に、同様の絵図が掲載されていたのをみて、よけいに行ってみたい思いを強くした。ぜひ行ってみたい島である。

そして、もう一島は、インド洋に浮かぶセーシェル諸島である。

かつて英国の植民地だったが、一九七六年、セーシェル共和国として独立。九二島以上あるという諸島のうちでも、最も風光明媚といわれ、エキゾチックなオアシスとして観光客に人気のあるマヘ（首都ビクトリア）、バード、ラ・ディーグ、プラランの島々は、かつてフランス映画の人気女優シルビア・クリステルが、フランソワ・ルテリエ監督による「さよならエマニエル夫人」の主演としてロケーションをおこなった島々といえばご存知の方々も多いのではないかと思う。

シルビア・クリステル　セーシェル諸島がロケ地になった映画「さよならエマニエル夫人」の主演女優

理由はこれまた色々あるが、長くなるので、このあたりで。

そして三つ目は国内の島で、伊豆諸島中の「青ヶ島」、最後の四つ目は沖縄県の「久米島」である。青ヶ島については柳田國男の『青ヶ島還住記』で若い頃から史的背景を知ったし、後に小林亥一著『青ヶ島島史』（一七四頁写真参照）等を拝読して、行ってみたいという関心を深めたことによる。また「久米島」は、実家が国の重要文化財に指定されている畏友の上江洲《うえず》均《ひとし》宅を表敬訪問したいと思いつつ、昭和四八年に高著『沖縄の民具』の恵贈をたまわってからすでに四〇年を過ぎてしまったのである（二九〇頁参照）。

「行ってみたい島々」は、個人的なことなので、理由をあげればきりがない。日本の島で共通しているのは、「島酒」にありつけるということか。

エピローグ――島旅考

島に心をよせる人間《ヒト》は多い。旅好きの人なら、だれでも一度は島を目的地にしようと考えたことがあるのではないか。中には「島めぐり」だけを目的にして旅に出る人もいるほどだから…。

しかし「島旅」を、「島以外の旅」と比較した場合、目的地が「島」であるという以外に、アプローチのしかたに違いはあっても、内容（本質）には、精神性を除いて格別に変わったところがないのではないかと思う。

たとえば、島旅の目的を、島独自でおこなってきた伝統的年中行事や、伝統芸能、伝統工芸の産地等を参観することにあててみると、神事や祭事にかかわる芸能や伝統行事は、島により独特の史的背景をもって伝承されてきたとはいうものの、島以外でもおこなわれてきたものが多く、枚挙するに暇《いとま》がないのである。大分県姫島のキツネ踊り、アヤ踊りなど、内容に特色があっても「盆踊り」の行事としてみれば広い分布を示し、島だけのものではない。

同じように、伝統産業としての織物産地の参観にしても、八丈島の八丈紬《つむぎ》（黄八丈）、奄美大島の大島紬、沖縄県久米島の久米島紬、宮古や八重山の上布・芭蕉布等、島々には有名な織物がある。しかし、産地の参観ということであれば、茨城県の結城《ゆうき》紬にしても、新潟県の越後上布（越後縮《ちぢみ》）、福井、石川、富山県地方の羽二重《はぶたえ》、福岡県の久留米絣《がすり》などいずれも変わらないということになろう。

ようするに島にあるといっても、もとをただせば人間《ヒト》の伝えた文化伝播であり、技術の継承であるから、島以外の他にも数多く伝承されているのだ。わが国に限っていえば、島で独立発生した文化はごく少ない。しかも生活文化の一部にすぎない。

かつて、「島嶼地理学」という分野がなりたつかどうかという議論があった。一方でその必要性を説く反面、他方で不用論も多く聞かれた。その最も大きな理由は、「人間《ヒト》の暮らしの内容は、島でもどこでも同じであり、区別する必要性を見いだせない」ということであった。あるとすれば交通手段が昔は舟（船）だけで、それに空の旅が加わったことか。

ひるがえって、それでは島を目的地に定め、行ってみたいと思うのはなぜか、普通一般の旅と「島旅」を区別（仕分け）する必要があるのかについて考えてみたい。

まず第一は、目的が明確な島旅のことだ。最初から目的がはっきりしており、結果的にその場所が島になったにすぎないといった「島に行く旅」である。その代表例はバードウォッチング（野鳥観察）だろう。

北海道の天売島《てうりとう》のように、観光資源としてウミガラス（オロロン鳥）が一役かっている島をはじめ、山形県酒田市沖の飛島、石川県輪島市沖の舳倉島《へぐらじま》など、大陸から日本列島へ飛来する渡り鳥の移動・生態観察を目的とした島旅である。同じ島でも目的は別で、飛島のように「天保蕎麦《そば》」を賞味するために、あるいはカタツムリ（トビシママイマイ）の調査や採集、各種の写真撮影や調査など、その目的は人間《ヒト》それぞれである。高山植物を観に「利尻富士に登る」とか、「屋久島の縄文杉」を観に行くのも同じだ。目的あるいは目的地が明確である。

同様に、島ごとに目的の魚種を対象に、磯釣りに出かけたり、ネコ好きの人間《ヒト》が、「ヒトより多くのネコが暮らす」ともいわれる宮城県の田代島（二七三頁地図参照）へ行けば、「心が癒される」というたぐいの島旅である。さらに、小説等の原作や、映画の舞台になった島への旅も同じだろう。島に行かなければ目的が達成されないからだ。

いずれも、旅そのものが人間《ヒト》の心を弛緩《しかん》させ、リフレッシュさせる効能、効果があり、新しい希望や、明日への活力を生みだす妙薬のかわりになりうるならば、それほどけっこうなことはない。

人間《ヒト》はよく、「自分を静かにみつめたくなったら〈島旅〉に出ればいい」などという。それも目的の一つだ。しかし、どれほどロマンチックなものかは別である。

したがってこの場合には、未知の場所（世界）への憧れという気持からはじまり、ロマンチックな船旅の終着地が島ということになるだろう。たしかに船旅は、他の乗り物とはちがった到着地へのアプローチというか、プロセスが楽しめるのはたしかだ。それに、グループ旅行でないかぎりは、孤独感や漂泊感も味わえよう。自分を見詰めるにはよさそうだ。それにつけても、目的は個人によってさまざまであるのに、島へ出かけるということは、他の場所に出かける時より「心がワクワクする」ように感じるのは事実だ。

未知の世界といえば大げさすぎるかもしれないが、出発にあたっての準備や期待、そうした心理的な気持（心情）をもてることが「島旅」であると思えば、それも魅力の一つだろう。

島の自然や社会は百島百態であるから、目的の島を選び、決めたとしても、渡島のための交通手段が異なるために一様には、類型化や仕分け理由を説明することことは難しい。むしろ、島々が多様である点に、島旅の魅力があるのだろう。

だが、島に出かけようと思う気持は、いくつかのパターンに仕分けできると思う。

まず最初、島を旅の目的地に選んだときの気持を考えてみると、「島旅は目的地が明確に把握でき、イメージできる（おもかげを心にうかべられる）」ことだ。しかも、出かけた際に、島の姿というか輪郭もはっきり見えることが多いし、晴れていれば「目視」できるのも嬉しい。

したがって、少々誇張していえば、征服欲を満足させてくれる要素がある。結果、「あの島へ渡った」、「この島に旅をした」という充実感をともなう実績は、山に登った時の征服感に共通している。

島に着き、先ず一歩、島の土を踏みしめた時の新鮮な気持や、達成感に似た満足は、山の頂きで、最後の一歩を運んだ瞬間の満足感と同じ思いだ。離れ島を旅することは、登山に共通している点が多いのではないか。したがって、島旅は「旅という文化」の最も象徴的な具現であると思う。その理由は、山旅がそうであるように、目的地が明確であり、目的にたいする達成感（征服感）を満足させることができるためである。

しかも、船を使えば、帰りも「島」が送ってくれる。特に、利尻島や屋久島のように標高のある島は、振り返ればいつまでも遠望でき、旅の目的地であった島といつまでも別れを惜しむことができ、余情も残る。情趣も楽しめる。こうした気分も島旅の醍醐味の一つといえよう。

右：「船上からの利尻富士」（上林厚子画，1962 年）
左：伊良湖岬の灯台より神島を望む（拙著『日本の岬』表紙）

次に思うことは、「遠くの、行ったことのない場所へ行きたい」という気持は、どのような旅の目的地でも同じだが、特に島が目的地の場合は、「遠方」とか「孤行（高）」とかいう気持が強くつきまとう。未知なる島（世界）への憧れや魅惑、願望といった気持もそれに重なる。「孤島」という言葉がさらに、そうした気分を助長するからだ。

「孤行（高）遠遊（游）」、あるいは「遊歴」という言葉の中には、「知らない遠くの島へ行ってみたい」という気持に含めて、知りたいと思う欲求があるから、征服欲を満足させる一つの試みや挑戦でもあるために、結果として、島へ行ったことに対する満足感を殊更に強く味わえるのではなかろうか。

そして、次は、島影を直接みて、「行ってみたい」と思う気持だ。この場合は目視できる場所にある島旅だから、比較的近くの島が多い。筆者の経験でも二〇代の頃、「遠き島よりヤシの実が流れついた」渥美半島の伊良湖岬に佇んで、海の向こうの島影を見た時は、心が騒いだ記憶がある。その島が小説『潮騒』の舞台になった「歌島」（神島）で、島影が美しかったことの他に、島名にも憧れたし、なによりも、そこに、未来への大きな夢と希望と心の糧があるように感じられたことを思い出す。この思いも、未知の場所への憧れ、好奇心、挑戦といったところか…。

しかも、そうした気持の中には、現実の職場におけるストレス、日常生活における逃避的な側面、あるいは日頃の倦怠的な生活を脱却するために、まだ知らぬ島を訪れ、新鮮な風土にふれ、自然の厳しさや偉大さを思い、島人との美しい心情のふれあいから、わが身にとって、心の糧を得たいと思う旅心、そしてさらに、土産として持ち帰った精神的な糧の中から、そのチャンスをバネにして、将来への夢や希望を成就させようという気持もある。

こうした思いが、日常生活のマンネリ化を脱却し、非日常的な生活を求める脱出的解放感を醸成し、味わうことができるところに、島旅への魅力が増幅されるのだろう。そのためか、最近は島旅の目的がさらに細分化されている傾向にあるようだ。

目的が明確な島旅ならば、島の伝統的食材（郷土料理の材料）を用いた料理を賞味したいとか、島酒を嗜んでみたい、島唄を聴きたい、島の民話、伝説に耳をかたむけ、歴史や文化、人情にふれたいなど、いずれもけっこうなことだと思う。

さらに、目的が明確な島旅は、ロマンチックな気分で船旅が楽しめるというメリットもある。目的の島へ向うのに、なんとなく希望、新鮮な気持ち、夢のふくらみといったプラス思考の要素が多いので、魅力的である。たしかに船旅はロマンチックな雰囲気がかもしだされる。空の旅ではそうはいかない。

しかし、上述したこととは別に、目的なしで島に渡る人間《ヒト》もいる。好奇心だけをもったり、時には、文化の後進性、あるいは未開発な生活にノスタルジアを重ねあわせ、なかには気取って「目的がない旅なので、すべてに不便な離島を選んだ」などという、島に渡ってもらいたくないと、誰もが思う旅の輩《やから》もいることだ。最近はそういう人々の数が増えつつあるように思う。

こうした、旅先の方々の気持を考えなかったり、言行が「のぞき見」的取材をおこなうなど、受け入れ側からすれば、迷惑としかいいようがないこともある。それゆえ、「観光の島」といえども、島旅にあたっては心に留めておくべきではないだろうか。

数多い人の世だから、中には前述したように、他人《ヒト》とは一味ちがう旅をして優越感をもちたいとか、自身の不安感をあおることにより、己の精神を鍛えたい等、いろいろな考えはあるだろう。ただ、遠くへ行ってみたいと思う気持は、だれでも五十歩百歩にすぎないと思う。

結果、目的はちがっていても、島へ渡れば、人間《ヒト》それなりのメリットはあるはずだ。したがって、「島旅に出たが、思っていたより開けていた」というような感想や発言は差し控えるべきであろう。そのような失望感をいだくとすれば、それは自己責任以外のなにものでもない。

第二次世界大戦後（昭和二〇年・一九四五年）、わが国でハワイアン音楽が流行したことがあった。もとはポリネシアン音楽のうちのハワイ諸島土着の人々による音楽が、米国本土の一般的な音楽に影響されて流行したものだ。そのために、スチール・ギター（ハワイアン・ギター）やウクレレ伴奏が加わり、本来の宗教的音楽とは別の商業化した「ハワイアン」として流行したのである。

それとは別に、わが国では一〇年ほど前、「島唄」が流行し、「島旅ブーム」があった。流行した「島唄」は結果的に商業化したが、沖縄県の宮古、八重山、さらに奄美諸島などの独特な音階（旋律）、「唄の心」は伝承されてきたと思う。この島唄のように、歴史的背景がある民謡、民族音楽だけを専門に、世界中の島旅をつづけてきた小出光のような研究者もいる（二三六頁参照）。

楠山忠之の「石垣島」（別冊太陽『日本の島』）によると、「一七七一年四月二十四日、石垣島東海岸を直撃した明和津波は、一説には九〇メートル近くあったとされ、島の人口の約半数（九千人近く）が波にさらわれた。特に、大浜、宮良、白保《しらほ》などの住民は九割前後が死亡。〔中略〕津波後、王府は離島から強制移住の計画を立て、石垣島の復興に力を注いだ。反面、親子、恋人にかかわらず移住させたため、八重山民謡には別離の物語が多く残った」のだという。

島で聴くのが島唄だから、悲しみや哀愁に満ちた響きとともに聴くことができる。そして自分で奏で自分でも唄う。沖縄・久米島在住のわが国を代表する民俗学者上江洲均（久米島自然文化センター館長）は「島唄は暮らしであり、音楽は教養なのだ」という。同氏が横笛を奏で新人賞を受けた時の話だ。

島唄は全国各地の島々にあり、伊豆諸島の「民謡の系譜」を調べた小野寺節子によると、「何より島の方々は、〈歌〉が好きである」としたうえで、「人々の歌に対する思い入れが、島で暮らす心情の深い部分に根ざしていることを痛切に感じる……島で息づく歌々は、島の生命力の一部にもなっている。その息づかいに魅かれて、島を訪れる人々も少なくないに違いない。」と記している（一七四頁写真参照。『伊豆諸島・小笠原諸島民俗誌』）。

また、島の民謡の中には、島ごと、集落ごとに唄われてきた歌謡がある。だが、他方においては、熊本県天草諸島・下島の牛深港がもとになって（他説もある）、日本海沿岸、瀬戸内海地方にまで広まったとされる「ハイヤ節」とよばれる民謡もある。

以上のように「島旅」についてみると、目的は多種多様で多彩に思われても、「ただの観光旅行」と「島めぐりの旅」は、それほど変わったところがないのだ。ようするに、島旅以外の一般的な旅の目的と表面的にはなんら異なる内容をもったものではない。島旅を他の旅（行）と区別するのは、目的地の選択における、旅人自身の「心の中に宿る精神的な願望や向上心」、あるいは「文化に対する関心や好学の心」といった抽象的なことであろう。さらに、その区別は、「島旅は立派な文化である」と位置づける立場にたつことにはじまるのではないか。理由は、御己証《ごこしょう》（自分で悟った考え。師の教えをうけない独自の見解をいう仏教用語）的だが、個々の人による、目的を達成する「島めぐり」という行為が精神的な文化の醸成に結びつくからである。一般の観光旅行が、たんに風光を愛《め》で、名所、旧跡を訪ね、土地の食材を用いた料理を美味に堪能するというあたりに目的がとどまるのとは異なるためである。

上述してきたような気持が渾然《こんぜん》一体となり、混成されることで、島旅は他の目的地への旅以上に、出かける前から、ことさらに心がワクワク躍るのであろう。そして、島旅の終わりは目的地であった島がいつまでも見えていることだ。それゆえに、島を去る時は、切ない思いが残る。それが島旅の魅力といえば、いいすぎかとは思うが、実感はそうであり、実に心情的であるにすぎない。

島旅について結論めいたことをいえば、島の旅は、あらゆる面の精神的な妙薬になりうるものであり、人生における心の糧を収穫し、備蓄できるということだ。このような思いが島を目的地に選ぶための大きな要素になっているのではあるまいか。それに加味して、島と人間《ヒト》、人間と人間との別れには辛さもあるが、再会という楽しみもときにはあり、僥倖もある。

そして、最後にふれておきたいことは、上述したように、「島旅」には特に「ブーム」のような波があることだ。

東京に近い伊豆大島はその代表で、大正初期頃からその兆《きざ》しがみえはじめ、大正三年（一九一四年）には『伊豆大島要覧』という観光案内をかねた小冊子が島内で発売されている（次頁写真参照）。その後、本格的な観光ブームを迎え、昭和六年（一九三一年）には蒙古からラクダ、満州からロバを、また、遊覧用の外車を輸入し、昭和一〇年代初期には観光客の人気を博したという（次頁写真参照）。当時から、桜の島（大島桜）、椿の島、美人の島として宣伝された経緯もある。

また、昭和四三年頃は神津島が観光ブームで混雑した。この時は「東京からの手ごろな海外」ということであったらしい。まだ大きな桟橋がなく、艀《はしけ》を待つ長蛇の列を撮影した写真資料が残っている（『伊豆諸島・小笠原諸島民俗誌』）。

こうした「島旅ブーム」の背景には、当時、全国的にラジオが普及したこともあり、野口雨情の「波浮の港」、北原白秋の「城ヶ島の雨」などの歌謡が流行したことにあわせ、石川達三の『智慧の青草』（大島）、丹羽文雄の『うづしお』（初島）、のちには壺井栄の『二十四の瞳』（前掲）といった文学作品による影響もあったと思われる。

上：大正３年当時の伊豆大島のガイドブック
左上：伊豆大島で砂漠とよばれる三原山中央火口原
左下：大島三原山の砂漠とよばれた内輪山での遊覧（昭和12年．『伊豆諸島・小笠原諸島民俗誌』ぎょうせい，1993年より）

ともあれ島旅ブームにのって島を訪れると、「モノ」は不足がちでも、都会より時間がゆったり流れ、精神的な豊かさを味わうことができ、心が癒されるという人間《ヒト》は多いだろう。日常のストレスが解消され、「ほっとできる時と場が確保でき、気分転換ができる」となれば、それこそ「島旅」の醍醐味といえよう。筆者としても大いに推奨したい。

今日、社会の趨向《すうこう》をみると、科学の進歩や日常生活の利便性だけをむやみに優先しようとする風調がある。世の中の発展にあたっては、利潤の追求こそが人間《ヒト》の暮らしの幸せに結びつくと考える向きもあるが、それだけが、人間《ヒト》の幸せと結びつくものでないことを忘れてはならないし、常に念頭におく必要もあるだろう。

真の豊かさとは物《モノ》や金《カネ》の豊富さや利便性だけではない。社会生活が便利になり、食文化をはじめとする日々の暮らし全般が充実、向上することだけをもって人間《ヒト》の幸せと、満足するにとどまらず、あわせて、心の豊かさが加算される必要がある。

交通の便がよくなり、通勤・通学に時間を費やさないために街に近いマンションに移り住むのもけっこうなことだ。子どもたちの幼稚園や学校が近くにあり、郵便局や銀行その他の公共施設も近いし、日々の買物が便利だ。スマートホン、インターネットのお陰で、ペンを使う必要もなくなった。たしかに有り難い世の中だ。

しかし忘れてならないのは、こうした日常の便利さを前面に押し出した生活、庭のない家での、床の間も本棚もない暮らしは、現代社会の精神的落とし穴でもあることに気がついていないことだ。

もちろん、現代の住宅事情では、誰もが庭があり、床の間のある家に住めるわけではない。しかし、庭はなくとも、散歩道の草花に季節の移ろいを感じることはできる。床の間はなくとも、机上に一輪の花を飾ることは可能だ。そうした心の潤いや豊かさが、心（真）底からの幸せな暮らしを生み出すのだと筆者は思う。島旅は、そうした豊かな気持を呼び戻してくれるにちがいない。

あらためてみれば、わが国ほど身近に島旅を楽しめる国は、世界広しといえども、そう多くはない。日本列島は恵まれているのだといえよう。

引用・参考文献

和　書

青ヶ島村教育委員会編『青ヶ島の生活と文化』……青ヶ島村役場　一九八四年

暁教育図書編『離島の四季』……暁教育図書　一九八〇年

秋道智彌他『ソロモン諸島の生活誌――文化・歴史・社会』……明石書店　一九九六年

秋吉茂『美女とネズミと神々の島』河出書房　一九六四年

朝日新聞社編『薩南の島々』……朝日新聞社　一九六九年

アチック・ミューゼアム編『朝鮮多島海旅行覚書』（アチック・ミューゼアム・ノート14）……アチック・ミューゼアム　一九三九年

アチック・ミューゼアム編『瀬戸内海島嶼巡訪日記』（アチック・ミューゼアム・ノート17）……同　一九四〇年

池田信道著『三宅島流刑史――付　三宅島流人帳控』……小金井新聞社　一九七八年

石井光太郎「三崎誌考」（『三浦古文化』第1号）……三浦古文化研究会　一九六六年

石川栄吉『南太平洋の民族学』（角川選書21）……角川書店　一九七八年

石川栄吉『南太平洋――民族学的研究』……角川書店　一九七九年

石川県能登島町編『能登島町史　資料編2』（近世近現代民俗）……能登島町　一九八三年

伊豆諸島・小笠原諸島民俗誌編纂委員会編『伊豆諸島・小笠原諸島民俗誌』東京都島嶼町村一部事務組合……ぎょうせい　一九九三年

泉靖一『済州島』……東京大学出版会　一九六六年

市岡康子『KULA《クラ》――貝の首飾りを探して南海をゆく』……コモンズ　二〇〇五年

一誠社『嶋』第1巻第1号～第6号……一誠社　昭和八年・一九三三年

稲葉直道・瀬川孝吉『紅頭嶼』

……………………………………生き物趣味の会　昭和六年・一九三一年
井上光貞・他校注『日本書紀・上下』
上（日本古典文学大系67）………岩波書店　一九六七年
下（日本古典文学大系68）………岩波書店　一九六五年
今西錦司『ポナペ島――生態学的研究』（復刻）
……………………………………………………講談社　一九七五年
岩波書店編『忘れられた島』（岩波写真文庫148）
……………………………………………………岩波書店　一九五五年
植木武『南太平洋の考古学――ミクロネシアへの招待』
……………………………………………………学生社　一九七八年
潮見俊隆《うしおみとしたか》『漁村の構造』………岩波書店　一九五四年
内田寛一『初島の経済地理に関する研究』
……………………………………………東京　中興館　一九三四年
大内森業『ゆんぬ＝与論――島のくらしと民俗』
……………………………………………………北風書房　一九八二年
大島襄二編著『魚と人と海――漁撈文化を考える』
（放送ライブラリー11）………日本放送協会　一九七七年
オーベルドゥラリュ／山口貞夫訳『島と人』（再版）
……………………………………………………古今書院　一九四一年
大間知篤三《おおまちとくぞう》『伊豆諸島の社会と民俗』（考古民俗叢書8）
……………………………………………………慶友社　一九七一年
大間知篤三・金山正好《かなやましょうこう》・坪井洋文《ひろふみ》『写真・八丈島』
……………………………………………………角川文庫　一九六六年
大村肇『島の地理――島嶼地理学序説』
……………………………………………………大明堂　一九五九年
小笠原村教育委員会『小笠原嶋図絵　付録一巻』
……………………………………………………精興社　二〇〇九年
岡正雄「民具について」（日本常民文化研究所編『日本の
民具』）………………………………角川書店　一九五八年
奥村芳太郎編『離島の旅――流人のふるさと』
……………………………………………………毎日新聞社　一九七四年
小野重朗『奄美民俗文化の研究』
……………………………………………法政大学出版局　一九八二年
外務省調査部編『比律賓民族史』
……………………………………………………日本国際協会　一九四一年
葛西重雄・吉田貫三著『八丈島流人銘々伝』（増補三訂）
……………………………………………………第一書房　一九八二年
片山一道『ポリネシア人――石器時代の遠洋航海者たち』
……………………………………………………同朋舎出版　一九九一年
片山一道『海のモンゴロイド』…吉川弘文館　二〇〇二年
金久好「奄美大島に於ける〈家人〉の研究」（名瀬市史編
纂委員会　一九六三年／「日本民俗文化資料集成」第九

巻『南島の村落《しま》』三一書房　一九八九年／『経友』一二二
号　一九三三年）
鎌田正・米山寅太郎『大漢語林』大修館書店　一九九二年
萱野茂『アイヌ語辞典』（増補版）……三省堂　二〇〇二年
韓東亀編著『済州島――三多の慟哭史』
……国書刊行会　一九七五年
木村市明編『俳諧三崎志』（三崎松月甚蔵氏所蔵。木村草
也『三崎誌』宝歴六年・一七五六年の再版）
九学会連合会編『漁民と対馬』（九学会年報『人類科学』
第四集）……関書院　一九五二年
九学会連合対馬共同調査委員会『対馬の自然と文化』
……古今書院　一九五四年
草の根出版会『東海と黒潮の道』（日本民俗写真大系3）
……日本図書センター　一九九九年
楠山忠之「石垣島」（別冊太陽『日本の島』）
……平凡社　二〇〇三年
久保清他『五島民俗図誌』……一誠社　一九三四年
熊本懸農商課『熊本懸漁業誌』
……熊本懸農商課　一八九〇年
倉野憲司・他校注『古事記』（日本古典文学大系1）
……岩波書店　一九五八年
グルーバウエル／清野謙次訳『セレベス民俗誌』
……小山書店　一九四四年
小出光『大いなる海の道――南太平洋歌録り紀行』
……ブロンズ社　一九七七年
講談社編『世界遺産』第4巻（アジア2）
……講談社　二〇〇二年
講談社編『世界遺産』第7巻（日本・オセアニア）
……講談社　二〇〇二年
国分直一『台湾の民俗』……岩崎美術社　一九六八年
国立天文台編纂『理科年表』（二〇一四年版）
……丸善出版　二〇一三年
後藤明『海を渡ったモンゴロイド』…講談社　二〇〇三年
近藤富蔵『八丈實記』第一巻
……八丈実記刊行会　緑地社　一九六四年
坂口謹一郎『世界の酒』（岩波新書264）
……岩波書店　一九五七年
櫻井徳太郎「八丈小島見聞記」（宮本常一編『僻地の旅』）
……修道社　一九六〇年
櫻田勝徳・山口和雄『隠岐島前漁村採訪記』隠岐調査報告
1（アチック・ミューゼアム・ノート3）
……アチック・ミューゼアム　一九三五年

櫻田勝徳『伊豫日振島に於ける舊漁業聞書』（アチック・ミューゼアム・ノート8） 同 一九三六年
三省堂編輯所編『学生の鑛物』……三省堂 一九三五年
澁澤敬三『祭魚洞襍考』薩南十島巡航記念（昭和九年五月・写真）……岡書院 一九五四年
下野敏見『トカラ列島民俗誌』……第一書房 一九六四年
下野敏見『トビウオ招き――種子島・屋久島・奄美大島・トカラ列島の民俗』（にっぽん文化を薩南諸島に探る）……八重岳書房 一九八四年
新村出『広辞苑』第三版……岩波書店 一九八三年
鈴木經勳著『南洋探検實記』（東京博文館 明治二五年）太平洋学会編集／中島洋解説……創造書房 一九八三年
鈴木經勳著『南嶋巡航記』（経済雑誌社 明治二六年）太平洋学会編集／中島洋解説……創造書房 一九八三年
スチューベル、ハア／清水三男訳『海南島民俗誌』……畝傍書房 一九四三年
スミス、リチャード・ゴードン／荒俣宏・大橋悦子訳『ニッポン仰天日記』……小学館 一九九四年
瀬川清子『見島聞書』……民間伝承の会 一九三八年
瀬川清子『女の民俗誌――そのけがれと神秘』（東書選書）……東京書籍 一九八〇年
全国離島振興協議会『全国離島人口総覧』（改訂版）……全国離島振興協議会 日本離島センター 一九八三年
染木煦《そめきあつし》『ミクロネシアの風土と民具』……彰考書院 一九四五年
ダーウィン、チャールズ／島地《しまじ》威雄《たけお》訳『ビーグル航海記』下巻（全三冊）……岩波書店 一九六一年
太平洋学会編『太平洋諸島百科事典』……太平洋学会 原書房 一九八九年
高達奈緒美編『佛説大蔵正教血盆経和解』（東洋大学附属図書館哲学堂文庫蔵）……岩田書院 二〇一四年
高津勉『黒潮のはてに子らありて――青ヶ島教師十年の記録』……鏡浦書房 一九六一年
高橋和吉『網地島植物誌』（宮城県古川市荒谷 限定版）……鈴木印刷所 一九七二年
高橋恭一編『横須賀雑考』……横須賀文化協会 一九六八年
高山純『南海の大冒険家鈴木経勳――その虚像と実像』……三一書房 一九九五年
竹内均「伝説のアトランティス」（『ニュートン Newton』別冊 古代遺跡ミステリー）……教育社 一九九三年
武田祐吉《ゆうきち》譯註『古事記』（角川文庫）……角川書店 一九六七年

田辺悟「済州島の海女の民具」（『民具マンスリー』第6巻9号）……日本常民文化研究所　一九七三年
田辺悟「済州島の海女にみられる民俗の類似性」（『日本民俗学』第九一号）……日本民俗学会　一九七四年
田辺悟「蘭嶼ヤミ族の裸潜水漁」（『横須賀市博物館館報』第26号）……横須賀市博物館　一九八〇年
田辺悟「中華民国（台湾）の裸潜水漁」（『横須賀市博物館研究報告』人文科学　第26号）……横須賀市博物館　一九八二年
田辺悟『母系の島々』（太平洋双書3）……太平洋学会　創造書房　一九八二年
田辺悟「海人の信仰とその源流」（大林太良編『海人《かいじん》の伝統』日本の古代8）……中央公論社　一九八七年
田辺悟「伊豆大島の裸潜水漁」（『民俗』一二四・一二五合併号）……相模民俗学会　一九八六年
田辺悟『日本蜑人《あま》伝統の研究』……法政大学出版局　一九九〇年
田辺悟「山形県酒田市飛島の〈イソミ〉」『日本磯漁伝統の研究Ⅳ――磯漁民（見突き漁民）の漁撈伝承研究』（『千葉経済論叢』27号）……千葉経済大学　二〇〇二年
田辺悟・田辺弥栄子『潮騒の島――神島民俗誌』……三重県松坂　光書房　一九八〇年
田辺尚雄『島国の唄と踊』（日本民俗叢書）……磯部甲陽堂　一九二七年
千葉徳爾「陸前江の島（ママ）」（離島調査報告『民間伝承』15－4）……一九五一年
著作図者名不詳『伊豆海島風土記』六巻（写本。他に『伊豆嶋風土記』『七島巡見志』『島巡船路日記』あり。近藤富蔵が『八丈實記』中に「海嶋志」あるいは「海嶌志」と記しているのは同書の写本であろう。天明二年刊）……緑地社　一九七四年
月出くの子『伊豆大島要覧』……月出商店（大島元村）　大正三年・一九一四年
辻井善弥「海蛇の島」（『離島と僻遠の漁村を訪ねて』）……有峰書店新社　一九九二年
津田正夫『火の国・パタゴニア――南半球の地の果て』（中公新書49）……中央公論社　一九六四年
壺井栄『二十四の瞳』（新潮文庫）……新潮社　一九五七年
利島村編『利島村史』通史編……東京都利島村　一九九六年
刀禰勇太郎『鮹』（ものと人間の文化史74）……法政大学出版局　一九九四年
外《と》山《やま》卯《う》三郎《さぶろう》『ヤミ族の原始芸術』

……造形美術協会出版局　一九七〇年
豊臣靖『東ニューギニア縦断記』（NTVすばらしい世界旅行）……筑摩書房　一九七二年
中村由信『瀬戸内海の旅』（現代教養文庫）
……社会思想研究会出版部　一九六一年
中村由信写真他『瀬戸内海の人びと』
……社会思想社　一九六五年
日外アソシエーツ編『島嶼大事典』
……日外アソシエーツ　紀伊國屋書店発売　一九九一年
日本民俗学会編『離島生活の研究』
……日本民俗学会　集英社　一九六六年
日本離島センター『日本島嶼一覧』（改訂版）
……財団法人日本離島センター　一九八二年
野間吉夫『玄海の島々』……慶友社　一九七三年
白文河「済州島の海女」（『西日本文化』二〇三号）
……一九八四年
橋口尚武『島の考古学——黒潮圏の伊豆諸島』（UP選書）
……東京大学出版会　一九八八年
橋口尚武解説「オオツタノハガイ製腕輪を送った諸島」（網野善彦・他監修、日本民俗写真大系3『東海と黒潮の道』）……日本図書センター　一九九九年

畑中幸子《さちこ》『南太平洋の環礁にて』（岩波新書653）
……岩波書店　一九六七年
羽原又吉《はばらゆうきち》『日本古代漁業経済史』……改造社　一九四九年
早川孝太郎『羽後飛島図誌』（爐辺叢書）
……郷土研究社　一九二五年
比嘉春潮編『島』（昭和九年前期）
……「島」発行所　一九三四年
比嘉康雄『神々の原郷　久高島』上下巻
……第一書房　一九九三年
樋口秀雄校訂『伊豆海島風土記』（著者不詳）
……緑地社　一九七四年
土方久功《ひじかたひさかつ》『流木・ミクロネシアの孤島にて』
……未來社　一九七四年
土方久功『ミクロネシア＝サテワヌ島民族誌』
……未來社　一九八四年
深尾重光『南海の明暗——印度洋・アフリカ・内南洋・紀行写真』（内南洋編）……アルス　一九四一年
ブライ、ウィリアム／由良君美《きみよし》訳編『バウンティ号の反乱』世界ノンフィクション全集24
……筑摩書房　一九六一年

文化庁編『やまの神事　蓋井島・播磨総社』（民俗資料叢書3）……平凡社　一九六九年
文化庁編『日本民俗地図』V（出産・育児）……（財）国土地理協会　一九七七年
平凡社『世界大百科事典』……平凡社　一九八八年／改訂新版二〇〇七年
ヘミングウェイ、アーネスト／沼澤洽治《こうじ》訳『海流のなかの島々』……新潮社　一九七一年
ベルウッド、ピーター／植木武・服部研二訳『太平洋――東南アジアとオセアニアの人類史』（原著：Peter Bellwood, Man's Conquest of the pacific: *The Prehistory of Southeast Asia and Oceania*, Oxford University Press, 1978）……法政大学出版局　一九八九年
祝宮静《ほうりみやしず》「〈やま〉のうつりかわり」（『講座日本風俗史』第十巻　雄山閣　一九五九年／祝宮静博士古稀記念著作集『神道・神社・生活の歴史』所収〈「やま」のうつりかわり――神名火「やま」から祇園「やま」まで〉祝宮静博士古稀記念著作集刊行会　一九七六年）
本多勝一『マゼランが来た』……朝日新聞社　一九九二年
本間雅彦「佐渡の外海府」（宮本常一編『島』）……有紀書房　一九六一年
松岡静雄『ミクロネシア民族誌』　岩波書店　一九四三年
松永秀夫『タヒチの誘惑――発見者からゴーギャンまで』（太平洋双書2）……創造書房　一九八二年
松村勝治郎編『島と漁民』漁村社会経済調査……財団法人協調会　一九三四年
マリノフスキー、ブロニスロー・カスパー／寺田和夫・増田義郎訳『西太平洋の遠洋航海者』（世界の名著59）……中央公論社　一九六七年
ミード、マーガレット／畑中幸子・山本真鳥訳『サモアの思春期』（原著：Margaret Mead, *Coming of Age in Samoa*, 1961）……蒼樹書房　一九七六年
宮本常一『周防大島を中心とした海の生活誌』（アチック・ミューゼアム彙報11）……アチック・ミューゼアム　一九三六年
宮本常一『離島の旅』……人物往来社　一九六四年
矢内原忠雄『南洋群島の研究』　岩波書店　一九四二年
柳田國男『島の人生』（創元選書）……創元社　初版一九五一年　改訂初版一九六一年
柳田國男『明治大正史（世相編）』（東洋文庫105）……平凡社　一九六七年
藪内芳彦『島――その社会地理』（現代地理学シリーズ3）

……………………………………………朝倉書店　一九七二年

山口麻太郎『壹岐島民俗誌』…………一誠社　一九三四年

山階芳正「島嶼性に関する考察」(『東京大学地理学研究』第2号)………………東京大学地理学教室　一九五二年

山田実『与論島の生活と伝承』………桜楓社　一九八四年

横山弥四郎『隠岐の流人』……………島根県　一九五三年

立命館大学探検部『バタン島の自然と文化――その調査の記録』……………………………立命館大学　一九七一年

両津市郷土博物館『海府の研究――北佐渡の漁撈習俗』……………………………両津市郷土博物館　一九八六年

洋　書

Brown, Ann, *Arthur Evans and the Palace of Minos,* University of Oxford Ashmolean Museum, 1994.

Chen Chi-Lu, *Material Culture of the Formosan Aborigines,* Taiwan Museum, Taipei, 1968.

Christian, F. W. *The Caroline Islands,* Metnuen & Co., London, 1899.

Commodore Matthew Calbraith Perry's Japan Expedition. Expedition of Japan (*Narrative of the Expedition of an American Squadron to the China Seas and Japan, Perfomed in the years 1852, 1853 and 1854.*) Washington, Nicholson, 1856.

Heyerdahl, Thor, *Fatu Hiva. le retourá la nature.* Copyright 1976 les Editions du Pacifique pour l'édition fancçaise.

Kano, Tadao and Kōkichi Segawa, *The Illustrated Ethnography of Formosan Aborigines. The yami Tribe.* The Seikatsusha Ltd. Tokyo, 1945.

Keate, George, *An Account of the Pelew Islands, situaed in the western part of the Pacific Ocean,* East India Company, London, 1788.

Kloss, C. Boder, *In the Andamans and Nicobars.* London, John Murray, 1903.

Kubary, J. S. *Ethnographische Beiträge zur Kenntnis des Karolinen Archipels*, 1895.

Malinowski, Bronislaw, *Argonauts of the Western Pacific: An Account of Native Enterprise and Adventure in the Archipelagoes of Melanesian New Guinea.* George Routledge & Sons, Ltd., London, 1922.

Matsumura, Akira."Contribution to the Ethnography of Micronesia", *The Journal of the College of Science,* Imperial University of Tokyo, 15. (7). 1918.

Thilenius, G. *Ergenisse der Südsee-Expedition,* Bd. 5. Truk, von A. Krämer, Hamburg. 1932.

Thilenius, G. *Ergebnisse der Südsee-Expedition,* Bd. 7. Ponape, Teilbbd. I. Vonp. Hamburg, 1932.

あとがき――島に寄せて

庭先から島が二つ見える。一つは江戸末期、黒船四隻が来航したことで知られる浦賀湊の入口にある「アシカ（海獺）島」だ。

現在、この小さな島には灯台があるため、昼間よりも、夜になった方が存在感は大きい。灯光は、自身で「東海荘」と名づけたコッテージの、どの部屋からもよく見える。「眼と鼻の先」という表現があてはまるほど近い。

そしてもう一つは、東京外湾の対岸、房総半島の勝山港によりそうような姿で望見できる「浮島」である。この島も無人島で、天候により、島自体の所在をはっきり見せる時があるかと思えば、逆に、眼をこらさないと陸地の一部分のように半島に重なり、その所在を確認しにくい日もあり、まったく見えない日もある。さらに、おまけのような島もある。名前を「ウドリ（鵜鳥）島」という。島というより磯だが、地元（鴨居港）の漁師さんたちは「島」とよんでいる。関東大震災（大正一二年・一九二三年）のとき、隆起して突然現われたので、以後「島」とよぶようになったのであろう。鵜をはじめ、多くの海鳥が休憩所に使っている。庭先にあるため、四季を通じ、千鳥の姿を楽しめるので飽きない。

残念ながら、伊豆大島はみえない。視界が三浦半島の南部にさえぎられ、もう少しのところで…。

だが、地形を恨むわけにもいかず、大島通いの客船をはじめ、伊豆諸島・小笠原諸島航路の定期船や、オーシャン・ライナーの船を眺めることで我慢せざるを得ない。

その、大島へ渡ったのは、小学校五年生の夏休みで、島の旅としてははじめてであった。当時は伊東から新造船「あけぼの丸」に乗り、姉君たちと出かけた。真白な地に一本の緑色のラインを配した美しい船体が印象に残っている。まだ、戦後まもない昭和二二年のことで、物資も不足しがちであったため、波浮の港へ遊びに行った時、「牛乳せんべい」をいただき、「こんなに美味《おい》しいものが島にあるのか…」と思った記憶がある。

三原山にも登った。そしてもう一つ思い出されるのは、「池も田圃《たんぼ》もない島にはオタマジャクシがいない。だから、みんなは絵でしかカエルを見たことがない」と聞いて驚いたことだった。

この年の暮れ、『学習年鑑』という本を買ってもらった。百科事典のミニチュア版のような本で、閑さえあれば、隅々まで何度も読みかえし、島、山（火山、岩石、鉱物）、川をはじめ、あらゆる分野の知識が増えた。その頃、勉強は嫌いだったが、調べることや自由研究は人一倍好きだった。

その後、元町に移り住んだ妹（紀美子）宅が薬局を開いたので、中学二年生の時に再び大島へ。この時は一人旅であった。昭和二五年（一九五〇年）のことだ。

独りぼっちの島旅は印象に強く残ることも多く、想い出も数えきれない。

その折、島の人から、昭和の一〇年頃、「三原山の砂漠にラクダがいた」という話を聞き、帰ったあと学校で夏の思い出を話すと、級友はじめ、社会科の先生までも「そんなことがあるか」といわれて失望したこともあり、よけいに大島のことが印象深いものになった（「エピローグ」の写真参照）。また、島を去る日、桟橋まで送ってくれた人たちが豆つぶのように小さくなるまで、船のデッキから望まれた。その時ほど、人との別れの辛さ、船旅の切なさを味わったことはない。

今日では空路もひらけ、便利になった島も多い。しかし当時は、船だけがたよりで船足も遅く、そのため、送ってくれた人々が、遠ざかっても確認できたので、かえって別れぎわの辛さが増幅されたように思う。

それは「島」に対する別れも同じで、島影が遠ざかっても、景色がよけいに惜別の情というか、愛惜の念を募らせることに結びつく。

ようするに、「島旅」のフィナーレは人間《ヒト》と人間の別れと、島と人間との別れという二重の別れなのだと思う。ましてや、妹との別れはなおさらのことだった。しかし、「エピローグ」にも記したが、別れには再会という楽しみもときにはある。

本稿を上梓し、「島」についてあらためて思うことは、「世界中の島々で暮らしている人間《ヒト》の中でも、比較的大きな島で暮らしている人々は、自分が島の住民であるという意識をもっていない」のではないかということである。言葉をかえていえば、大きな島で生まれ、育ち、暮らしている人々は、自分の住んでいる自然環境（風土）はもとより、歴史的、社会的、あるいは文化的環境に関して、筆者が思うほどには、意識したり、自覚していないのではないかということである。

それは、筆者自身、常日頃の暮らしの中で、日本列島という島の中で生活しているという意識をあまりもっていないのと同じなのだろう。

それゆえに、「島」に心を寄せることは、自身の生きている立場をあらためて振り返り、自分がこれから生きていく心の支えをみきわめ、さらに新しい文化の創造、発展を志向し、自国が島であることを再認識して、自分と自国をじっくり省察するよすがになると思いたい。

本書の執筆にあたっては、国内はもとより、世界各国の島々に在住の方々に大変お世話になった。訪問させていただいた有人島数はソシエテ諸島のタヒチやボラボラ島をはじめ、数百を超えると思う。その都度たまわった善意の結晶により拙著はできあがったといえる。お礼を申し上げたい。

これまで多くの島々でめぐりあった面々と、今後も親しくおつきあいさせていただくために、『地球・世界島嶼事典』という本があったら、どんなに便利かつ友好的になれるのではないかと思っている。それは、国際化社会において、これからの日本の将来を考えるための糧にもなろう。

拙著は企画の段階から法政大学出版局編集部の奥田のぞみ氏をはじめ、局内諸氏のお世話になり、あわせて編集実務では秋田公士氏にご高配を賜わった。末筆ながら、あらためて謝意を表したい。

さらに、貴重な資料写真を提供してくださった小出光氏、市岡康子氏ほかの方々、そして渋沢栄一記念財団（渋沢史料館）に感謝するしだいである。

平成二七年五月二八日

「東海荘」にて

田辺　悟

著者略歴

田辺　悟（たなべ さとる）

1936年神奈川県横須賀市生まれ，法政大学社会学部卒業，専攻は海村民俗学，民具学，文化史学，横須賀市自然・人文博物館館長，千葉経済大学教授，日本民具学会会長，文化庁文化審議会専門委員を歴任した．文学博士．2008年旭日小綬章受章，著書：『海女』『網』『人魚』『イルカ』『鮪』『磯』（ものと人間の文化史・法政大学出版局），『日本蜑人（あま）伝統の研究』（法政大学出版局・第29回柳田國男賞受賞），『伊豆相模の民具』『近世日本蜑人伝統の研究』『海浜生活の歴史と民俗』『マグロの文化誌』『民具学の歴史と方法』（慶友社），『潮騒の島――神島民俗誌』（光書房），『母系の島々』（太平洋学会），『城ヶ島漁村の教育社会学的研究』（平凡社・第2回下中教育奨励賞受賞），『現代博物館論』（暁印書館・昭和61年度日本博物館協会東海地区業績賞受賞），ほか．

ものと人間の文化史　175・島

2015年12月1日　初版第1刷発行

著　者 © 田　辺　　悟
発行所　一般財団法人 法政大学出版局
〒102-0071 東京都千代田区富士見2-17-1
電話03(5214)5540　振替00160-6-95814
組版：秋田印刷工房　印刷：平文社　製本：誠製本

ISBN978-4-588-21751-7

Printed in Japan

ものと人間の文化史

★第9回梓会出版文化賞受賞

人間が〈もの〉とのかかわりを通じて営々と築いてきた暮らしの足跡を具体的に辿りつつ文化・文明の基礎を問いなおす。手づくりの〈もの〉の記憶が失われ、〈もの〉離れが進行する危機の時代におくる豊穣な百科叢書。

1 船　須藤利一編

海国日本では古来、漁業・水運・交易はもとより、大陸文化も船によって運ばれた。本書は造船技術、航海の模様の推移を中心に、漂流、船霊信仰、伝説の数々を語る。四六判３６８頁 '68

2 狩猟　直良信夫

人類の歴史は狩猟から始まった。本書は、わが国の遺跡に出土する獣骨、猟具の実証的考察をおこないながら、狩猟をつうじて発展した人間の知恵と生活の軌跡を辿る。四六判２７２頁 '68

3 からくり　立川昭二

〈からくり〉は自動機械であり、驚嘆すべき庶民の技術的創意がこめられている。本書は、日本と西洋のからくりを発掘・復元・遍歴し、埋もれた技術の水脈をさぐる。四六判４１０頁 '69

4 化粧　久下司

美を求める人間の心が生みだした化粧―その手法と道具に語らせた人間の欲望と本性、そして社会関係。歴史を遡り、全国を踏査して書かれた比類ない美と醜の文化史。四六判３６８頁 '70

5 番匠　大河直躬

番匠はわが国中世の建築工匠。地方・在地を舞台に開花した彼らの造型・装飾・工法等の諸技術、さらに信仰と生活等、職人以前の独自で多彩な工匠的世界を描き出す。四六判２８８頁 '71

6 結び　額田巌

〈結び〉の発達は人間の叡知の結晶である。本書はその諸形態および技法を作業・装飾・象徴の三つの系譜に辿り、〈結び〉のすべてを民俗学的・人類学的に考察する。四六判２６４頁 '72

7 塩　平島裕正

人類史に貴重な役割を果たしてきた塩をめぐって、発見から伝承・製造技術の発展過程にいたる総体を歴史的に描き出すとともに、その多彩な効用と味覚の秘密を解く。四六判２７２頁 '73

8 はきもの　潮田鉄雄

田下駄・かんじき・わらじなど、日本人の生活の礎となってきた伝統的はきものの成り立ちと変遷を、二〇年余の実地調査と細密な観察・描写によって辿る庶民生活史　四六判２８０頁 '73

9 城　井上宗和

古代城塞・城柵から近世代名の居城として集大成されるまでの日本の城の変遷を辿り、文化の各領野で果たしてきたその役割を再検討。あわせて世界城郭史に位置づける。四六判３１０頁 '73

10 竹　室井綽

食生活、建築、民芸、造園、信仰等々にわたって、竹と人間との交流史は驚くほど深く永い。その多岐にわたる発展の過程を個々に辿り、竹の特異な性格を浮彫にする。四六判３２４頁 '73

11 海藻　宮下章

古来日本人にとって生活必需品とされてきた海藻をめぐって、その採取・加工法の変遷、商品としての流通史および神事・祭事での役割に至るまでを歴史的に考証する。四六判３３０頁 '74

12 絵馬　岩井宏實

古くは祭礼における神への献馬にはじまり、民間信仰と絵画のみごとな結晶として民衆の手で描かれ祀り伝えられてきた各地の絵馬を豊富な写真と史料によってたどる。四六判302頁　'74

13 機械　吉田光邦

畜力・水力・風力などの自然のエネルギーを利用し、幾多の改良を経て形成された初期の機械の歩みを検証し、日本文化の形成における科学・技術の役割を再検討する。四六判242頁　'74

14 狩猟伝承　千葉徳爾

狩猟には古来、感謝と慰霊の祭祀がともない、人獣交渉の豊かで意味深い歴史があった。狩猟用具、巻物、儀式具、またけものたちの生態を通して語る狩猟文化の世界。四六判346頁　'75

15 石垣　田淵実夫

採石から運搬、加工、石積みに至るまで、石垣の造成をめぐって積み重ねられてきた石工たちの苦闘の足跡を掘り起こし、その独自な技術の形成過程と伝承を集成する。四六判224頁　'75

16 松　高嶋雄三郎

日本人の精神史に深く根をおろした松の伝承に光を当て、食用、薬用等の実用の松、祭祀・観賞用の松、さらに文学・芸能・美術に表現された松のシンボリズムを説く。四六判342頁　'75

17 釣針　直良信夫

人と魚との出会いから現在に至るまで、釣針がたどった一万有余年の変遷を、世界各地の遺跡出土物を通して実証しつつ、漁撈によって生きた人々の生活と文化を探る。四六判278頁　'76

18 鋸　吉川金次

鋸鍛冶の家に生まれ、鋸の研究を生涯の課題とする著者が、出土遺品や文献・絵画により各時代の鋸を復元・実験し、庶民の手仕事にみられる驚くべき合理性を実証する。四六判360頁　'76

19 農具　飯沼二郎／堀尾尚志

鍬と犂の交代・進化の歩みとして発達したわが国農耕文化の発展経過を世界史的視野において再検討しつつ、無名の農民たちによる驚くべき創意のかずかずを記録する。四六判220頁　'76

20 包み　額田巌

結びとともに文化の起源にかかわる〈包み〉の系譜を人類史的視野において捉え、衣・食・住をはじめ社会・経済史、信仰、祭事などにおけるその実際と役割とを描く。四六判354頁　'77

21 蓮　阪本祐二

仏教における蓮の象徴的位置の成立と深化、美術・文芸等に見る人間とのかかわりを歴史的に考察。また大賀蓮はじめ多様な品種とその来歴を紹介しつつその美を語る。四六判306頁　'77

22 ものさし　小泉袈裟勝

ものをつくる人間にとって最も基本的な道具であり、数千年にわたって社会生活を律してきたその変遷を実証的に追求し、歴史の中で果たしてきた役割を浮彫りにする。四六判314頁　'77

23-I 将棋I　増川宏一

その起源を古代インドに、我国への伝播の道すじを海のシルクロードに探り、また伝来後一千年におよぶ日本将棋の変化と発展を盤、駒、ルール等にわたって跡づける。四六判280頁　'77

23-Ⅱ 将棋Ⅱ　増川宏一

わが国伝来後の普及と変遷を貴族や武家・豪商の日記等に博捜し、遊戯者の歴史をあとづけると共に、中国伝来説の誤りを正し、将棋宗家の位置と役割を明らかにする。四六判３４６頁 '85

24 湿原祭祀 第2版　金井典美

古代日本の自然環境に着目し、各地の湿原聖地を稲作社会との関連において捉え直して古代国家成立の背景を浮彫にしつつ、水と植物にまつわる日本人の宇宙観を探る。四六判４１０頁 '77

25 臼　三輪茂雄

臼が人類の生活文化の中で果たしてきた役割を、各地に遺る貴重な民俗資料・伝承と実地調査にもとづいて解明。失われゆく道具のなかに、未来の生活文化の姿を探る。四六判４１２頁 '78

26 河原巻物　盛田嘉徳

中世末期以来の被差別部落民が生きる権利を守るために偽作し護り伝えてきた河原巻物を全国にわたって踏査し、そこに秘められた最底辺の人びとの叫びに耳を傾ける。四六判２２６頁 '78

27 香料　日本のにおい　山田憲太郎

焼香供養の香から趣味としての薫物へ、さらに沈香木を焚く香道へと変遷した日本の「匂い」の歴史を豊富な史料に基づいて辿り、我国風俗史の知られざる側面を描く。四六判３７０頁 '78

28 神像　神々の心と形　景山春樹

神仏習合によって変貌しつつも、常にその原型＝自然を保持してきた日本の神々の造型を図像学的方法によって捉え直し、その多彩な形象に日本人の精神構造をさぐる。四六判３４２頁 '78

29 盤上遊戯　増川宏一

祭具・占具としての発生を『死者の書』をはじめとする古代の文献にさぐり、形状・遊戯法を分類しつつその〈進化〉の過程を考察。〈遊戯者たちの歴史〉をも跡づける。四六判３２６頁 '78

30 筆　田淵実夫

筆の里・熊野に筆づくりの現場を訪ねて、筆匠たちの境涯と製筆の由来を克明に記録しつつ、筆の発生と変遷、種類、製筆法、さらには筆塚、筆供養にまで説きおよぶ。四六判２０４頁 '78

31 ろくろ　橋本鉄男

日本の山野を漂移しつづけ、高度の技術文化と幾多の伝説とをもたらした特異な旅職集団＝木地屋の生態を、その呼称、地名、伝承、文書等をもとに生き生きと描く。四六判４６０頁 '79

32 蛇　吉野裕子

日本古代信仰の根幹をなす蛇巫をめぐって、祭事におけるさまざまな蛇の「もどき」や各種の蛇の造型・伝承に鋭い考証を加え、忘れられたその呪性を大胆に暴き出す。四六判２５０頁 '79

33 鋏（はさみ）　岡本誠之

梃子の原理の発見から鋏の誕生に至る過程を推理し、日本鋏の特異な歴史的位置を明らかにするとともに、刀鍛冶等から転進した鋏職人たちの創意と苦闘の跡をたどる。四六判３９６頁 '79

34 猿　廣瀬鎮

嫌悪と愛玩、軽蔑と畏敬の交錯する日本人とサルとの関わりあいの歴史を、狩猟伝承や祭祀・風習、美術・工芸や芸能のなかに探り、日本人の動物観を浮彫りにする。四六判２９２頁 '79

35 **鮫** 矢野憲一

神話の時代から今日まで、津々浦々につたわるサメの伝承とサメをめぐる海の民俗を集成し、神饌、食用、薬用等に活用されてきたサメと人間のかかわりの変遷を描く。四六判292頁 '79

36 **枡** 小泉袈裟勝

米の経済の枢要をなす器として千年余にわたり日本人の生活の中に生きてきた枡の変遷をたどり、記録・伝承をもとにこの独特な計量器が果たした役割を再検討する。四六判322頁 '80

37 **経木** 田中信清

食品の包装材料として近年まで身近に存在した経木の起源を、こけら経や塔婆、木簡、屋根板等に遡って明らかにし、その製造・流通に携った人々の労苦の足跡を辿る。四六判288頁 '80

38 **色** 染と色彩 前田雨城

わが国古代の染色技術の復元と文献解読をもとに日本色彩史を体系づけ、赤・白・青・黒等におけるわが国独自の色彩感覚を探りつつ日本文化における色の構造を解明。四六判320頁 '80

39 **狐** 陰陽五行と稲荷信仰 吉野裕子

その伝承と文献を渉猟しつつ、中国古代哲学＝陰陽五行の原理の応用という独自の視点から、謎とされてきた稲荷信仰と狐との密接な結びつきを明快に解き明かす。四六判232頁 '80

40-I **賭博I** 増川宏一

時代、地域、階層を超えて連綿と行なわれてきた賭博。――その起源を古代の神判、スポーツ、遊戯等の中に探り、抑圧と許容の歴史を物語る。全III分冊の〈総説篇〉。四六判298頁 '80

40-II **賭博II** 増川宏一

古代インド文学の世界からラスベガスまで、賭博の形態・用具・方法の時代的特質を明らかにし、夥しい禁令に賭博の不滅のエネルギーを見る。全III分冊の〈外国篇〉。四六判456頁 '82

40-III **賭博III** 増川宏一

聞香、闘茶、笠附等、わが国独特の賭博を中心にその具体例を網羅し、方法の変遷に賭博の時代性を探りつつ禁令の改廃に時代の賭博観を追う。全III分冊の〈日本篇〉。四六判388頁 '83

41-I **地方仏I** むしゃこうじ・みのる

古代から中世にかけて全国各地で作られた無銘の仏像を訪ね、素朴で多様なノミの跡に民衆の祈りと地域の願望を探る。宗教の伝播、文化の創造を考える異色の紀行。四六判256頁 '80

41-II **地方仏II** むしゃこうじ・みのる

紀州や飛騨を中心に草の根の仏たちを訪ねて、その相好と像容の魅力を探り、技法を比較考証して仏像彫刻史に位置づけつつ、中世地域社会の形成と信仰の実態に迫る。四六判260頁 '97

42 **南部絵暦** 岡田芳朗

田山・盛岡地方で「盲暦」として古くから親しまれてきた独得の絵解き暦を詳しく紹介しつつその全体像を復元する。その無類の生活暦は、南部農民の哀歓をつたえる。四六判288頁 '80

43 **野菜** 在来品種の系譜 青葉高

蕪、大根、茄子等の日本在来野菜をめぐって、その渡来・伝播経路、品種分布と栽培のいきさつを各地の伝承や古記録をもとに辿り、畑作文化の源流とその風土を描く。四六判368頁 '81

44 **つぶて** 中沢厚

弥生投弾、古代・中世の石戦と印地の様相、投石具の発達を展望しつつ、願かけの小石、正月つぶて、石こづみ等の習俗を辿り、石塊に託した民衆の願いや怒りを探る。四六判３３８頁 '81

45 **壁** 山田幸一

弥生時代から明治期に至るわが国の壁の変遷を壁塗＝左官工事の側面から辿り直し、その技術的復元・考証を通じて建築史・文化史における壁の役割を浮き彫りにする。四六判２９６頁 '81

46 **簞笥**（たんす） 小泉和子

近世における簞笥の出現＝箱から抽斗への転換に着目し、以降近現代に至るその変遷を社会・経済・技術の側面からあとづける。著者自身による簞笥製作の記録を付す。四六判３７８頁 '82

47 **木の実** 松山利夫

山村の重要な食糧資源であった木の実をめぐる各地の記録・伝承を集成し、その採集・加工における幾多の試みを実地に検証しつつ、稲作農耕以前の食生活文化を復元。四六判３８４頁 '82

48 **秤**（はかり） 小泉袈裟勝

秤の起源を東西に探るとともに、わが国律令制下における中国制度の導入、近世商品経済の発展に伴う秤座の出現、明治期近代化政策による洋式秤受容等の経緯を描く。四六判３２６頁 '82

49 **鶏**（にわとり） 山口健児

神話・伝説をはじめ遠い歴史の中の鶏を古今東西の伝承・文献に探り、特に我国の信仰・絵画・文学等に遺された鶏の足跡を追って、鶏をめぐる民俗の記憶を蘇らせる。四六判３４６頁 '83

50 **燈用植物** 深津正

人類が燈火を得るために用いてきた多種多様な植物との出会いと個々の植物の来歴、特性及びはたらきを詳しく検証しつつ「あかり」の原点を問いなおす異色の植物誌。四六判４４２頁 '83

51 **斧・鑿・鉋**（おの・のみ・かんな） 吉川金次

古墳出土品や文献・絵画をもとに、古代から現代までの斧・鑿・鉋を復元・実験し、労働体験によって生まれた民衆の知恵と道具の変遷を蘇らせる異色の日本木工具史。四六判３０４頁 '84

52 **垣根** 額田巌

大和・山辺の道に神々と垣との関わりを探り、各地に垣の伝承を訪ねて、寺院の垣、民家の垣、露地の垣など、風土と生活に培われた生垣の独特のはたらきと美を描く。四六判２３４頁 '84

53-Ⅰ **森林Ⅰ** 四手井綱英

森林生態学の立場から、森林のなりたちとその生活史を辿りつつ、産業の発展と消費社会の拡大により刻々と変貌する森林の現状を語り、未来への再生のみちをさぐる。四六判３０６頁 '85

53-Ⅱ **森林Ⅱ** 四手井綱英

森林と人間との多様なかかわりを包括的に語り、人と自然が共生するための森や里山をいかにして創出するか、森林再生への具体的な方策を提示する21世紀への提言。四六判３０８頁 '98

53-Ⅲ **森林Ⅲ** 四手井綱英

地球規模で進行しつつある森林破壊の現状を実地に踏査し、森と人が共存する日本人の伝統的自然観を未来へ伝えるために、いま何が必要なのかを具体的に提言する。四六判３０４頁 '00

54 **海老**（えび）　酒向昇

人類との出会いからエビの科学、漁法、さらには調理法を語り、めでたい姿態と色彩にまつわる多彩なエビの民俗を、地名や人名、詩歌・文学、絵画や芸能の中に探る。四六判４２８頁 '85

55-Ⅰ **藁**（わら）Ⅰ　宮崎清

稲作農耕とともに二千年余の歴史をもち、日本人の全生活領域に生きてきた藁の文化を日本文化の原型として捉え、風土に根ざしたそのゆたかな遺産を詳細に検討する。四六判４００頁 '85

55-Ⅱ **藁**（わら）Ⅱ　宮崎清

床・畳から壁・屋根にいたる住居における藁の製作・使用のメカニズムを明らかにし、日本人の生活空間における藁の役割を見なおすとともに、藁の文化の復権を説く。四六判４００頁 '85

56 **鮎**　松井魁

清楚な姿態と独特な味覚によって、日本人の目と舌を魅了しつづけてきたアユ――その形態と分布、生態、漁法等を詳述し、古今のアユ料理や文芸にみるアユにおよぶ。四六判２９６頁 '86

57 **ひも**　額田巌

物と物、人と物とを結びつける不思議な力を秘めた「ひも」の謎を追って、民俗学的視点から多角的なアプローチを試みる。『結び』、『包み』につづく三部作の完結篇。四六判２５０頁 '86

58 **石垣普請**　北垣聰一郎

近世石垣の技術者集団「穴太」の足跡を辿り、各地城郭の石垣遺構の実地調査と資料・文献をもとに石垣普請の歴史的系譜を復元しつつ石工たちの技術伝承を集成する。四六判４３８頁 '87

59 **碁**　増川宏一

その起源を古代の盤上遊戯に探ると共に、定着以来二千年の歴史を時代の状況や遊び手の社会環境との関わりにおいて跡づける。逸話や伝説を排して綴る初の囲碁全史。四六判３６６頁 '87

60 **日和山**（ひよりやま）　南波松太郎

千石船の時代、航海の安全のために観天望気した日和山――多くは忘れられ、あるいは失われた船舶・航海史の貴重な遺跡を追って、全国津々浦々におよんだ調査紀行。四六判３８２頁 '88

61 **篩**（ふるい）　三輪茂雄

臼とともに人類の生産活動に不可欠な道具であった篩、箕（み）、笊（ざる）の多彩な変遷を豊富な図解入りでたどり、現代技術の先端に再生するまでの歩みをえがく。四六判３３４頁 '89

62 **鮑**（あわび）　矢野憲一

縄文時代以来、貝肉の美味と貝殻の美しさによって日本人を魅了し続けてきたアワビ――その生態と養殖、神饌としての歴史、漁法、螺鈿の技法からアワビ料理に及ぶ。四六判３４４頁 '89

63 **絵師**　むしゃこうじ・みのる

日本古代の渡来画工から江戸前期の菱川師宣まで、時代の代表的絵師の列伝で辿る絵画制作の文化史。前近代社会における絵画の意味や芸術創造の社会的条件を考える。四六判２３０頁 '90

64 **蛙**（かえる）　碓井益雄

動物学の立場からその特異な生態を描き出すとともに、和漢洋の文献資料を駆使して故事・習俗・神事・民話・文芸・美術工芸にわたる蛙の多彩な活躍ぶりを活写する。四六判３８２頁 '89

65-Ⅰ 藍（あい）Ⅰ 風土が生んだ色　竹内淳子

全国各地の〈藍の里〉を訪ねて、藍栽培から染色・加工のすべてにわたり、藍とともに生きた人々の伝承を克明に描き、風土と人間が生んだ〈日本の色〉の秘密を探る。四六判４１６頁 '91

65-Ⅱ 藍（あい）Ⅱ 暮らしが育てた色　竹内淳子

日本の風土に生まれ、伝統に育てられた藍が、今なお暮らしの中で生き生きと活躍しているさまを、手わざに生きる人々との出会いを通じて描く。藍の里紀行の続篇。四六判４０６頁 '99

66 橋　小山田了三

丸木橋・舟橋・吊橋から板橋・アーチ型石橋まで、人々に親しまれてきた各地の橋を訪ねて、その来歴と築橋の技術伝承を辿り、土木文化の伝播・交流の足跡をえがく。四六判３１２頁 '91

67 箱　宮内悊

日本の伝統的な箱（櫃）と西欧のチェストを比較文化史の視点から考察し、居住・収納・運搬・装飾の各分野における箱の重要な役割とその多彩な文化を浮彫りにする。四六判３９０頁 '91

68-Ⅰ 絹Ⅰ　伊藤智夫

養蚕の起源を神話や説話に探り、伝来の時期とルートを跡づけ、記紀・万葉の時代から近世に至るまで、それぞれの時代・社会・階層が生み出した絹の文化を描き出す。四六判３０４頁 '92

68-Ⅱ 絹Ⅱ　伊藤智夫

生糸と絹織物の生産と輸出が、わが国の近代化にはたした役割を描くと共に、養蚕の道具、信仰や庶民生活にわたる養蚕と絹の民俗、さらには蚕の種類と生態におよぶ。四六判２９４頁 '92

69 鯛（たい）　鈴木克美

古来「魚の王」とされてきた鯛をめぐって、その生態・味覚から漁法、祭り、工芸、文芸にわたる多彩な伝承文化を語りつつ、鯛と日本人とのかかわりの原点をさぐる。四六判４１８頁 '92

70 さいころ　増川宏一

古代神話の世界から近現代の博徒の動向まで、さいころの役割を各時代・社会に位置づけ、木の実や貝殻のさいころから投げ棒型や立方体のさいころへの変遷をたどる。四六判３７４頁 '92

71 木炭　樋口清之

炭の起源から炭焼、流通、経済、文化にわたる木炭の歩みを歴史・考古・民俗の知見を総合して描き出し、独自で多彩な文化を育んできた木炭の尽きせぬ魅力を語る。四六判２９６頁 '93

72 鍋・釜（なべ・かま）　朝岡康二

日本をはじめ韓国、中国、インドネシアなど東アジアの各地を歩きながら鍋・釜の製作と使用の現場に立ち会い、調理をめぐる庶民生活の変遷とその交流の足跡を探る。四六判３２６頁 '93

73 海女（あま）　田辺悟

その漁の実際と社会組織、風習、信仰、民具などを克明に描くとともに海女の起源・分布・交流を探り、わが国漁撈文化の古層としての海女の生活と文化をあとづける。四六判２９４頁 '93

74 蛸（たこ）　刀禰勇太郎

蛸をめぐる信仰や多彩な民間伝承を紹介するとともに、その生態・分布・捕獲法・繁殖と保護・調理法などを集成し、日本人と蛸との知られざるかかわりの歴史を探る。四六判３７０頁 '94

75 曲物（まげもの） 岩井宏實

桶・樽出現以前から伝承され、古来最も簡便・重宝な木製容器として愛用された曲物の加工技術と機能・利用形態の変遷をさぐり、手づくりの「木の文化」を見なおす。四六判318頁 '94

76-Ⅰ 和船Ⅰ 石井謙治

江戸時代の海運を担った千石船（弁才船）について、その構造と技術、帆走性能を綿密に調査し、通説の誤りを正すとともに、海難と信仰、船絵馬等の考察にもおよぶ。四六判436頁 '95

76-Ⅱ 和船Ⅱ 石井謙治

造船史から見た著名な船を紹介し、遣唐使船や遣欧使節船、幕末の洋式船における外国技術の導入について論じつつ、船の名称と船型を海船・川船にわたって解説する。四六判316頁 '95

77-Ⅰ 反射炉Ⅰ 金子功

日本初の佐賀鍋島藩の反射炉と精練方＝理化学研究所、島津藩の反射炉と集成館＝近代工場群を軸に、日本の産業革命の時代における人と技術を現地に訪ねて発掘する。四六判244頁 '95

77-Ⅱ 反射炉Ⅱ 金子功

伊豆韮山の反射炉をはじめ、全国各地の反射炉建設にかかわった有名無名の人々の足跡をたどり、開国か攘夷かに揺れる幕末の政治と社会の悲喜劇をも生き生きと描く。四六判226頁 '95

78-Ⅰ 草木布（そうもくふ）Ⅰ 竹内淳子

風土に育まれた布を求めて全国各地を歩き、木綿普及以前に山野の草木を利用して豊かな衣生活文化を築き上げてきた庶民の知られざる知恵のかずかずを実地にさぐる。四六判282頁 '95

78-Ⅱ 草木布（そうもくふ）Ⅱ 竹内淳子

アサ、クズ、シナ、コウゾ、カラムシ、フジなどの草木の繊維から、どのようにして糸を採り、布を織っていたのか――聞書きをもとに忘れられた技術と文化を発掘する。四六判282頁 '95

79-Ⅰ すごろくⅠ 増川宏一

古代エジプトのセネト、ヨーロッパのバクギャモン、中近東のナルド、中国の双陸などの系譜に日本の盤雙六を位置づけ、遊戯・賭博としてのその数奇なる運命を辿る。四六判312頁 '95

79-Ⅱ すごろくⅡ 増川宏一

ヨーロッパの鵞鳥のゲームから日本中世の浄土双六、近世の華麗な絵双六、さらには近現代の少年誌の附録まで、絵双六の変遷を追って時代の社会・文化を読みとる。四六判390頁 '95

80 パン 安達巖

古代オリエントに起ったパン食文化が中国・朝鮮を経て弥生時代の日本に伝えられたことを史料と伝承をもとに解明し、わが国パン食文化二〇〇〇年の足跡を描き出す。四六判260頁 '96

81 枕（まくら） 矢野憲一

神さまの枕・大嘗祭の枕から枕絵の世界まで、人生の三分の一を共に過す枕をめぐって、その材質の変遷を辿り、伝説と怪談、俗信と民俗、エピソードを興味深く語る。四六判252頁 '96

82-Ⅰ 桶・樽（おけ・たる）Ⅰ 石村真一

日本、中国、朝鮮、ヨーロッパにわたる厖大な資料を集成してその豊かな文化の系譜を探り、東西の木工技術史を比較しつつ世界史的視野から桶・樽の文化を描き出す。四六判388頁 '97

82-Ⅱ 桶・樽（おけ・たる）Ⅱ　石村真一

多数の調査資料と絵画・民俗資料をもとにその製作技術を復元し、東西の木工技術を比較考証しつつ、技術文化史の視点から桶・樽製作の実態とその変遷を跡づける。　四六判３７２頁　'97

82-Ⅲ 桶・樽（おけ・たる）Ⅲ　石村真一

樹木と人間とのかかわり、製作者と消費者とのかかわりを通じて桶樽と生活文化の変遷を考察し、木材資源の有効利用という視点から桶樽の文化史的役割を浮彫にする。　四六判３５２頁　'97

83-Ⅰ 貝Ⅰ　白井祥平

世界各地の現地調査と文献資料を駆使して、古来至高の財宝とされてきた宝貝のルーツとその変遷を探り、貝と人間とのかかわりの歴史を「貝貨」の文化史として描く。　四六判３８６頁　'97

83-Ⅱ 貝Ⅱ　白井祥平

サザエ、アワビ、イモガイなど古来人類とかかわりの深い貝をめぐって、その生態・分布・地方名、装身具や貝貨としての利用法などを豊富なエピソードを交えて語る。　四六判３２８頁　'97

83-Ⅲ 貝Ⅲ　白井祥平

シンジュガイ、ハマグリ、アカガイ、シャコガイなどをめぐって世界各地の民族誌を渉猟し、それらが人類文化に残した足跡を辿る。参考文献一覧／総索引を付す。　四六判３９２頁　'97

84 松茸（まつたけ）　有岡利幸

秋の味覚として古来珍重されてきた松茸の由来を求めて、稲作文化と里山（松林）の生態系から説きおこし、日本人の伝統的生活文化の中に松茸流行の秘密をさぐる。　四六判２９６頁　'97

85 野鍛冶（のかじ）　朝岡康二

鉄製農具の製作・修理・再生を担ってきた農鍛冶の歴史的役割を探り、近代化の大波の中で変貌する職人技術の実態をアジア各地のフィールドワークを通して描き出す。　四六判２８０頁　'98

86 稲　品種改良の系譜　菅　洋

作物としての稲の誕生、稲の渡来と伝播の経緯から説きおこし、明治以降主として庄内地方の民間育種家の手によって飛躍的発展をとげたわが国品種改良の歩みを描く。　四六判３３２頁　'98

87 橘（たちばな）　吉武利文

永遠のかぐわしい果実として日本の神話・伝説に特別の位置を占めて語り継がれてきた橘をめぐって、その育まれた風土とかずかずの伝承の中に日本文化の特質を探る。　四六判２８６頁　'98

88 杖（つえ）　矢野憲一

神の依代としての杖や仏教の錫杖に杖と信仰とのかかわりを探り、人類が突きつつ歩んだその歴史と民俗を興味ぶかく語る。多彩な材質と用途を網羅した杖の博物誌。　四六判３１４頁　'98

89 もち（糯・餅）　渡部忠世／深澤小百合

モチイネの栽培・育種から食品加工、民俗、儀礼にわたってそのルーツと伝承の足跡をたどり、アジア稲作文化という広範な視野からこの特異な食文化の謎を解明する。　四六判３３０頁　'98

90 さつまいも　坂井健吉

その栽培の起源と伝播経路を跡づけるとともに、わが国伝来後四百年の経緯を詳細にたどり、世界に冠たる育種と栽培・利用法を築いた人々の知られざる足跡をえがく。　四六判３２８頁　'99

91 **珊瑚**（さんご）　鈴木克美

海岸の自然保護に重要な役割を果たす岩石サンゴから宝飾品として知られる宝石サンゴまで、人間生活と深くかかわってきたサンゴの多彩な姿を人類文化史として描く。　四六判370頁　'99

92-Ⅰ **梅Ⅰ**　有岡利幸

万葉集、源氏物語、五山文学などの古典や天神信仰に表れた梅の足跡を克明に辿りつつ日本人の精神史に刻印された梅を浮彫にし、梅と日本人の二〇〇〇年史を描く。　四六判274頁　'99

92-Ⅱ **梅Ⅱ**　有岡利幸

その植生と栽培、伝承、梅の名所や鑑賞法の変遷から戦前の国定教科書に表れた梅まで、梅と日本人との多彩なかかわりを探り、桜との対比において梅の文化史を描く。　四六判338頁　'99

93 **木綿口伝**（もめんくでん）　第2版　福井貞子

老女たちからの聞書を経糸とし、厖大な遺品・資料を緯糸として、母から娘へと幾代にも伝えられた手づくりの木綿文化を掘り起し、近代の木綿の盛衰を描く。増補版　四六判336頁　'00

94 **合せもの**　増川宏一

「合せる」には古来、一致させるの他に、競う、闘う、比べる等の意味があった。貝合せや絵合せ等の遊戯・賭博を中心に、広範な人間の営みを「合せる」行為に辿る。　四六判300頁　'00

95 **野良着**（のらぎ）　福井貞子

明治初期から昭和四〇年までの野良着を収集・分類・整理し、それらの用途と年代、形態、材質、重量、呼称などを精査して、働く庶民の創意にみちた生活史を描く。　四六判292頁　'00

96 **食具**（しょくぐ）　山内昶

東西の食文化に関する資料を渉猟し、食法の違いを人間の自然に対するかかわり方の違いとして捉えつつ、食具を人間と自然をつなぐ基本的な媒介物として位置づける。　四六判292頁　'00

97 **鰹節**（かつおぶし）　宮下章

黒潮からの贈り物・カツオの漁法から鰹節の製法や食法、商品としての流通までを歴史的に展望するとともに、沖縄やモルジブ諸島の調査をもとにそのルーツを探る。　四六判382頁　'00

98 **丸木舟**（まるきぶね）　出口晶子

先史時代から現代の高度文明社会まで、もっとも長期にわたり使われてきた刳り舟に焦点を当て、その技術伝承を辿りつつ、森や水辺の文化の広がりと動態をえがく。　四六判324頁　'01

99 **梅干**（うめぼし）　有岡利幸

日本人の食生活に不可欠の自然食品・梅干をつくりだした先人たちの知恵に学ぶとともに、健康増進に驚くべき薬効を発揮する、その知られざるパワーの秘密を探る。　四六判300頁　'01

100 **瓦**（かわら）　森郁夫

仏教文化と共に中国・朝鮮から伝来し、一四〇〇年にわたり日本の建築を飾ってきた瓦をめぐって、発掘資料をもとにその製造技術、形態、文様などの変遷をたどる。　四六判320頁　'01

101 **植物民俗**　長澤武

衣食住から子供の遊びまで、幾世代にも伝承された植物をめぐる暮らしの知恵を克明に記録し、高度経済成長期以前の農山村の豊かな生活文化を愛惜をこめて描き出す。　四六判348頁　'01

102 **箸**（はし） 向井由紀子／橋本慶子

そのルーツを中国、朝鮮半島に探るとともに、日本人の食生活に不可欠の食具となり、日本文化のシンボルとされるまでに洗練された箸の文化の変遷を総合的に描く。 四六判３３４頁 '01

103 **採集** ブナ林の恵み 赤羽正春

縄文時代から今日に至る採集・狩猟民の暮らしを復元し、動物の生態系と採集生活の関連を明らかにしつつ、民俗学と考古学の両面から山に生かされた人々の姿を描く。 四六判２９８頁 '01

104 **下駄** 神のはきもの 秋田裕毅

古墳や井戸等から出土する下駄に着目し、下駄が地上と地下の他界を結ぶ聖なるはきものであったという大胆な仮説を提出、日本の神々の忘れられた側面を浮彫にする。 四六判３０４頁 '02

105 **絣**（かすり） 福井貞子

膨大な絣遺品を収集・分類し、絣産地を実地に調査して絣の技法と文様の変遷を地域別・時代別に跡づけ、明治・大正・昭和の手づくりの染織文化の盛衰を描き出す。 四六判３１０頁 '02

106 **網**（あみ） 田辺悟

漁網を中心に、網に関する基本資料を網羅して網の変遷と網をめぐる民俗を体系的に描き出し、網の文化を集成する。「網に関する小事典」「網のある博物館」を付す。 四六判３１６頁 '02

107 **蜘蛛**（くも） 斎藤慎一郎

「土蜘蛛」の呼称で畏怖される一方「クモ合戦」など子供の遊びとしても親しまれてきたクモと人間との長い交渉の歴史をその深層に遡って追究した異色のクモ文化論。 四六判３２０頁 '02

108 **襖**（ふすま） むしゃこうじ・みのる

襖の起源と変遷を建築史・絵画史の中に探りつつその用と美を浮彫にし、衝立・障子・屏風等と共に日本建築の空間構成に不可欠の建具となるまでの経緯を描き出す。 四六判２７０頁 '02

109 **漁撈伝承**（ぎょろうでんしょう） 川島秀一

漁師たちからの聞き書きをもとに、寄り物、船霊、大漁旗など、漁撈にまつわる〈もの〉の伝承を集成し、海の道によって運ばれた習俗や信仰の民俗地図を描き出す。 四六判３３４頁 '03

110 **チェス** 増川宏一

世界中に数億人の愛好者を持つチェスの起源と文化を、欧米における膨大な研究の蓄積を渉猟しつつ探り、日本への伝来の経緯から美術工芸品としてのチェスにおよぶ。 四六判２９８頁 '03

111 **海苔**（のり） 宮下章

海苔の歴史は厳しい自然とのたたかいの歴史だった――採取から養殖、加工、流通、消費に至る先人たちの苦難の歩みを史料と実地調査によって浮彫にする食物文化史。 四六判１７２頁 '03

112 **屋根** 檜皮葺と柿葺 原田多加司

屋根葺師一〇代の著者が、自らの体験と職人の本懐を語り、連綿として受け継がれてきた伝統の手わざを体系的にたどりつつ伝統技術の保存と継承の必要性を訴える。 四六判３４０頁 '03

113 **水族館** 鈴木克美

初期水族館の歩みを創始者たちの足跡を通して辿りなおし、水族館をめぐる社会の発展と風俗の変遷を描き出すとともにその未来像をさぐる初の〈日本水族館史〉の試み。 四六判２９０頁 '03

114 **古着**（ふるぎ）　朝岡康二

仕立てと着方、管理と保存、再生と再利用等にわたり衣生活の変容を近代の日常生活の変化として捉え直し、衣服をめぐるリサイクル文化が形成される経緯を描き出す。　四六判２９２頁　'03

115 **柿渋**（かきしぶ）　今井敬潤

染料・塗料をはじめ生活百般の必需品であった柿渋の伝承を記録し、文献資料をもとにその製造技術と利用の実態を明らかにして、忘れられた豊かな生活技術を見直す。　四六判２９４頁　'03

116-Ⅰ **道Ⅰ**　武部健一

道の歴史を先史時代から説き起こし、古代律令制国家の要請によって駅路が設けられ、しだいに幹線道路として整えられてゆく経緯を技術史・社会史の両面からえがく。　四六判２４８頁　'03

116-Ⅱ **道Ⅱ**　武部健一

中世の鎌倉街道、近世の五街道、近代の開拓道路から現代の高速道路網までを通観し、道路を拓いた人々の手によって今日の交通ネットワークが形成された歴史を語る。　四六判２８０頁　'03

117 **かまど**　狩野敏次

日常の煮炊きの道具であるとともに祭りと信仰に重要な位置を占めてきたカマドをめぐる忘れられた伝承を掘り起こし、民俗空間の壮大なコスモロジーを浮彫りにする。　四六判２９２頁　'04

118-Ⅰ **里山Ⅰ**　有岡利幸

縄文時代から近世までの里山の変遷を人々の暮らしと植生の変化の両面から跡づけ、その源流を記紀万葉に描かれた里山の景観や大和・三輪山の古記録・伝承等に探る。　四六判２７６頁　'04

118-Ⅱ **里山Ⅱ**　有岡利幸

明治の地租改正による山林の混乱、相次ぐ戦争による山野の荒廃、エネルギー革命、高度成長による大規模開発など、近代化の荒波に翻弄される里山の見直しを説く。　四六判２７４頁　'04

119 **有用植物**　菅　洋

人間生活に不可欠のものとして利用されてきた身近な植物たちの来歴と栽培・育種・品種改良・伝播の経緯を平易に語り、植物と共に歩んだ文明の足跡を浮彫にする。　四六判３２４頁　'04

120-Ⅰ **捕鯨Ⅰ**　山下渉登

世界の海で展開された鯨と人間との格闘の歴史を振り返り、「大航海時代」の副産物として開始された捕鯨業の誕生以来四〇〇年にわたる盛衰の社会的背景をさぐる。　四六判３１４頁　'04

120-Ⅱ **捕鯨Ⅱ**　山下渉登

近代捕鯨の登場により鯨資源の激減を招き、捕鯨の規制・管理のための国際条約締結に至る経緯をたどり、グローバルな課題としての自然環境問題を浮き彫りにする。　四六判３１２頁　'04

121 **紅花**（べにばな）　竹内淳子

栽培、加工、流通、利用の実際を現地に探訪して紅花とかかわってきた人々からの聞き書きを集成し、忘れられた〈紅花文化〉を復元しつつその豊かな味わいを見直す。　四六判３４６頁　'04

122-Ⅰ **もののけⅠ**　山内昶

日本の妖怪変化、未開社会の〈マナ〉、西欧の悪魔やデーモンを比較考察し、名づけ得ぬ未知の対象を指す万能のゼロ記号〈もの〉をめぐる人類文化史を跡づける博物誌。　四六判３２０頁　'04

122-Ⅱ **もののけⅡ** 山内昶

日本の鬼、古代ギリシアのダイモン、中世の異端狩り・魔女狩り等々をめぐり、自然＝カオスと文化＝コスモスの対立の中で〈野生の思考〉が果たしてきた役割をさぐる。四六判２８０頁 '04

123 **染織**（そめおり） 福井貞子

自らの体験と厖大な残存資料をもとに、糸づくりから織り、染めにわたる手づくりの豊かな生活文化を見直す。創意にみちた手わざのかずかずを復元する庶民生活誌。四六判２９４頁 '05

124-Ⅰ **動物民俗Ⅰ** 長澤武

神として崇められたクマやシカをはじめ、人間にとって不可欠の鳥獣や魚、さらには人間を脅かす動物など、多種多様な動物たちと交流してきた人々の暮らしの民俗誌。四六判２６４頁 '05

124-Ⅱ **動物民俗Ⅱ** 長澤武

動物の捕獲法をめぐる各地の伝承を紹介するとともに、全国で語り継がれてきた多彩な動物民話・昔話を渉猟し、暮らしの中で培われた動物フォークロアの世界を描く。四六判２６６頁 '05

125 **粉**（こな） 三輪茂雄

粉体の研究をライフワークとする著者が、粉食の発見からナノテクノロジーまで、人類文明の歩みを〈粉〉の視点から捉え直した壮大なスケールの〈文明の粉体史観〉 四六判３０２頁 '05

126 **亀**（かめ） 矢野憲一

浦島伝説や「兎と亀」の昔話によって親しまれてきた亀のイメージの起源を探り、古代の亀卜の方法から、亀にまつわる信仰と迷信、鼈甲細工やスッポン料理におよぶ。四六判３３０頁 '05

127 **カツオ漁** 川島秀一

一本釣り、カツオ漁場、船上の生活、船霊信仰、祭りと禁忌など、カツオ漁にまつわる漁師たちの伝承を集成し、黒潮に沿って伝えられた漁民たちの文化を掘り起こす。四六判３７０頁 '05

128 **裂織**（さきおり） 佐藤利夫

木綿の風合いと強靭さを生かした裂織の技と美をすぐれたリサイクル文化として見なおす。東西文化の中継地・佐渡の古老たちからの聞書をもとに歴史と民俗をえがく。四六判３０８頁 '05

129 **イチョウ** 今野敏雄

「生きた化石」として珍重されてきたイチョウの生い立ちと人々の生活文化とのかかわりの歴史をたどり、この最古の樹木に秘められたパワーを最新の中国文献にさぐる。四六判３１２頁〔品切〕 '05

130 **広告** 八巻俊雄

のれん、看板、引札からインターネット広告までを通観し、いつの時代にも広告が人々の暮らしと密接にかかわって独自の文化を形成してきた経緯を描く広告の文化史。四六判２７６頁 '06

131-Ⅰ **漆**（うるし）**Ⅰ** 四柳嘉章

全国各地で発掘された考古資料を対象に科学的解析を行ない、縄文時代から現代に至る漆の技術と文化を跡づける試み。漆が日本人の生活と精神に与えた影響を探る。四六判２７４頁 '06

131-Ⅱ **漆**（うるし）**Ⅱ** 四柳嘉章

遺跡や寺院等に遺る漆器を分析し体系づけるとともに、絵巻物や文学作品の考証を通じて、職人や産地の形成、漆工芸の地場産業としての発展の経緯などを考察する。四六判２１６頁 '06

132 まな板　石村眞一
日本、アジア、ヨーロッパ各地のフィールド調査と考古・文献・絵画・写真資料をもとにまな板の素材・構造・使用法を分類し、多様な食文化とのかかわりをさぐる。　四六判372頁　'06

133-Ⅰ 鮭・鱒（さけ・ます）Ⅰ　赤羽正春
鮭・鱒をめぐる民俗研究の前史から現在までを概観するとともに、原初的な漁法から商業的漁法にわたる多彩な漁法と用具、漁場と社会組織の関係などを明らかにする。　四六判292頁　'06

133-Ⅱ 鮭・鱒（さけ・ます）Ⅱ　赤羽正春
鮭漁をめぐる行事、鮭捕り衆の生活等を聞き取りによって再現し、人工孵化事業の発展とそれを担った先人たちの業績を明らかにするとともに、鮭・鱒の料理におよぶ。　四六判352頁　'06

134 遊戯　その歴史と研究の歩み　増川宏一
古代から現代まで、日本と世界の遊戯の歴史を概説し、内外の研究者との交流の中で得られた最新の知見をもとに、研究の出発点と目的を論じ、現状と未来を展望する。　四六判296頁　'06

135 石干見（いしひみ）　田和正孝編
沿岸部に石垣を築き、潮汐作用を利用して漁獲する原初的漁法を日・韓・台に残る遺構と伝承の調査・分析をもとに復元し、東アジアの伝統的漁撈文化を浮彫りにする。　四六判332頁　'07

136 看板　岩井宏實
江戸時代から明治・大正・昭和初期までの看板の歴史を生活文化史の視点から考察し、多種多様な生業の起源と変遷を多数の図版をもとに紹介する〈図説商売往来〉。　四六判266頁　'07

137-Ⅰ 桜Ⅰ　有岡利幸
そのルーツと生態から説きおこし、和歌や物語に描かれた古代社会の桜観から「花は桜木、人は武士」の江戸の花見の流行まで、日本人と桜のかかわりの歴史をさぐる。　四六判382頁　'07

137-Ⅱ 桜Ⅱ　有岡利幸
明治以後、軍国主義と愛国心のシンボルとして政治的に利用されてきた桜の近代史を辿るとともに、日本人の生活と共に歩んだ「咲く花、散る花」の栄枯盛衰を描く。　四六判400頁　'07

138 麴（こうじ）　一島英治
日本の気候風土の中で稲作と共に育まれた麴菌のすぐれたはたらきの秘密を探り、醸造化学に携わった人々の足跡をたどりつつ醱酵食品と日本人の食生活文化を考える。　四六判244頁　'07

139 河岸（かし）　川名登
近世初頭、河川水運の隆盛と共に物流のターミナルとして賑わい、船旅や遊廓などをもたらした河岸（川の港）の盛衰を河岸に生きる人々の暮らしの変遷としてえがく。　四六判300頁　'07

140 神饌（しんせん）　岩井宏實／日和祐樹
土地に古くから伝わる食物を神に捧げる神饌儀礼に祭りの本義を探り、近畿地方主要神社の伝統的儀礼をつぶさに調査して、豊富な写真と共にその実際を明らかにする。　四六判374頁　'07

141 駕籠（かご）　櫻井芳昭
その様式、利用の実態、地域ごとの特色、車の利用を抑制する交通政策との関連から駕籠かきたちの風俗までを明らかにし、日本交通史の知られざる側面に光を当てる。　四六判294頁　'07

142 **追込漁**（おいこみりょう）　川島秀一

沖縄の島々をはじめ、日本各地で今なお行なわれている沿岸漁撈を実地に精査し、魚の生態と自然条件を知り尽した漁師たちの知恵と技を見直しつつ漁業の原点を探る。　四六判３６８頁　'08

143 **人魚**（にんぎょ）　田辺悟

ロマンとファンタジーに彩られて世界各地に伝承される人魚の実像をもとめて東西の人魚誌を渉猟し、フィールド調査と膨大な資料をもとに集成したマーメイド百科。　四六判３５２頁　'08

144 **熊**（くま）　赤羽正春

狩人たちからの聞き書きをもとに、かつては神として崇められた熊と人間との精神史的な関係をさぐり、熊を通して人間の生存可能性にもおよぶユニークな動物文化史。　四六判３８４頁　'08

145 **秋の七草**　有岡利幸

『万葉集』で山上憶良がうたいあげて以来、千数百年にわたり秋を代表する植物として日本人にめでられてきた七種の草花の知られざる伝承を掘り起こす植物文化誌。　四六判３０６頁　'08

146 **春の七草**　有岡利幸

厳しい冬の季節に芽吹く若菜に大地の生命力を感じ、春の到来を祝い新年の息災を願う「七草粥」などとして食生活の中に巧みに取り入れてきた古人たちの知恵を探る。　四六判２７２頁　'08

147 **木綿再生**　福井貞子

自らの人生遍歴と木綿を愛する人々との出会いを織り重ねて綴り、優れた文化遺産としての木綿衣料を紹介しつつ、リサイクル文化としての木綿再生のみちを模索する。　四六判２６６頁　'09

148 **紫**（むらさき）　竹内淳子

今や絶滅危惧種となった紫草（ムラサキ）を育てる人びと、伝統の紫根染を今に伝える人びとを全国にたずね、貝紫染の始原を求めて吉野ヶ里におよぶ「むらさき紀行」。　四六判３２４頁　'09

149-Ⅰ **杉Ⅰ**　有岡利幸

その生態、天然分布の状況から各地における栽培・育種、利用にいたる歩みを弥生時代から今日までの人間の営みの中で捉えなおし、わが国林業史を展望しつつ描き出す。　四六判２８２頁　'10

149-Ⅱ **杉Ⅱ**　有岡利幸

古来神の降臨する木として崇められるとともに生活のさまざまな場面で活用され、絵画や詩歌に描かれてきた杉の文化をたどり、さらに「スギ花粉症」の原因を追究する。　四六判２７８頁　'10

150 **井戸**　秋田裕毅（大橋信弥編）

弥生中期になぜ井戸は突然出現するのか。飲料水など生活用水ではなく、祭祀用の聖なる水を得るためだったのではないか。目的や構造の変遷、宗教との関わりをたどる。　四六判２６０頁　'10

151 **楠**（くすのき）　矢野憲一／矢野高陽

語源と字源、分布と繁殖、文学や美術における楠から医薬品としての利用、キューピー人形や樟脳の船まで、楠と人間の関わりの歴史を辿りつつ自然保護の問題に及ぶ。　四六判３３４頁　'10

152 **温室**　平野恵

温室は明治時代に欧米から輸入された印象があるが、じつは江戸時代半ばから「むろ」という名の保温設備があった。絵巻や小説、遺跡などより浮かび上がる歴史。　四六判３１０頁　'10

153 檜（ひのき） 有岡利幸

建築・木彫・木材工芸に最良の材としてわが国の〈木の文化〉に重要な役割を果たしてきた檜。その生態から保護・育成・生産・流通・加工までの変遷をたどる。 四六判320頁 '11

154 落花生 前田和美

南米原産の落花生が大航海時代にアフリカ経由で世界各地に伝播していく歴史をたどるとともに、日本で栽培を始めた先覚者や食文化との関わりを紹介する。 四六判312頁 '11

155 イルカ（海豚） 田辺悟

神話・伝説の中のイルカ、イルカをめぐる信仰から、漁撈伝承、食文化の伝統と保護運動の対立までを幅広くとりあげ、ヒトと動物との関係はいかにあるべきかを問う。 四六判330頁 '11

156 輿（こし） 櫻井芳昭

古代から明治初期まで、千二百年以上にわたって用いられてきた輿の種類と変遷を探り、天皇の行幸や斎王群行、姫君たちの輿入れにおける使用の実態を明らかにする。 四六判252頁 '11

157 桃 有岡利幸

魔除けや若返りの呪力をもつ果実として神話や昔話に語り継がれ、近年古代遺跡から大量出土して祭祀との関連が注目される桃。日本人との多彩な関わりを考察する。 四六判328頁 '12

158 鮪（まぐろ） 田辺悟

古文献に描かれ記されたマグロを紹介し、漁法・漁具から運搬と流通・消費、漁民たちの暮らしと民俗・信仰までを探りつつ、マグロをめぐる食文化の未来にもおよぶ。 四六判350頁 '12

159 香料植物 吉武利文

クロモジ、ハッカ、ユズ、セキショウ、ショウノウなど、日本の風土で育った植物から香料をつくりだす人びとの営みを現地に訪ね、伝統技術の継承・発展を考える。 四六判290頁 '12

160 牛車（ぎっしゃ） 櫻井芳昭

牛車の盛衰を交通史や技術史との関連で探り、絵巻や日記・物語等に描かれた牛車の種類と構造、利用の実態を明らかにして、読者を平安の「雅」の世界へといざなう。 四六判224頁 '12

161 白鳥 赤羽正春

世界各地の白鳥処女説話を博捜し、古代以来の人々が抱いた〈鳥への想い〉を明らかにするとともに、その源流を、白鳥をトーテムとする中央シベリアの白鳥族に探る。 四六判360頁 '12

162 柳 有岡利幸

日本人との関わりを詩歌や文献をもとに探りつつ、容器や調度品に、治山治水対策に、火薬や薬品の原料に、さらには風景の演出用に活用されてきた歴史をたどる。 四六判328頁 '13

163 柱 森郁夫

竪穴住居の時代から建物を支えてきただけでなく、大黒柱や鼻っ柱などさまざまな言葉に使われている柱。遺跡の発掘でわかった事実や、日本文化との関わりを紹介。 四六判252頁 '13

164 磯 田辺悟

人間はもとより、動物たちにも多くの恵みをもたらしてきた磯――その豊かな文化をさぐり、東日本大震災以前の三陸沿岸を軸に磯漁の民俗を聞書きによって再現する。 四六判450頁 '14

165 **タブノキ**　山形健介

南方から「海上の道」をたどってきた列島文化を象徴する樹木について、中国・台湾・韓国も視野に収めて記録や伝承を掘り起こし、人々の暮らしとの関わりを探る。　四六判３１６頁　'14

166 **栗**　今井敬潤

縄文人が主食とし栽培していた栗。建築や木工の材、鉄道の枕木といった生活に密着した多様な利用法や、品種改良に取り組んだ技術者たちの苦闘の足跡を紹介する。　四六判２７２頁　'14

167 **花札**　江橋崇

法制史から文学作品まで、厖大な文献を渉猟して、その誕生から現在までを辿り、花札をその本来の輝き、自然を敬愛して共存する日本の文化という特性のうちに描く。　四六判３７２頁　'14

168 **椿**　有岡利幸

本草書の刊行や栽培・育種技術の発展によって近世初期に空前の大ブームを巻き起こした椿。多彩な花の紹介をはじめ、椿油や木材の利用、信仰や民俗まで網羅する。　四六判３３６頁　'14

169 **織物**　植村和代

人類が初めて機械で作った製品、織物。機織り技術の変遷を世界史的視野で見直し、古来より日本と東南アジアやインド、ペルシアの交流や伝播があったことを解説。　四六判３４６頁　'14

170 **ごぼう**　冨岡典子

和食に不可欠な野菜ごぼうは、焼畑農耕から生まれ、各地の風土のなか固有の品種や調理法が育まれた。そのルーツを稲作以前の神饌や祭り、儀礼に探る和食文化誌。　四六判２７６頁　'15

171 **鱈**（たら）　赤羽正春

漁場開拓の歴史と漁法の変遷、漁民たちのくらしを跡づけ、戦時の非常食としての役割を明らかにしつつ、「海はどれほどの人を養えるか」についても考える。　四六判３３６頁　'15

172 **酒**　吉田元

酒の誕生から、世界でも珍しい製法が確立しブランド化する近世までの長い歩みをたどる。飢饉や幕府の規制をかいくぐり、いかにその香りと味を生みだしたのか。　四六判２５６頁　'15

173 **かるた**　江橋崇

外来の遊技具でありながら二百年余の鎖国の間に日本の美術・文芸・芸能を幅広く取り入れ、和紙や和食にも匹敵する存在として発展した〈かるた〉の全体像を描く。　四六判３５８頁　'15

174 **豆**　前田和美

ダイズ、アズキ、エンドウなど主要な食用マメ類について、その栽培化と作物としての歩みを世界史的視野で捉え直し、食文化に果たしてきた役割を浮き彫りにする。　四六判３７０頁　'15

175 **島**　田辺悟

日本誕生神話に記された島々の所在から南洋諸島の巨石文化まで、島をめぐる数々の謎を紹介し、残存する習俗の古層を発掘して島の精神性にもおよぶ島嶼文化論。　四六判３０６頁　'15